高等学校规划教材·管理学

大学生职业生涯规划与就业指导

主　编　李福军

副主编　李寿国　王为民　杨航征

西北工業大學出版社

【内容简介】 本书共分11章，主要由大学生职业生涯规划、就业指导、自主创业、就业问题专题辅导等部分组成，在广泛吸收国内外同行最新研究成果的基础上，较好地实现了职业生涯规划与就业指导、理论探讨与实践指导、自主创业与政策辅导的有机结合，着重提升大学生的就业能力。

本书体例新颖，内容翔实，结构严谨，具有针对性、实用性、科学性、前瞻性等显著特色。

本书可作为高等学校、独立学院、各类高职高专院校开设职业生涯规划与就业指导课程的教材，也可作为从事就业指导人员和其他择业人员的职业培训教材和自学参考书。

图书在版编目(CIP)数据

大学生职业生涯规划与就业指导/李福军主编．—西安：西北工业大学出版社，2010.3
(2020.2 重印)
高等学校规划教材·管理学
ISBN 978-7-5612-2746-6

Ⅰ.①大… Ⅱ.①李… Ⅲ.①大学生-职业选择-高等学校-教材 Ⅳ.①G647.38

中国版本图书馆 CIP 数据核字(2010)第 024277 号

出版发行：西北工业大学出版社
通信地址：西安市友谊西路 127 号　　邮编：710072
电　　话：(029) 88493844　88491757
网　　址：www.nwpup.com
印 刷 者：陕西奇彩印务有限责任公司
开　　本：787 mm×1 092 mm　　1/16
印　　张：13.25
字　　数：346 千字
版　　次：2010 年 3 月第 1 版　　2020 年 2 月第 6 次印刷
定　　价：45.00 元

前　言

高校毕业生就业涉及千家万户，既关系到人民群众的切身利益，更关系到我国高等教育的健康、持续发展及整个社会的和谐稳定。党中央、国务院高度重视高校毕业生就业工作，制定了一系列方针、政策，为促进高校毕业生就业和自主创业创造了有利条件。各级政府和各高校也为努力实现高校毕业生充分就业做了大量卓有成效的工作。

根据当前新的就业形势和就业指导工作的客观要求，紧密结合大学生的自身特点，我们组织多年从事就业教育研究的专家和从事大学生就业指导的一线工作人员，集众人智慧、博采众长，坚持求真务实、潜心研究，遵循教学大纲，编撰完成了《大学生职业生涯规划与就业指导》。本书的编写，目的是帮助大学生正确认识就业形势，了解就业政策，树立正确的就业观念，做好职业生涯规划，掌握求职择业的方法和技巧，不断提高大学毕业生的就业能力，为大学毕业生顺利求职择业、成功走向社会提供必要的指导。本书将职业生涯规划理论、职业能力培养、就业指导、就业专题辅导有机结合起来，体例新颖，内容翔实，结构严谨，具有理论性、针对性、实用性等特点。

书中荟萃了中外经典的职业生涯规划理论和方法，提供了针对性、实用性较强的求职择业的相关知识和技巧，可作为各级各类高校开设职业生涯规划与就业指导课程的教材，也可作为从事职业就业指导的工作人员及其他择业人员的培训教材和自学参考书。

全书共分11章。第一章，职业与职业生涯规划，李福军编写；第二章，生涯理论概述，彭璟编写；第三章，大学生职业生涯设计，李寿国编写；第四章，职业生涯设计中的自我认知，第五章，职业素质，杨航征编写；第六章，大学生择业心理，张波编写；第七章，成功择业，第八章，大学生就业权益与法律保障，王为民编写；第九章，大学生自主创业，赵光华编写；第十章，职业发展，王劲松编写；第十一章，学生就业问题辅导，李寿国编写。本书由李福军担任主编，由李寿国、王为民、杨航征担任副主编，全书由李福军、李寿国、王为民、杨航征负责统稿。

本书的编写，借鉴参考了大量国内外专家学者的最新研究成果以及近几年出版的有关大学生职业规划与就业指导方面的教材、专著。本书的出版，得到了西北工业大学出版社的大力支持。在此，一并表示衷心的感谢！

由于编者水平有限，书中难免有疏漏和不妥之处，诚恳地希望专家、学者、同行和同学们批评指正。

编　者

2009年12月

目　录

第一章 职业与职业生涯规划

第一节 职 业

一、职业及其含义

“职业”一词由“职”和“业”构成。“职”即职责、天职、权利和义务。“业”即事业、行业。所谓“职业”，即一种承担了某种责任、义务的行业性、专门化的活动。《现代汉语词典》将职业解释为个人在社会中所从事的作为主要生活来源的工作。

美国社会学家塞尔兹认为，职业是一个人为了不断取得收入而连续从事的具有市场价值的特殊活动，这种活动决定了从事者的社会地位。职业范畴的三个要点是技术性、经济性和社会性。

另一名美国学者泰勒在其《职业社会学》的著作中指出：“职业的社会学概念，可以解释为一套成为模式的与特殊工作经验有关的人群关系。这种成为模式的工作关系的结合，促进了职业结构的发展和职业意识形态的形成。”

日本职业问题专家保谷六郎认为，职业是有劳动能力的人为了生活所得而发挥个人能力，向社会贡献而连续从事的活动。职业具有五个特性：经济性、技术性、社会性、伦理性（符合社会需要，为社会提供有用的服务）和连续性（相对稳定性）。

我国学者吴国存将社会学的职业含义概括为：①职业首先是一种社会位置，个人取得这种位置的途径可能是社会资源的继承或社会资源的获取。但是职业不是继承性的，而是获得性的，是个人进入社会生产过程之后获得的。②职业是已经成为模式并与专门工作相关的人群关系，或者说是已经成为模式的工作关系的结合。它是从事某种相同工作内容的职业群体。③职业同权力密切相连。一种是拥有垄断权，每一种职业（群体）在社会分工中都有自身的位置和作用，是别人依赖于他们，需要他们，这就在一定程度上又有了对他人的权力，而且总要维持这种权力保持自身的垄断领域；另一种是经济收益权，任何一种职业（群体）凭借被他人所需要、所依赖，获得经济收入。④职业是国家授予的。任何一种职业，必定为社会承认，职业的存在有法律效应。所以，职业被国家授予和认可。

从这些说法中，我们可以看出职业有三层含义：第一，并不是任何工作都能够称为职业，某项工作只有变得足够重要、足够丰富以至于能吸引劳动者长期稳定地投入其中才能够成为职业。并且，劳动者从事这项工作时还能够取得一定的经济收入，取得合理的劳动报酬，满足劳动者的物质需要。第二，职业是劳动者获得的劳动角色，这也是一种社会角色，劳动者必须要按照社会结构中这一社会角色规定的范围去行事。第三，职业就是要给劳动者体现个人价值的机会，使劳动者能进入一个成功的组织。

综上所述，职业是指人们为了谋生和发展而从事的具有相对稳定的经济收入、特定类别的社会劳动。这种劳动决定于社会分工，并要求劳动者具备一定的生活素养和专业技能。这种社会劳动是人们的生活方式、经济状况、教育程度、行为模式和道德情操等的综合反映及权利、义务、职责的具体体现。

二、职业的特点

通过对职业含义的分析，可以看出职业具有以下特点。

1. 基础性

职业是个人和社会存在和发展的基础，因为职业解决了人们生活的经济来源问题。为了生存，人必须从事职业活动，人们的各种社会活动、人文活动大多建立在职业的基础上，“衣食足而知荣辱”，有了职业生活，才有其他一切社会生活的基础。

2. 广泛性

职业问题涉及一个社会的大部分成员，也涉及社会、经济、心理、教育、技术、政治、伦理等许多领域，因而它具有广泛性。就个人而言，一个人生活的方方面面，都与职业有着密切的联系。

由于职业范畴的广泛性，诸多的学科如社会学、经济学、管理学、心理学、教育学、政治学、各种工程技术学科、生理学和医学等，都在研究本领域内的职业问题。

3. 时代性

职业是一个社会历史范畴，随着社会生产力的不断发展和劳动分工的不断细化，在特定的社会历史发展阶段，职业的性质和内容是有一定差别的，因而职业具有时代性特点：一是不同时期会出现不同的职业，相同名称的职业在不同的时期会有不同的内容，某些职业甚至发生了根本性的变化，一部分新职业产生，替代了一部分过时的职业；二是每一个社会都有自己的时尚职业，即该社会中人们所热衷的职业。个人与时代精神的关系，往往也反映在人的职业取向上。

4. 同一性

某一类别的职业内部，其劳动条件、工作对象、生产工具、操作内容、人际关系等都是相同的或相近的。由于情境相同，人们就会形成同一种行为模式，有共同语言，很容易彼此认同，即同行、同事。

正是基于职业的同一性，才构成工会、同业工会、行会等社会组织，才有从业者的利益共同体。职业的这种同一性，往往会被打上社会印记。例如，张三是侦探，人们会认为他精明；李四搞文艺，人们就认为他活泼浪漫；王五当教师，人们则认为他有学问等。

5. 差异性

不同职业之间，可能在职业劳动的内容、职业的社会心理、从业者个人的行为模式等方面存在巨大的差异。职业的领域非常宽广，数量巨大，种类繁多。我国古代就有“三百六十行”之说，现代职业的种类更是成千上万，并且不断分化出新的职业。各类职业间大相径庭，隔行如隔山。职业的这种差异导致了不同职业者的不同社会人格，以及人在职业转换中的矛盾与困难。每一种职业都需要特定的知识和技能，人只有符合了这些特定的要求，才能胜任所从事的职业。

随着劳动分工的细化、技术的进步、经济结构的变动和社会的发展，新职业不断产生，其数量要大于被淘汰的职业。当今社会,职业差异还在继续加大。

6. 层次性

众多的社会职业,可以区分成不同的层次。尽管从社会需要的角度来看,职业间不必区分"高低贵贱"的等级性,但现实社会中对不同职业的社会评价的确存在着差别。这种职业评价的层次性,根源在于不同职业的体力、脑力付出的不同和工作复杂程度的不同,以及工作的环境、教育资格条件,在工作组织权力结构中的地位、工作的自主权、收入水平、社会声望等方面的差别。这样,即使同一种职业,也有层次之分。例如,高校教师有助教、讲师、副教授、教授之分。

不同职业的这些差别,本身是一种客观存在,而不由人的主观意愿决定。因此,承认和运用职业的层次性,是非常重要的。现代社会应该承认职业的层次性,相应也就应当通过给人们创造平等的竞争、自由择业的机会,促进人们积极向上,进而促进社会的和谐发展。

三、职业与专业学习的联系

(一)职业与专业的关系

专业泛指专门学业或专门职业,如干部专业化、生产专业化、分工专业化、专业经济化、专业化制作、专业户等。就学业来说,专业是指教育机构培养专门人才的学业门类。大学设置专业是大学培养人才的重要特征。关于专业设置有三点需要说明:

(1)专业设置是人才培养规格的要求。一个大学生只有完成专业教学计划规定的学习任务,才是一个符合该专业培养计划的合格毕业生。

(2)专业设置兼顾了职业群的要求。大学本科的专业设置是以学科为主进行划分的。学科有其自身的科学体系和内涵,与职业有联系,但不紧密。高等职业学校和高等专业学校专业所设的 532 种专业,兼顾了职业群的要求,建立了专业与职业(职业群)较紧密的联系。大学生除完成专业学习外,还可以跨专业选修课程,以适应自己职业规划的需要。

(3)专业受社会需求发展变化制约。那种认为"上了大学就有一个好职业"的时代,早已随着"精英"教育年代的结束而结束了。在"精英"教育年代,大学生是社会紧缺的人才资源,比较容易就业;但是在高等教育"大众化"的当前,大学生不再是社会紧缺人才资源,而是社会高层次人才资源。学习专业应明确个人职业发展方向,合理安排学习计划,选择主修和辅修专业课程,这样才能培养出适应社会需要和个人职业生涯发展需要的专业素质。

大学生能否尽早认识职业,有目的地选择并学好专业,明确个人职业发展方向,这是决定其能否顺利就业,实现人职和谐的关键。

专业是学业门类,职业是工作门类,专业与职业之间大体有四种关系(见图 1-1)。

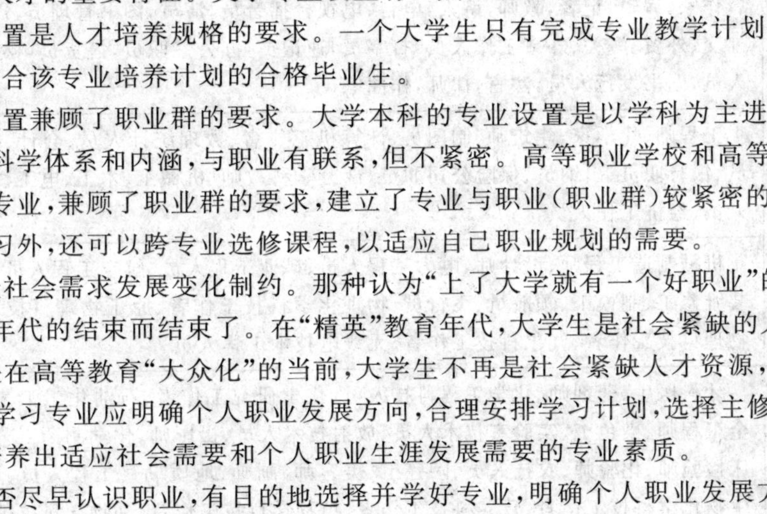

图 1-1 专业与职业的关系

(1)专业包容职业。在这种情况下,个人的职业发展一直在所学专业的领域内,选择的职业与学习的专业相吻合,能够做到学以致用。

(2)专业为核心,职业包容专业。它是指以专业为核心发展职业,个人的职业发展以所学专业为核心,向外扩展。在这种情况下,选择的职业与学习的专业虽然方向一致,但职业发展超出所学专业领域,需要根据自己的职业规划,在学好专业的基础上通过选修、自学提高自己所从事职业的素质。

(3)专业与职业交叉。以专业为基础发展职业,个人的职业发展在所学专业基础上有重点地朝某一方向拓展。所学专业在个人职业发展中仍有重要意义,需要在职业生涯规划的指导下,在学好本专业的基础上,同时辅修或自学其他专业课程。

(4)专业与职业分离。个人规划要从事的职业与所学专业基本无关,所学专业的某些方面在个人职业发展中有一定的重要性,但方向并不一致,这时应尽早调整专业或辅修其他专业。

(二)职业与课程的关系

课程与职业有一定的对应关系(见表1-1),了解这些关系对大学生选择专业或职业有一定的帮助。专业基础课和专业课与职业的联系自然更为紧密,这里不再一一列举。

表1-1 基础课程与职业的对应关系

课 程	职 业
语言文学	作家,编辑,记者,教师,诗人,电台、电视台播音员,演员,图书管理员,资料员,翻译,外交、外贸、海关、外事工作人员,打字员,速记员,办公室职员,售货员,秘书,职业咨询人员,图书发行人员,法官,律师,作曲家
数学	工程师、化学家、建筑师、制图员、计算机工作者、数理统计人员、会计、簿记员、营业员、银行职员、出纳员、保险公司职员、部分学科教师、机械工、木工、电工、测量员、统计人员、经济工作人员
物理学	机械制造工程师、设计师、电力工程人员、矿业工程人员、航空工程人员、机械电力安装维修工、制模工、领航员、飞行员、物理化学科技工作者、原子物理科技工作者、地理物理科技工作者、气象科技工作者、无线电技术工程人员
化学	牙科医生、药剂师、化学工程科技人员、化学研究工作者、石油化工工艺师、兽医、冶金工程师、染色工、实验室技术人员、放射技术人员、摄影师、化学制药工艺师、护士、临床检验师、化验师、农技人员、陶瓷工、美容师、画师、地质勘察工程人员、皮肤科医生、生物化学科技工作者、营养科技工作者、植物学科技工作者、动物学科技工作者
生物学	生物化学科技工作者、生物研究助手、昆虫学科技工作者、动物学科技工作者、人类学科技工作者、营养学科技工作者、植物学科技工作者、环境景色美化者、农业园林工作者、兽医、博物馆管理员、图书馆管理员、医生、护士、科学教师、遗传学科技工作者、医疗秘书、卫生工作者、细菌学科技工作者、免疫学科技工作者、实验室人员、X光技师、林务员、森林保护人员
体育	运动员、体育教师、体操运动员、教练、裁判员、军人、演员、潜水员、飞行员、船员、水手、骨科医生、地理学专业科技工作者、体育编辑、体育理论研究工作者、体育解说者、记者、救生员、导游、侦探、公安人员、警卫员

续表

课程	职业
音乐	声乐器乐工作者、作曲工作者、演员、电台播音员、舞蹈人员、模特、体操工作者、幼儿园教师、中小学音乐教师、疗养院工作人员、职业疗法者、精神科医生、乐器制造工作者、乐器修理人员、诗人、编剧工作者、乐器售货员、指挥家、音乐评论工作者
美术	舞蹈人员、绘画工作者、广告设计工作者、装潢工、服装设计师、厨师、油漆工、制图员、机械工程师、城市规划工作者、园林设计工作者、木匠、雕刻工作者、桥梁设计人员、建筑师、艺术教师、布景制作人员、舞台设计人员、美容工作者、摄影师

四、职业的功能

职业实质上实现了劳动者与生产资料的结合，体现了人与人的社会关系。人们通过职业活动不仅满足了自身的需要，而且通过各自劳动成果的交换，满足了彼此的需要。因此，职业及职业活动对于个人和社会都有非常重要的意义。

（一）职业的个人功能

职业为人们参与社会生活、从事社会活动、进行人生实践提供了基本条件，从多方面决定了个人的特征和境遇。人的职业生活使从业者进入一种新的社会情境，这种社会情境因职业的差异而不同。由此，职业就成为使人担任特定的社会角色，形成一定行为模式的条件。

1. 职业是人的主要经济来源

职业是个人获得经济收入的主要手段，是个人生存和维持家庭的物质基础。生产劳动是人类社会发展中最重要的活动，而人们的职业和生产劳动是紧密相连的，这是因为人们总是通过一定形式的职业来进行劳动，以获取生存和发展所必需的生活资料，维持个人和家庭生活的基本需要。在现实生活中人们从事职业活动是为了取得一定的报酬，职业活动区别于其他活动的重要标志就是，职业是以获取经济收入、取得报酬为目的的。而人们在职业活动中取得个人经济利益的同时也为社会创造了财富，实现了社会物质财富和精神财富的积累。因此，职业是经济性和社会性的统一。

2. 职业能使人获得非经济利益

职业活动可以使个人获得非经济利益，如名誉、地位、权力、各种便利以及友谊、交往等，从而使个人获得心理满足，达到“乐业”的境界。追求较高的社会地位，是许多人的重要人生目标。职业类别、职业环境和职业中的个人等级（如局长、厂长或办事员、工人），就是人的社会地位的象征。人们在职业问题上的努力和奋争，构成人们在社会地位阶梯中的向上流动。

3. 职业是个人发挥才能的手段

人们从事的某种特定职业类别的工作，不仅要求人要有一定的素质，还要能使人的才能得到发挥，并成为促进人的才能和个性发展的手段。由于每种职业都有不同于其他职业的活动内容和形式，这就必然对从业者的生理和心理产生重大影响。当这种工作能够使个人的才能得到发挥，个性得到不断发展与完善时，就成为促进个性健康发展的途径。而随着才能的逐步提高，人们自我实现的需要也得到满足。

4. 职业是个人为社会贡献的途径

一个人从事某种职业，就是进入一个社会劳动分工体系之中参与其活动。一个人在这个体系中的活动结果，就是他(她)为社会做出的贡献。

(二)职业的社会功能

对社会而言，职业和职业活动构成了人类社会生活，是社会存在和发展的基础。职业的社会功能具体表现为以下几点。

1. 职业是社会存在的内容

职业作为一种社会存在，不仅是人的社会身份、等级的体现，其本身也构成了人类社会存在的一个内容。职业分工及其结构，是社会经济制度与社会经济结构的重要部分，是社会经济发展水平的反映。通过人的职业劳动，生产出社会财富，这也为社会的存在和发展提供了物质基础。此外，职业分工及劳动构成社会经济制度及其运行的主要组成部分。

2. 职业的运动和转换可能成为社会发展的动力

职业的社会运动，包括个人改善职业的向上流动、与社会经济结构相联系的职业结构变动、不同职业阶层间的矛盾冲突及解决等，构成了社会发展与社会进步的动力。此外，人们为了追求未来的“好职业”而进行人力投资，不断学习，更成为推动社会发展的巨大动力。

3. 职业是维持社会稳定的基本手段

职业是人的重要生活方式，“安居乐业”是人们的共同愿望。政府为公众创造职业岗位，执行促进“充分就业”的政策，一个主要目的，就是为了减少社会问题，维护社会稳定与发展。

根据职业的上述分析可以看出，职业由三个最基本的要素构成：一是劳动，二是有固定的报酬收入，三是要承担一定的职责并得到社会的承认。

第二节 职业生涯规划

一、职业生涯

职业生涯是一个人的终生职业经历。与职业不同，职业生涯是一个发展的概念，是一个动态的过程。它不仅包括一个人的过去、现在和未来那些可以实际观察到的连续从事的职业发展过程，还包括个人对职业生涯发展的见解和期望。

职业生涯可分为内职业生涯与外职业生涯。内职业生涯是指在职业生涯发展中通过提升自身素质与职业技能而获取的个人综合能力、社会地位及荣誉的总和，它是别人无法替代和窃取的人生财富。外职业生涯是指在职业生涯过程中所经历的职业角色(职位)及获取的物质财富的总和，它是依赖于内职业生涯的发展而增长的。

具体地讲，职业生涯是以心理开发、生理开发、智力开发、技能开发、伦理开发等人的潜能开发为基础，以工作内容的确定和变化，工作业绩的评价，工资待遇、职称、职务的变动为标志，以满足需求为目标的工作经历和内心体验的经历。职业生涯是人生中最重要的历程，是追求自我实现的重要人生阶段。在这里，职业不只是谋生的手段，更是实现个人价值、追求理想生活的重要途径。人一生分为少年、成年、老年几个阶段，而成年阶段时间最长，是人们从事职业生活最重要的时期，是人生中最主要的阶段。因此也可以说，人的生涯就是职业生涯。

美国著名职业问题专家萨帕认为，职业生涯是指一个人终生经历的所有职位的整体历程，是生活中多种事件的演进方向和历程，是个人独特的自我发展组型。中国台湾学者林幸台认为，职业生涯包括个人一生中所从事的工作，以及所担任的职务、角色，同时也涉及其他工作或小职业的活动和个人生活中衣食住行、娱乐各方面的活动与经验。韦伯斯特把"生涯"的外延进一步扩大，他指出，职业生涯是个人一生职业、社会与人际关系的总称，即个人终生发展的历程。

二、职业生涯规划

社会主义市场经济体制的建立和发展，尤其是高等教育的改革，使得原来统招统分的大学生就业模式被打破。就目前情况而言，大学毕业生拥有越来越高的择业自由，而企业选择员工的自由度也越来越高。因此，怎样利用职业的机会来取得事业上的成功，以及怎样利用现有的社会资源和员工情况来促进企业的发展，这是现代社会中个人和企业都不得不思考的两个问题。

(一)职业生涯规划的概念

职业生涯规划包括个人的职业生涯规划和组织的职业生涯规划两个方面。个人的职业生涯规划主要体现在个人制订职业生涯计划、职业生涯发展规划和对实现这些目标的时间、步骤的合理安排。组织的职业生涯规划主要体现在建立职业阶梯，并针对组织成员各自的才能与个性制订定向培养计划，以适应各工作岗位的需要。

个人的职业规划和组织的职业设计，两者既有联系又有区别，只有两者的统一，才有个人的最合适的职业生涯的实现。就一个人初次就业而言，组织和个人都需要具有长远的眼光，致力自身的长期发展和满足对方的合理要求。就一个人进行职业的转换和发展而言，个人需要自身的理性的分析和详细的计划。因此，职业生涯规划就相应地有两个方面的内容：

(1)从企业角度而言，在广大员工希望得到不断成长、发展的强烈要求推动下，企业人力资源管理与开发部门充分了解员工的特点，了解他们成长和发展的方向及兴趣，不断地增强他们的满意感，并使其与企业组织的发展和需要统一协调起来，制订有关员工个人成长、发展的计划。

(2)从个人角度而言，企业组织中的绝大多数员工，都有从自己现在和未来的工作中得到成长、发展和获得满足的强烈愿望和要求。为了实现这种愿望和要求，他们不断地追求理想的职业，根据个人的特点、企业发展的需要和社会发展的需要，制订自己的职业规划。

这二者的关系是将个人的职业需要和组织的人才结构需要在商业与战略方面达成一致，互利互惠，双向共赢，如图 1-2 所示。

(二)职业生涯规划的分类

按照规划的时间长短，职业生涯规划可以分为短期规划、中期规划、长期规划和人生规划四种类型。

(1)短期规划。一般是 2 年以内的规划，主要是确定近期目标，规划近期应完成的任务。如计划 2 年内熟悉公司规则，融合到企业文化中，为此要花较多的时间与同事、领导沟通，并向他们学习。

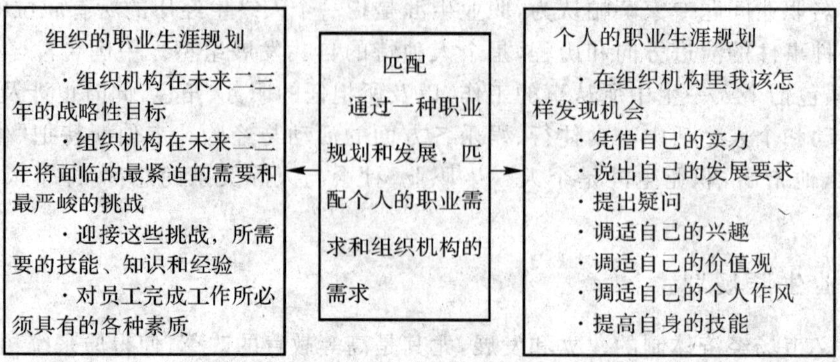

图 1－2 组织与个人职业生涯规划的匹配

(2)中期规划。一般涉及 2～5 年内的职业目标和任务，是最常用的一种职业生涯规划。例如计划 3 年后要成为部门经理，创造相应的业绩，以及为实现此目标而参加的教育、培训。

(3)长期规划。一般是 5～10 年的规划，主要是设定较长远的目标。如规划 35 岁成为分公司的副总经理，掌握更大的权力，以及为实现此目标应采取的具体措施。

(4)人生规划。整个职业生涯的规划，时间长至 40 年左右，设定整个人生的目标和阶梯。

(三)职业生涯规划的特征

职业生涯规划具有两大特征，即个性化特征和开放性特征。

(1)个性化特征。个人职业生涯规划必须由个人自己来主导。从马斯洛的人生需求理论中，我们已经认识到发展动力的源泉在于自身。由于每个人的成长环境、文化背景、个性类型、文化资本构成、价值观、能力、职业生涯目标以及对成功评价的标准等等不尽相同，因此不同人对自己的职业生涯规划也必不相同。可见，个人职业生涯规划是个性的发展蓝图。组织和企业不能把既定的职业生涯规划强加在个人身上，因为无论是单位的领导还是父母、朋友都无法替代个人作规划。从这个意义上来说，个人职业生涯规划没有一套固定的模式，只能根据自己的实际情况细加斟酌。

(2)开放性特征。个人职业生涯规划不能无视社会、企业环境和他人的影响。人是社会的人，如果制订自己的职业生涯规划时，只从个人愿望出发，而不考虑社会和企业环境的需求与发展趋势，也不汲取他人建议，只是一味地闭门造车，别说规划目标无法实现，单就执行规划时可能遇到的那种强烈挫折感都会令人沮丧不已。一份有效的职业生涯规划必须是在对主客观环境审时度势的基础上，广泛听取领导、同事、家人以及职业顾问的意见之后才制订出来的。而且，在这个开放的社会里，有效的个人职业生涯规划更要经历数次的修正和调整，绝非一成不变。因此，一份好的个人职业生涯规划应该是切实可行、适时严谨、弹性适应和可持续的。

三、大学生职业生涯规划的意义

大学生职业生涯规划是一种人生的规划，是一种命运的选择。现代职业生涯规划不仅能帮助大学生实现目标，更重要的是有助于他们真正了解自己，从而确定出合理、可行的职业生涯发展方向。尤其是在市场竞争激烈和人才济济的时代，只有发展个人的竞争优势，才能把握稍纵即逝的机会，发挥个人的潜能，实现预定的目标。在人生路上走回头路的代价是很高的，除了时间不再来之外，日趋专业的职业分工，也使得职业生涯规划的复杂程度越来越高。因此，大学生需要通过具有前瞻性的职业生涯规划，减少在人生路上的徘徊犹豫，以免浪费时光。

（一）大学生职业生涯规划是大学生成才的有效方法

近年来，随着社会的发展、人们文化素质的提高，绝大部分大学生都想施展自己的才能，成就一番事业，体现自己的人生价值。然而，由于社会的快速变迁，竞争的不断加剧，一些不能体察时代变革和环境变迁的人，在这种多变时代中往往手忙脚乱、不知所措，造成内心的惶恐、紧张不安，不知何去何从，其结果不仅事业无成，而且身心也受到严重的影响。因此，在新时代的变革中，大学生只有及早做好职业生涯规划，认清自己，并在自己内在潜能上不断探索和发展，才能正确掌握人生方向，创造成功的人生。只有树立了明确的目标，才能向着目标的方向努力，才能有意识地收集有关素材，创造有利条件，使自己的事业尽早获得成功。

大学生职业生涯规划可以为求职择业提供成功的技术与方法。规划可使大学生充分认识自己，客观分析环境，科学树立目标，正确选择职业，运用适当的方法，采取有效的措施，克服职业生涯发展困阻，避免人生陷阱，获得事业成功。大学生无论从事什么职业、从事什么工作，都必须要通过科学的职业生涯规划，这样才能使个人的目标得以实现，使个人的事业获得成功，使一个平凡之人发展成为一个出色人才。由此可见，职业生涯规划是大学生成才的一种有效方法。

（二）大学生职业生涯规划有助于全面提高大学生综合素质

学分制使学生进入大学后选择课程的权力更为自由，但是，如果没有必要的职业生涯规划指导，学生很难明确今后职业发展的方向。大学期间的学习目标存在盲目性，必然导致学习缺乏动力，涉猎知识的结构失衡，适应社会的能力弱化。所以，大学生应该从入学就开始制订职业生涯规划，以便为自己一生的职业生涯发展打下坚实的基础。

（三）大学生职业生涯规划有利于增强大学生的主体意识

由于受应试教育的影响，有相当一部分大学生主体意识欠缺，认为学习是为了父母、老师，却唯独没有考虑是自己今后职业生涯发展的需要。通过大学生职业生涯规划，大学生可以全面地认识自己的个性、长处与不足，认识社会对人才的需求，从而确定自己的职业生涯目标，并自觉地将目标规划转化为行动，增强学习的目的性。同时，大学生职业生涯规划也有助于增强大学生的主体意识。

（四）大学生职业生涯规划是新形势下高校学生思想政治工作一种行之有效的新方法

随着社会主义市场经济的不断发展和现代化事业的不断推进，社会经济成分、组织形式、就业方式、利益关系和分配方式的多样化，使大学生思想的独立性、选择性、多变性、差异性明显增强。重视社会、集体，而忽视个体教育的传统思想政治工作面临重重困难。围绕高素质创新人才的培养，开展大学生职业生涯规划指导，不仅可以使高校学生思想政治工作更加贴近学生的需要，而且使国家、社会利益与学生个体利益有效地统一起来，是提高学生思想政治工作针对性、有效性、系统性和规范性的有效途径之一。

四、生涯规划的基本要素、方法和模式

(一)生涯规划的基本要素

大学生职业生涯规划包括知己、知彼、抉择、目标和行动五个基本要素。其中,知己、知彼是抉择、目标、行动的基础。

知己是对自己的了解,包括个人的兴趣、能力、价值观、个性、职业锚以及父母的管教态度、学校与社会教育对个人产生的影响等。职业生涯规划的重要前提是认识自我,只有认识自我、了解自我,才能有针对性地明确职业方向,而不盲目化。认识自我是对自我深层次的解剖,了解自己能力的大小,明确自己的优势和劣势,根据过去的经验和经历,推断选择未来可能的工作方向,从而彻底解决“我想干什么”和“我能干什么”的问题。正确地认识自我,越来越受到用人单位的关注,如:许多组织应聘时很注重考察应聘者对自己是否有深刻的自我认识,要求应聘者说明自己的优缺点、兴趣、爱好和最值得列举的经历等。这就要求求职者要找出自己与众不同的地方并保持下去,形成自我鲜明的定位,也就是给自己亮出一个独特的招牌,让自己的才华更好地为招聘单位所认可。自我认识一定要全面、客观、深刻,绝不可回避缺点和短处。

知彼是探索外在的世界,包括行业的特性、所需求的能力、工作内容、工作发展前景、行业的薪资待遇等。知己是了解自己本身的特性,知彼则是了解工作舞台的特性,两者具有密切关系。职业生涯规划的主要任务就是使自我分析与职业分析达到平衡。

所谓抉择,包括抉择技巧、抉择风格,以及抉择可能面临的冲突、阻力、助力等。假如以买衣服为例,在你挑挑拣拣之后,你所做的抉择就是要不要买下衣服。当然,买与不买,不仅取决于自己的体形,衣服穿在身上是否合适(知己),还取决于衣服本身的款式、质地是否合自己心意,价格是否合适(知彼)。

在抉择之后是订立目标,然后采取行动。

知己知彼后,才有了百战百胜的可能,但不一定绝对是百战百胜。武林中,百战百胜的前提是熟知自己的武功招术,了解对方可能采用的招术,以及自己如何破解对方的方法。破解对方的凌厉技术是目标,学习破解的技术是行动,有了积极行动之后,战胜的概率就会大大提高。

因此这五个基本要素缺一不可,环环相扣,是一个人在做生涯规划时必须考虑的关键。下面用一张简图(见图1-3)来形象地说明这五个要素之间的联系。

(二)生涯规划的方法

在生活中常常被人们广泛使用的生涯规划方法有以下几种:

(1)自然发生法:最常见的情形是学生在填写高考志愿时,并未仔细考虑自己的性格、志趣,只是考虑自己的考分和各学校、各专业的录取分数,找到差不多相吻合的,就草草地做出了选择。这种选择方法可能比较保险,但是如果所选择的学校、院系、专业并不是自己喜欢的,可能一进去就会抱怨,从而也会蹉跎了四年的大学美好光阴,悔恨终生。

(2)目前趋势法:跟随现在市场的趋势,投入新兴的热门行业,比如目前非常热门的计算机、经济管理行业。这样的选择可能暂时会造成将来就业情况非常乐观的假象,但没有考虑到四年后是否形势会有所变化。应该认识到原本热门的行业也会慢慢冷却,而一些目前尚处冷

门的行业也有可能在不久的将来迅速成为崛起的新兴产业。因此在做选择时，应该进行动态考虑，而不能一味地随波逐流，追踪热门。

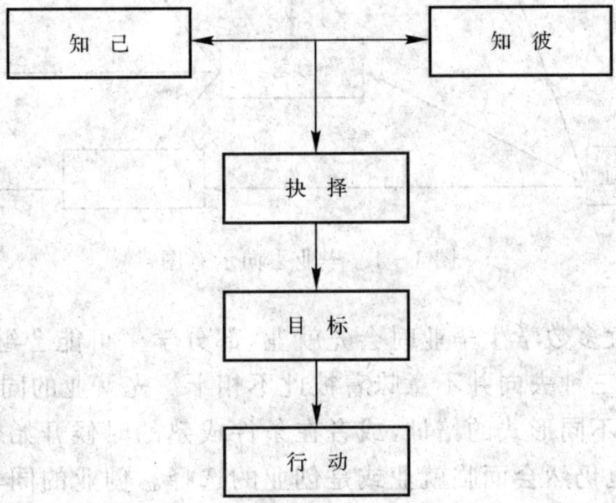

图 1-3　生涯规划五要素之间的联系

(3)最少努力法：选择最容易的科系或技术，希望能够学得轻松、玩得开心，但又祈求有最好的结果。这种方法希望能够不劳而获，讲求一劳永逸，须切记：天上不会掉下馅饼，一分耕耘才会有一分收获。

(4)拜金主义法：盲目选择待遇最好的行业，而忽略了从事该行业给自身心理带来的是快乐还是痛苦，个人的志趣是否与此符合；如果不是的话就会很辛苦，个人心理的痛苦会使自身得不偿失。

(5)刻板印象法：以性别、年龄、社会地位等刻板印象来选择职业，例如认为女性应该从事一些服务业、秘书等辅助工作；而男性则应该做大事，不必拘泥于小节。这样的观点早已过时，现在只要想做，小到清洁工，大到总统元帅，男女都可以从事，没有不可以从事的职业。

(6)橱窗游走法：到各种工作场所走马观花一番，再选择最顺眼的工作。固然对各种工作有所了解是必需的，但要注意在这一阶段所花费的时间千万不能太长，否则到头来会发现自己没有专项所长，只是对各项都有所了解的“三脚猫”。现在的社会不仅需要全才，更需要有所专长的专才。

(7)假手他人法：由他人替自己决定和选择。这些人可能包括父母或家人、朋友或同学、老师或辅导员、权威人士等。

这些便捷的生涯规划方法，优点是省时、省力，不用花费太多心神，在短时间内见效快、效率高；缺点是无法根据个人的能力、特性做出长远的规划。因此，无论采用哪种生涯规划法，自己都要充分考虑自身所具有的优缺点。

(三)生涯规划的模式

1. 大学生生涯路径选择

大学毕业将是人生的一个转折点，毕业后的生涯路径有多种可能性。如图 1-4 所示是一个毕业去向示意图。

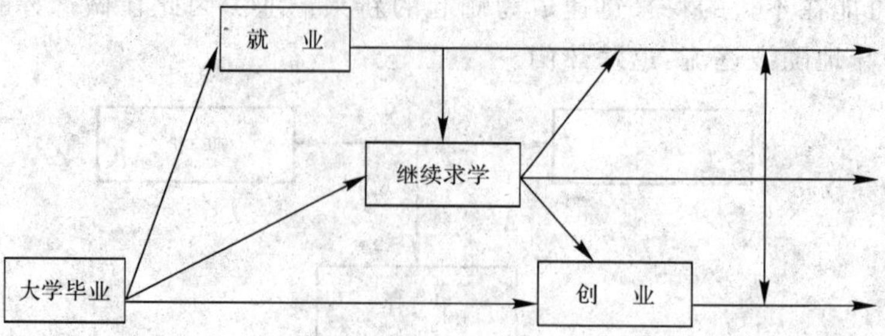

图 1-4 毕业去向示意图

从大的方面来说，大多数学生毕业时会先就业，部分学生可能会继续求学；而有的学生可能会选择自主创业。这三种去向并不意味着彼此不相干。先就业的同学将来仍然可以重新回到学校继续学习或接受不同形式的培训，或者在条件成熟的时候开始创业。继续求学的同学在学习告一段落之后，也仍然会面临就业或是创业的选择。创业的同学也有可能重新进入就业或是进入继续接受教育行列。同样，就业也有多种选择。

2. 大学生生涯规划模式

大学生正处于生涯探索期和生涯建立期的关键阶段，面临着许多关乎未来发展的重大抉择，如学业、职业、人生价值、婚姻等。因此，大学生的职业生涯规划主要是通过职业生涯探索的历程，来增长生涯认知，并逐渐认清生涯发展方向，以完成具体的职业生涯计划和准备。

美国学者斯温教授提出了一个形象且有用的生涯规划模式，如图 1-5 所示。

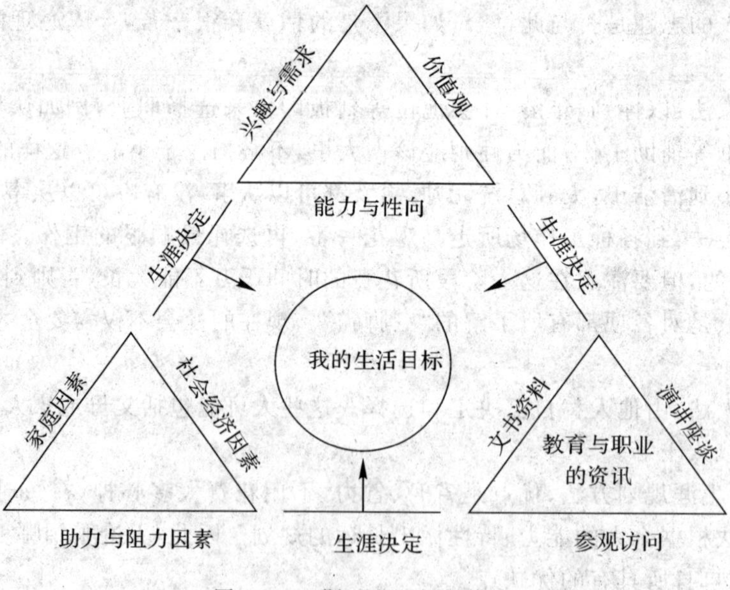

图 1-5 斯温生涯规划模式

斯温认为：一个规范的职业生涯规划，应该包括三个重点，分别为个人特质的澄清与了解、教育与职业资料的提供和个人与环境关系的协调。这三个方面在生涯规划中同等重要。

(1)个人特质的澄清与了解，涉及个人的需要、兴趣、能力倾向以及价值观念等。了解自己是职业选择或生涯规划的最基本要求。这些特质可以通过对生涯的探索活动、自我评定或心理测验等进行了解。

(2)教育与职业资料的提供，是整个生涯目标决定过程中不可或缺的部分。缺乏对职业世界的了解而想做好职业选择，是不切实际的。个体的职业认定常受到原有印象的影响，如性别、学历等。有的职业或专业的名称也许只是一字之差，但其内容、性质或发展却相差很多，因而正确资料的提供是职业目标确定的重要依据。

(3)个人与环境关系的协调。影响职业规划的环境因素，大多是社会文化与机会因素。这些因素通常是个人无法掌握和控制的，例如家庭或他人的重要意见、社会重大事件的影响，或经济是否景气等。因此，既然不可能做到改变环境来适应人的需求，那么就要求人具备良好的环境适应能力，主动协调与环境的关系，使其保持和谐一致。

五、大学生职业生涯规划的任务

职业生涯规划是把个人发展与组织发展相结合，对决定职业生涯的个人因素、组织因素和社会因素等进行分析，制订个人一生事业发展上的有关战略设想与设计安排。其主要有以下五项任务：

(1)学会主动学习。不再被动接受学校所制订的统一学习计划，而是根据自己的职业生涯规划以及学校与社会所提供的学习条件为自己制订个人学习计划，达到自己所希望的学习目标。

(2)学会独立思考。不再满足接受现成的知识或结论，而是培养创新思维，形成自己对世界、社会和人生的思考。为此，要善于总结适合自己的学习方法，培养自学能力，养成独立学习和思考问题的习惯，并学会掌握和利用现代信息技术，积极参与有关的学术活动，扩大职业生涯视野。

(3)学会独立生活。培养自己独立安排生活、解决日常生活问题的能力，学会以成人生活智慧和责任感处理家庭、社会和个人生活的事务。

(4)学会心理调节。正确认识自我心理矛盾的产生和心理平衡的过程，保持自信、自主、自重、自控、自强的情绪状态。

(5)学会关心他人。能够摆脱以自我为中心的桎梏，理解“人的本质是一切社会关系的总和”的含义，通过积极参加社会活动，行使公民权利与履行公民义务，了解社会生活中的人际关系，学会关心他人，善于帮助他人，并能正确判断朋友间的关系和行为；能尊重并且接纳不同文化背景、年龄、生活方式以及面貌的人；能以坦诚开放的态度去接纳不同的意见，解决人际关系中的一些问题。

第三节　我国的大学生职业规划教育

一、国内外大学生职业规划教育发展状况

美国的大学生就业指导理论与实践，经历了五个发展阶段。第一阶段是职业指导理论的提出和基本模式的建立，以帕森斯的特性-因素匹配理论为代表，强调学生的特性与职业因素相匹配；第二阶段是强调对学生开展变业咨询，其中“指导学派”占统治地位，以威廉姆逊出版的《怎样咨询学生》为标志；第三阶段注重学生个人发展，随着罗斯杰在 1942 年出版了《心理咨

询和心理治疗》，职业指导的重点发生转变，由侧重开发职业素质测试的技法转变为注重职业咨询的方法；第四阶段，通过把握人格特征、选择职业达到人职匹配，代表人物是霍兰德，他于1959年创立了“人格-职业类型匹配理论”；第五阶段是生涯指导，20世纪50年代，金兹伯格等人提出了“职业发展是一个与人的身心发展相一致的过程”的新观念，舒伯提出“生涯发展理论”，指出“职业指导即协助个人发展并接受统一完整的自我形象，同时发展适当的职业角色形象，使个人在不定期现实世界中接受考验，并转化为实际的职业，以满足个人需要，同时造福社会。”经过几十年经验的积累，美国的许多高校在职业咨询、就业服务等方面建立了一套完整的理论体系。这一理论体系的核心是指导大学生进行自我评价、确定专业定向和择业目标。

我国就业指导工作起步较晚，这是因为自建国以来我国高等教育实行的是按计划招生、统招统分的制度。“文革”之后几经改革，这种制度才发生了根本变化。进入20世纪90年代中期，毕业生与用人单位“供需见面，双向选择”的就业模式在全国普遍推行。如今，我国部分高校开始借鉴西方的大学生生涯指导，开始把学生的职业指导贯穿于大学四年之中，从大一起就有意识地培养学生的工作能力，挖掘他们的潜力。经过四年的就业培训和准备，大学生在临近毕业时对自己的职业规划就有了一个大致的轮廓。

西方发达国家一直比较重视职业生涯的设计，许多国家的学校教育中早就有“职业设计辅导”这一课程。在美国的中学，孩子们上八年级(高中)时就要请专家为孩子们进行职业兴趣分析。十几岁的孩子职业兴趣并没有定型，但通过职业日、职业实践活动，可以根据其显露出来的特征对其进行有效引导，达到以兴趣定职业的目的。

相比这下，我国高中生在懵懵懂懂时被分为文科生和理科生，上大学选专业也很少考虑到其职业兴趣和能力倾向。与此同时，大学生对职业生涯设计也普遍不重视。有人对北京人文、经济类综合重点大学的在校大学生进行了调查，结果表明：62%的大学生对自己将来发展、工作、职业生涯没有规划，33%的大学生不明确，只有5%的大学生有明确的规划。

二、我国大学生职业规划教育存在的问题

(一)大学生职业规划的相关理论研究滞后

职业规划与管理学说始于20世纪60年代，并于60年代中期从欧美国家传入中国。作为西方人力资源管理的重要内容之一，职业规划已经在各大高校引起了广泛的重视，并逐渐被引入当今高校大学生的就业教育中。但是，当前的职业规划相关理论还比较贫乏，引进的理论主要有职业发展阶段理论、职业锚理论、职业匹配理论等，而且缺乏深入、系统的吸收和消化，难以用它们来指导实践。其次，我国缺少相关的大学生心理、行为的深入研究，使职业规划理论缺少基础理论的支撑。另外，我国长期以来缺乏面向大学生的大规模、高质量的调查研究和数据分析，职业指导缺少实证的支撑。近年来，大学生职业规划的重要性已经日益得到人们的认同，我们需要加强理论研究和实际的调研来使之付诸实施。

(二)大学生职业教育的相关机构和人员建设落后

与大学生相关的职业规划专业指导一般来自两个方面：一方面是社会机构和个人，如人力资源公司、猎头公司、高校研究所、高校相关专业教师和研究人员等。但是，目前这个群体的从业人员还比较少，他们主要面向公司提供人力资源管理咨询和培训，而且服务价格颇高，非普

通大学生所能承担。另一方面，大学生职业指导机构是高校主管毕业生就业工作的部门。这个领域的大多数工作人员长期从事毕业生就业工作，对大学生的就业及择业过程、就业形势等比较熟悉，而且最有条件与在校大学生进行接触和沟通并给予指导。

首先，大多数高校并没有随着形势的发展而及时改变服务思路，没有意识到职业规划的重要性，仅仅将工作的重点放在大学生毕业前夕的就业服务上，因此，就业指导的效果也不尽如人意。大多数高校都设立了就业指导中心（或就业指导办公室），但是不少学校把就业指导工作当做大学生思想政治工作或行政管理工作来做。其次，缺乏就业指导和职业教育的专职人员是阻碍这一工作进展的另一个重要原因。袁贵仁 2003 年曾经指出，2002 年全国高校负责毕业就业工作的专职人员与毕业生的比例在 1∶700 以上，2003 年达到 1∶1 000～1∶1 500，有些万人大学的就业工作专职人员甚至不足两人。而在欧美发达国家，高校就业工作人员与毕业生的比例一般在 1∶200 左右。由于缺乏专业人员，一些学校毕业生的就业指导工作就疲于应付，更谈不上对全校大学生实施职业指导了。要真正抓好大学生职业教育，高校必须转变观念，增加人手，搞好机构建设和相关工作人员的技能培训，重视大学生职业规划和就业准备的理论研究。

（三）我国大学生职业规划指导方法存在缺陷

我国的大学生职业规划指导在发展过程中，通过借鉴西方国家的一些经验，结合我国国情，逐渐探索出了一些适宜我国大学生需要的理论、观念与方法，如提出加强思想教育、开展全员全程指导、建立发展性生涯辅导模式、建立就业指导课程等。但在实践中，我国大学生的职业规划指导还存在以下几方面的不足：一是系统性较差，大学生的职业规划指导只局限于毕业生这一个群体，只局限在就业这一个环节，而对非毕业生、就业之外的环节包括学业、职业和事业发展问题，则缺乏指导与帮助。其实，大学生的就业与此前的学业、此后的职业和事业都是一个整体，需要进行系统的指导，缺少其中的任何一个要素，都会影响学生的发展。二是缺乏协调性，只将学校和专业的就业情况作为衡量其发展的一个重要指标，但对就业指导如何反过来促进学校和专业的发展，做得不够；只注重将大学生推向社会，但对大学生如何在社会上实现自我价值和社会价值缺乏指导，没有将学生的发展与学校和社会的发展协调起来。正是在这种缺乏系统和协调性的职业规划指导下，许多大学生急功近利，什么赚钱就做什么，有的甚至随遇而安，有什么工作就做什么工作。大学生中普遍存在盲目择业现象。

三、当前对在校大学生进行职业规划教育的时机和条件

尽管仍然存在着种种条件限制，但我们认为，对在校大学生进行职业规划教育已经刻不容缓，而且大学生职业规划教育的时机和条件也已日趋成熟。

（一）大学生的职业观念、职业理想发生了巨大的转变

作为职业规划的主体，大学生的职业观念、职业理想是怎样的？他们有进行职业规划的愿望吗？了解这些内容对于大学生职业教育的有效开展十分重要。在计划经济体制下，大学生和其他一般工作人员一样，是“革命一块砖，哪里需要就往哪里搬”，在那种环境下，大学生没有自我意识，也不需要有自我意识，因而职业规划没有存在的土壤。在改革开放的初期，大学生是“天之骄子”，就业方面是“皇帝的女儿不愁嫁”。面对这样的就业形势，大学生也缺乏职业规

划的动力。此外,由于国家企业单位的用人机制没有根本性的改变,因此留给个人规划的余地很小。过去几年里,毕业生就业形势发生了巨大变化,与此同时,社会上的用人机制发生了深刻的变化,大学生的择业自主性增加了,大学生的自我意识也增强了,而这些都为大学生职业规划提供了条件。

有学者于1995年和1998年两次对大学生进行了基本内容相同的调查,结果显示(见表1-2),大学生对择业因素的考虑主要有如下变化:从既注重发挥个人特长又注重经济收入,演变为更为注重发挥个人特长。在1995年的调查中,大学生在众多的择业因素中,把“收入高”放在第一位,百分比为53.96%;“能发挥个人特长,符合个人兴趣”放在第二位,百分比为50.99%。而在1998年的调查中,却有73.8%的人选择“能发挥个人特长,符合个人兴趣”,不仅从横向上比选择“收入高”的比例(65.8%)高出了8%,而且从纵向上也比1995年的选择高出了20%多,从“能实现个人抱负”的因素选择上看,1998年的比例为38.90%,比1995年的比例28.80%高出了近10%。这一切足以说明大学生在职业选择上,对“自我发展”、“自我实现”因素的倾向。也就是说,大学生已经从盲目追求经济收益转为追求个性化的成功,这个转变正是职业规划的基础。因为职业规划最主要的特性就是个性化,成功的职业规划的基础是对自身和外在环境的客观认识。在2003年进行的另外一份调查结果中,我们看到了更明显的结果(见表1-3)。

表1-2 大学生选择职业时主要考虑的因素

类别 \ 年度	1995年	1998年
能发挥个人特长、符合个人兴趣	50.99%	73.80%
收入高	53.96%	65.80%
能实现个人抱负	28.80%	38.90%
领导开明	5.68%	11.20%
轻松自由	8.11%	9.30%
人际关系	19.27%	27.10%
工作稳定	8.32%	13.90%
社会声望高	5.48%	5.10%
有权有职	5.27%	2.40%
对社会贡献大	2.24%	5.60%
晋升机会多	5.88%	4.90%
劳动条件好	4.67%	4.60%
福利待遇好	12.17%	9.00%
便于流动	4.06%	4.20%
地理环境好	8.72%	9.00%
离家近	4.72%	2.22%

表 1－3　大学生选择职业的价值取向

选项 \ 类别	完全不同意	不同意	中立	同意	完全同意
发展前途最重要	1.25％	7.75％	12.75％	32.25％	46.00％
我的工作应该能最大限度地发挥我的才能	1.75％	1.00％	20.00％	55.75％	21.50％
个人价值不一定要通过收入体现	6.25％	4.75％	18.00％	44.50％	26.50％
我的兴趣所在和价值体现是第一位的	2.25％	4.50％	23.50％	32.75％	37.00％
如果在单位不能发挥我的才能，待遇好也留不住我	1.25％	15.25％	28.00％	33.00％	22.50％

然而，大学生对职业规划概念的接受程度还很低。2003 年进行的调查结果显示，大学生中不知道、不了解职业规划理论的占 60％，了解并能初步运用职业规划理论的占 32％，掌握并能熟练运用职业规划理论的仅占 8％；在“我喜欢运用职业生涯理论规划工作的发展步骤”的选项中，不同意的占 40％，中立的占 30％，同意的仅占 30％；在“我对将来自己如何一步步晋升、发展有明确的规划”的选项中，不同意的占 46％，中立的占 32％，同意的仅占 22％。可见，对大学生规划理论不知道、不了解的人很多，能够掌握并运用职业规划理论还有很大的困难，同时也说明大学生职业规划和就业准备教育大有可为。

（二）持续的大学毕业生就业压力是职业规划教育的直接动力

2001 年全国高校毕业生仅为 115 万人，2002 年为 145 万人，到了 2009 年增加至 610 万，2010 年将达到 630 万，毕业生人数的持续增加给大学毕业生就业带来了巨大的压力。虽然近年来我国宏观经济持续高速增长，但是就业岗位却没有与毕业生总量同步增长，加之受城镇新增劳动力、下岗再就业者等的影响，毕业生就业形势日益严峻。据官方统计，2003 年约有 100 万大学毕业生不能签约就业，而在 2002 年，这个数字还只有 34.8 万。在中国教育部 2004 年初公布的就业率统计表中，全国毕业生的签约率仅为 50％左右，而自 1996 年国家开始进行就业率统计以来，2002 年前这个数字还没有低于 75％（1996—2002 年，大学毕业生就业率分别为 93.7％，97.1％，76.8％，79.3％，82.0％，90.0％，80.0％）。在严峻的就业形势下，大学生职业规划显得更为必要。

第一，及早进行职业规划有利于提高大学生的就业竞争力。职业规划要求大学生结合自身情况、眼前的机遇和制约因素，为自己确立职业方向、职业目标，选择职业道路，确立教育计划、发展计划，为实现职业生涯目标而确定行动时间和行动方案。通过将合理的规划付诸实施，大学生的职业能力将得到有效的提高，因而能在求职竞争中取得先机。

第二，经过职业规划，不仅大学生的职业观念将得到加强，而且会使大学生树立长远的人生目标，在职业选择的过程中能承受更多的挫折和打击，始终保持乐观、积极的人生态度，最终获得人生的成功。

第二章 生涯理论概述

生涯理论的发展，得益于心理学理论的发展以及职业指导和生涯辅导实践活动的蓬勃开展。生涯理论经历了从一个主流学派一统天下到多个学派百家争鸣的过程。主要流派包括特质-因素论、人格类型论、心理动力论、发展论、社会学习论、认知决策论等。各派理论以各自独特的视角阐述并试图解决生涯领域内的困惑和问题，有的强调个人能力特质与职业的配合，有的则从个人角色发展阶段入手。

学者们对各派理论进行了分类归纳，以下是两种较常见的归类方法。

1. 克里茨的归类体系

(1)心理学取向的理论。这类理论强调从个人的角度出发，来研究探讨同职业发展密切相关的个人因素，如能力、兴趣、价值观、人格等。它认为在生涯选择和发展过程中，人体拥有相当程度的自发性和自主性，个人的心理因素将直接影响其所做的选择，环境因素只能起到间接的作用。主要理论包括强调个人特性和职业特性相匹配的特质论和人格类型论；强调以个人内在动机为核心的动力论，主要包括需要论和心理动力论；从发展的观点来研究个体职业行为和个人角色的发展论。

(2)非心理学取向的理论。这类理论倾向于研究作用于个人职业选择和职业发展的社会环境因素，强调个人所处家庭与社会环境等外在因素在职业选择与职业发展中的重要作用，而个人的特质对于选择无直接影响。主要理论有社会学理论和经济论。

2. 舒伯的归类体系

(1)匹配理论。这类理论强调个人与职业或环境的匹配。帕森斯和威廉姆逊的特质-因素论、罗伊的人格理论、鲍丁的心理动力理论和霍兰德的类型论等都归于这一类。

(2)发展理论。生涯发展论是生涯理论中最具有整合性的一派，它以发展心理学为基础，综合差异心理学、社会学、人格理论的有关原理，从发展的观点来探究生涯选择的过程，研究个体的职业行为、生涯发展阶段和成熟度，是西方生涯辅导领域内一个重要的理论学派。

(3)决策理论。该类理论虽然与匹配论和发展论有些重叠，但目的主要是生涯决策历程与形态的探讨，其中又可分为：探讨生涯决策历程的学说，探讨生涯决策形态的学说，综合历程、形态及情境因素的学说。

本章按照舒伯的归类体系，分别介绍匹配理论、发展理论和决策理论中一些经典的理论方法。

第一节 生涯匹配理论

帕森斯的特性-因素理论又称帕森斯的人职匹配理论，它是最早的职业辅导理论。它是以个人的个性心理特质作为描述个别差异的重要指标，强调个人的特质与职业选择的匹配关系。

1909 年美国波士顿大学教授帕森斯在其《选择一个职业》的著作中提出了人与职业相匹配是职业选择的焦点的观点。他认为，个人都有自己独特的人格模式，每种人格模式的个人都有其相适应的职业类型。

1959 年霍兰德以自己的职业咨询经验为基础提出了一种关于职业选择的人格类型理论。这是一种在特性-因素理论基础上发展起来的人格与职业类型相匹配的理论，其理论观点在于：职业选择是个人人格的反映和延伸，人格（包括价值观、动机和需要等）是决定一个人选择何种职业的重要因素。

一、帕森斯和威廉姆逊的特性-因素论

特性-因素理论（Trait-Factor Theory）是由美国职业指导专家帕森斯创立，并由威廉姆逊发展成型的，一般也被称为"特质-因素匹配理论"。

该理论的核心是人与职业的合理匹配。它认为所有人在其成长发展的各个方面都存在着差异，可以通过使用量表，并辅之以观察法、谈话法、问卷法等，测量被指导者的体质与心理特性，对其进行全面的特性评价，从而得出每个人不同于其他人的特性。同时，该理论采用工作分析法，研究有关职业特定的工作任务、程序以及工作环境等对工作人员的要求，再将这些要求与人的特性相对应，以求达到人职匹配的目标。

总之，特性-因素理论认为人的特性是可以用科学手段测量的，职业因素也可以运用一定方法进行分析确定，而职业指导就是研究两者的相关性，通过职业指导达到人与职业两者之间的合理匹配。

被誉为"职业辅导之父"的帕森斯认为，在选择职业的过程中，涉及三个主要的因素：对工作性质和环境的了解，对自我爱好和能力的认识，以及它们两者之间的协调与匹配，这就是"职业辅导的三大原则"。

(1)了解自我。即对自我进行探索，包括了解个人的兴趣、能力、资源、优势、劣势等。

(2)了解工作。了解职业的能力素质要求、知识经验、工作环境、薪酬、晋升机会及发展前途等。

(3)匹配。将上述两类资料进行综合并找出与个人特质匹配的职业。帕森斯认为个人选择职业的关键就在于个人的特质要与特定职业的要求相匹配，只有这样，个人才能更加适应职业，并使个人和用人单位同时受益。

"人职匹配"可分为两种类型：

(1)条件匹配（因素匹配）。例如，所需专门技术和专业知识的职业与掌握该种特殊技能和专业知识的择业者相匹配；或者脏、累、苦劳动条件很差的职业，需要吃苦耐劳、体格健壮的劳动者与之匹配。

(2)特长匹配（特性匹配）。例如，具有敏感、易动感情、不守常规、个性强、理想主义等人格特性的人，宜于从事审美性、自我情感表达的艺术创作类型的职业。

根据帕森斯所揭示的职业选择三要素，可以把职业选择过程分为三个步骤。

(1)特性评价。通过心理测量及其他手段，分析身体状况、能力倾向、兴趣爱好、气质与性格等方面的个人资料，以及有关家庭文化背景、父母职业、经济收入、学业成绩、闲暇兴趣等，从而获得全面的材料，作出综合评价。

(2)因素分析。分析各种职业对个人的要求（因素），并且广泛收集相关职业信息，如职业

的性质、工资待遇、工作条件以及晋升的可能性；求职的最低条件，诸如学历要求、所需的专业训练、身体要求、年龄、各种能力及其他心理特点的要求；为准备就业而需要参加的教育课程、训练计划等。

（3）二者匹配。根据个人的特性评价与社会职业因素的分析结果，来选择一项既适合自己特点，又有可能获得的职业。

帕森斯强调的职业辅导，首先是要在作出选择之前先评估个人的能力，因为个人选择职业的关键，就在于个人的特质与特定行业的要求条件是否相配；其次是要进行职业调查，即强调要对工作进行分析，包括研究工作情形，参观工作的场所，与工人和管理人员亲身交谈；最后要以个人和职业的互相配合作为职业辅导最终目标。帕森斯认为：只有这样，人才能适应工作，并且使个人和社会同时受益。

在帕森斯理论的基础上，在明尼苏达大学从事辅导工作的威廉姆逊形成了一套独特的辅导方法，被称为"明尼苏达辅导学派"。由于这套方法教导意味很重，因此威廉姆逊的观点及采用的方法又被称为"指导学派"。

威廉姆逊认为，经过心理测验，指导咨询主要有以下三种方法：

（1）直接建议。辅导人员直接告诉个体最适当的选择或必须采取的计划与行动。

（2）说服。辅导人员以合乎逻辑的方式向个体提供他对各项心理测验的结果所作的诊断与预测，让个体根据辅导人员的指导推断出自己应该做的抉择。

（3）解释。辅导人员向个体说明各项资料的意义，让个体可以就每一项选择作系统化的分析、探讨，并依据各种心理测验所显示的结果推测成功的可能性。

威廉姆逊认为上述三种方法中，解释的方法是最完整且较能令人满意的方法。解释的过程是由辅导人员从兴趣测验的结果谈起的，然后再将其兴趣组型与智力、能力倾向、成就等测验作配合分析，若还有人格测验的资料，则再与这些资料配合起来，最后提供给个体，做出正确的职业选择。

二、霍兰德的职业性向理论

职业选择是个人人格的一种表现，而非随意的事件。相同职业的从业群体具有相似的人格类型和相似的个人发展史。他们对很多的情境与问题会有相类似的反应方式，从而产生类似的人际环境。个人的人格与工作环境之间的适配和对应，是职业满意度、职业稳定性与职业成就的基础。

美国约翰·霍普金斯大学的心理学教授约翰·霍兰德于1950年提出，并于1973年在他的名著《做出职业选择》中全面表述了他的这一理论思想。

理论的核心包含四个假设：

（1）在现实的文化中，可以将人的人格分为六种类型：实际型（Realistic Type，简称R）、研究型（Investigative Type，简称I）、艺术型（Artistic Type，简称A）、社会型（Social Type，简称S）、企业型（Enterprising Type，简称E）与传统型（Conventional Type，简称C）。这六种类型按照一个固定的顺序可排成一个六角形（RIASEC）。每一特定类型人格的人，便会对相应职业类型中的工作或学习感兴趣（详见图2-1）。

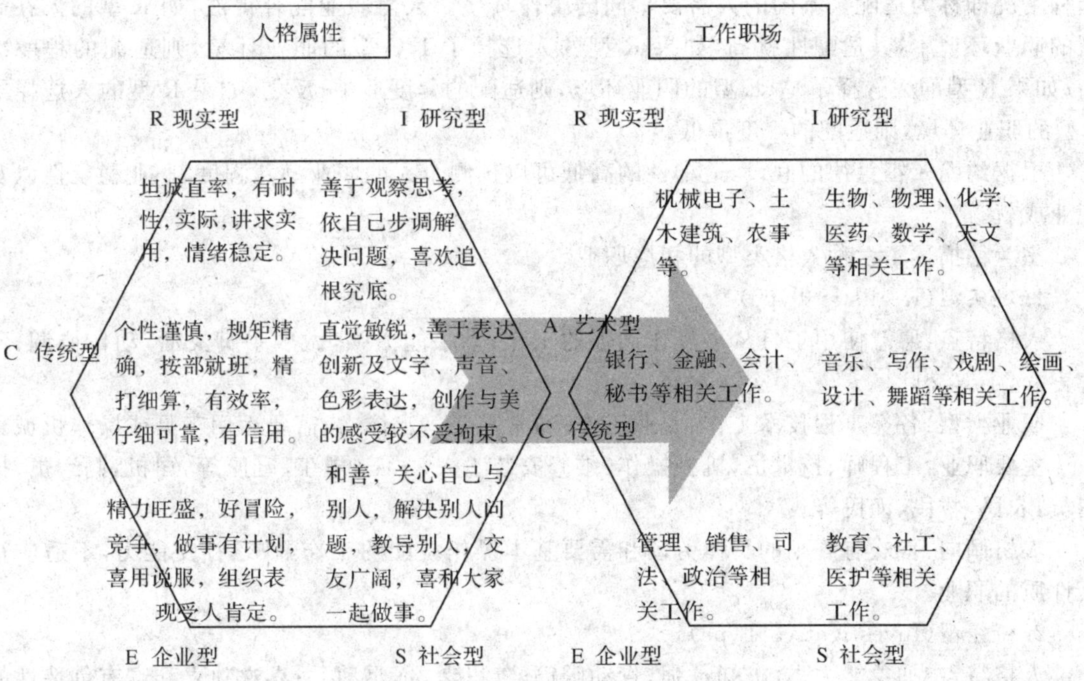

图 2－1　霍兰德六种人格类型与相应职业

(2)环境也可区分为上述六种类型。

(3)人总是寻找适合个人人格类型的环境，锻炼相应的技巧与能力，从而表现出各自的态度及价值观，面对相似的问题，扮演相应的角色。

(4)个人的行为取决于个体的人格和所处的环境特征之间的相互作用。

约翰·霍兰德理论的三个辅助假设：

(1)一致性。指各类人格类型或各种职业环境之间的相似程度。譬如，现实型(R)和研究型(I)在某些性质上有共同的地方，表现为不善交际、喜欢做事而不善于与人接触，较男性化等，称这两种类型的一致性高。反之，传统型(C)和艺术型(A)的一致性偏低，因为两者所具有的特点是完全不同的，如前者顺从性大，后者独创性强。

各类型的一致性程度可以用它们在六角模型上的距离表示。

一致性高的，它们在六角模型上的位置是临近的。如 RI，RC，IR，IA，AI，AS，SA，SE，ES，EC 和 CR。

一致性中等的，它们在六角模型上的位置是相隔的，如 RA，RE，IS，IC，AR，AE，SC，EA，ER，CS 和 CI。

一致性低的，它们在六角模型上的位置是相对的，如 RS，IE，AC，SR、EI 和 CA。

(2)区分性。指个人人格特质发展或其所偏好之职业环境的清晰程度。某些人或某些职业环境的界定较为清晰，较为接近某一类型，而与其他类型相似甚少，这种情况表示区分性良好；若有些人与多种类型相近，则表示他们的区分性较低。

(3)适配性。人格类型与职业类型的匹配度。不同类型的人需要不同的生活工作环境，例如研究型的人需要有研究型的职业环境，因为这种职业环境才能给予他所需要的机会与奖励，这种情况即称为适配。不同的人需要不同的工作环境。人与职业配合得法，如 R 型的人在 R 型的职业环境中，其适配性就高，如果 R 型的人选择了 I，C 型的职业环境，则适配的程度次高；如果 R 型的人选择了 A、E 型的职业环境，则适配的程度适中；反之，如果 R 型的人选择了 S 型的职业环境，则适配的程度最低。

根据约翰·霍兰德的假设，适配性的高低可以预测个人的职业满意程度、职业稳定性以及职业成就。

霍兰德描述了六种人格类型的相应职业。

1. 现实型(Realistic Type)

人格特点：愿意使用工具从事操作性强的工作；动手能力强，做事手脚灵活，动作协调；不善言辞，不善交际。

职业类型：各类工程技术工作、农业工作；通常需要一定体力，需要运用工具或操作机械。

主要职业：工程师、技术员，机械操作、维修安装工人、木工、电工、鞋匠等，司机，测绘员、描图员，农民、牧民、渔民等。

人格倾向：喜欢有规则的具体劳动和需要基本操作技能的工作，缺乏社交能力，不适应社会性质的职业。

2. 研究型(Investigative Type)

人格特点：抽象能力强，求知欲强，肯动脑筋，善思考，不愿动手；喜欢独立和富有创造性的工作；知识渊博，有学识才能，不善于领导他人。

职业类型：主要指科学研究和科学实验工作。

主要职业：自然科学和社会科学方面的研究人员、专家，化学、冶金、电子、无线电、电视、飞机等方面的工程师、技术人员，飞行驾驶员、计算机操作人员等。

人格倾向：具有聪明、理性、好奇、精确、批评等人格特征，喜欢智力的、抽象的、分析的、独立的定向任务这类研究性质的职业，但缺乏领导才能。

3. 艺术型(Artistic Type)

人格特点：喜欢以各种艺术形式的创作来表现自己的才能，实现自身价值；具有特殊艺术才能和个性；乐于创造新颖的、与众不同的艺术成果，渴望表现自己的个性。

职业类型：主要指各种艺术创造工作。

主要职业：音乐、舞蹈、戏剧等方面的演员、艺术家、编导、教师，文学、艺术方面的评论员，广播节目的主持人、编辑、作者，画家、书法家、摄影家，艺术、家具、珠宝、房屋装饰等行业的设计师等。

人格倾向：具有想象、冲动、直觉、无秩序、情绪化、理想化、有创意、不重实际等人格特征，喜欢艺术性质的职业和环境，不善于服务性工作。

4. 社会型(Social Type)

人格特点：喜欢从事为他人服务和教育他人的工作；喜欢参与解决人们共同关心的社会问题，渴望发挥自己的社会作用；比较看重社会义务和社会道德。

职业类型：主要指各种直接为他人服务的工作，如医疗服务、教育服务、生活服务等。

主要职业：教师、保育员、行政人员，医护人员，衣食住行服务行业的经理、管理人员和服务人员，福利人员等。

人格倾向：具有合作、友善、助人、负责、圆滑、善社交、善言谈、洞察力强等人格特征，喜欢社会交往，关心社会问题，有教导别人的能力。

5. 企业型(Enterprising Type)

人格特点：精力充沛，自信，善交际，具有领导才能；喜欢竞争，敢冒风险；喜欢权力、地位和物质财富。

职业类型：主要指那些组织与影响他人共同完成组织目标的工作。

主要职业：经理、企业家、政府官员、商人、行政部门和单位的领导者、管理者。

人格倾向：具有冒险、野心的人格特征，喜欢从事领导及企业性质的职业，独断、自信、精力充沛、善社交等。

6. 传统型(Conventional Type)

人格特点：喜欢按计划办事，习惯接受他人的指挥和领导，自己不谋求领导职位；不喜欢冒险和竞争；工作踏实，忠诚可靠，遵守纪律。

职业类型：主要指各类文件档案、图书资料、统计报表等相关的科室工作。

主要职业：会计、出纳、统计人员，打字员，办公室人员，秘书和文书，图书管理员，旅游、外贸职员，保管员，邮递员，审计人员，人事职员等。

人格倾向：具有顺从、谨慎、保守、实际、稳重、有效率等人格特征，喜欢有系统有条理的工作任务。

约翰·霍兰德在个性与环境(职业)类型划分的基础上，做出了另外一个极有价值的贡献，即六边形模型的提出。约翰·霍兰德用六边形表示六种类型之间的关系，掌握六边形模型是理解其整个理论系统所不可缺少的(见图 2-1)。

第二节　生涯发展理论

20 世纪 40 年代出现职业生涯发展理论(Career Development Theory)。其代表人物是金斯伯格与舒伯。舒伯是继帕森斯之后又一位里程碑式的职业辅导大师。

金斯伯格指出，人们的职业意识不是在面临就业时才具有的，它早在童年时期就开始孕育。随着年龄、资历和教育等因素的变化，人们的职业选择心理也发生变化。职业选择有幻想期、尝试期和现实期。这三个时期都是职业生涯发展的早期。金斯伯格对人们获得职业之后的发展考虑较少。

1953 年，舒伯在继承前人理论的基础上，提出职业生涯发展理论。他把个人职业选择纳入到整个人生发展的高度进行考察。职业生涯可以划分为成长、探索、建立、维持和衰退五个阶段。每个阶段都有其相应的发展任务，前一阶段的任务完成不好，就会影响后一阶段的职业发展。

生涯发展阶段理论的提出，打破了人们历来把职业选择当做个人在特定时期出现的单一的观点。它明确提出人的职业选择是一个不断发展的过程。职业生涯辅导就是要了解个人的不同心理发展阶段，根据他的职业成熟程度，就他的潜力与问题进行综合分析。既然人的职业发展贯穿人的一生，相应地，职业生涯辅导就是一个长期的系统工程。

一、金斯伯格的生涯发展阶段

金斯伯格研究的重点是从童年到青少年阶段的职业心理发展过程。通过比较美国富裕家庭的人从童年期到成年早期和成熟过程中有关职业选择的想法和行动，揭示个体早期职业心理或职业心理意识。他认为职业在个人生活中是一个连续的、长期的发展过程，童年时期就开始孕育职业选择的萌芽，随着年龄、资历、教育等因素的变化，个体的职业选择也会表现出不同的特征。职业发展如同人的身心发展一样，可以分为几个阶段，每个阶段都有不同的特点和任务。如果前一阶段的任务不能很好完成，就会影响下一阶段的职业成熟，最后导致在职业选择时发生障碍。

金斯伯格认为职业选择经历是从模糊的空想走向现实，并将这一逐渐成熟的心理过程分为三个阶段。

(一)空想阶段(11 岁以前)

在这个阶段个体希望快点长大成人，憧憬引人注目、令人激动的理想化职业，这时情感色彩很浓，带有很大的冲动性和盲目性，十分不稳定。

(二)尝试阶段(11～17 岁)

这个阶段与青春期同时到来。个体开始思考今后的职业和自己所面临的任务，并把完成这个任务作为奋斗的目标。这个阶段又包括由兴趣、能力、价值观起主导作用的三个时期。十一二岁是兴趣期，在考虑未来职业时，个人的兴趣占优势；十三四岁为能力期，随着成熟，逐渐认识到自己独立完成工作的能力与职业的关系；最后是价值期，个体开始认识到职业的社会价值，并试图把兴趣与能力统一到开始形成的价值体系中去。这是职业形成的最重要阶段。

(三)现实阶段(17 岁至成人)

如果说上一阶段还是主观因素占主导地位，那么这一阶段则更注重现实，力求主观因素与客观因素协调统一。这个阶段也可分为三个时期。首先是探索期，个体尝试把自己的选择与社会的需要联系起来；接下来是具体化时期，这时职业目标已基本确定，个体开始为之努力；最后是特定化时期，为了实现特定的职业选择，个体准备考入高一级学校，或接受专业训练，准备就业。

金斯伯格是一位较早的从生涯发展的角度研究人的职业行为的学者，其职业生涯理论对实践产生过广泛影响。但是，金斯伯格的职业发展论是人们职业意识或职业追求的变化发展过程，对职业发展中后期未作具体的分析。

二、舒伯的生涯发展阶段

(一)舒伯的生涯发展五阶段

舒伯根据自己“生涯发展形态研究”的结果，参照布勒的分类，也将生涯发展阶段划分为成长、试探、决定、保持与衰退五个阶段，其中有三个阶段与金斯伯格的分类相近，只是年龄与内容稍有不同，舒伯增加了就业以及退休阶段的生涯发展。

在“成长期”(1～14 岁)，人扮演的角色首先是儿童，入学后是学生，休闲者或游戏者的角色在生活中占据了相当大的比重。该阶段的任务是：发展自我，开始以各种不同的方式来表达自己的需求，且经过对现实世界不断地尝试来修正自己的角色，同时了解工作的意义，端正对工作世界的正确态度。

在“探索期”(15～24 岁)，学生角色占据了主要地位，同时公民和工作者角色的重要性将与日俱增。这一阶段的青少年通过学校学习、社团活动、兼职打工等机会，对自我能力及角色、工作世界进行深入的探索，从而使职业偏好逐渐具体化、特定化并且初步建立职业目标。

在“建立期”(25～44 岁)，从学校毕业结束学生的角色，工作者的角色很可能成为生活的最大重心，而家庭照顾者的角色也在该期尤其是后期越发明显，逐渐扮演配偶、家长的角色。这一阶段的任务是调整、稳固并求上进，即经过探索后，能明确自己在整个生涯中的长远目标和属于自己的位置。

在“维持期”(45～64 岁)，工作如日中天，全力冲刺，事业发展达到顶峰，此时休闲者与公民的角色逐渐变得重要。这一阶段的任务是维持既有成就与地位。

在“衰退期”(65 岁及以后)，从原有工作退休后，投入相当多的时间在家庭，休闲者和家长的角色最为突出。这一阶段的任务就是注重发展新的角色，寻求不同方式以替代和满足需求。

人的一生，扮演着不同的角色，从孩童、学生、上班族到为人父母，不同社会角色的组合形成了人的“生活风格”，这样的发展过程就构成了“生涯”。

(二)舒伯的循环式发展阶段

在后期的研究中，舒伯对于发展阶段的理论又进行了深化，他认为在各个发展阶段中同样要经历成长、探索、建立、维持和衰退这些阶段，这样就形成了一种螺旋循环发展的模式。这种大阶段套小阶段的模型丰富和深化了生涯发展阶段的内涵。各阶段中的子阶段发展任务详见表 2－1。

表 2－1　循环式发展阶段表

生涯阶段	年龄	
	青年期(14～25 岁)	成年初期(25～45 岁)
成长期	发展合适的自我概念	学习与他人建立关系
探索期	从许多机会中学习	寻找心仪的工作机会
建立期	在选定的职业领域中起步	确定投入某一工作，并寻求职位上的升迁
维持期	验证目前的职业选择	致力于维持职位的稳固
衰退期	从事休闲活动的时间减少	减少体能活动的时间
生涯阶段	年龄	
	成年中期(45～65 岁)	成年晚期(65 岁以上)
成长期	接受自身的限制	发展非职业性的角色
探索期	确认待处理的新问题	选个良好的养老地点
建立期	学习和发展新的技能	完成未完的梦想
维持期	巩固自我以对抗竞争	维持生活的兴趣
衰退期	集中精力于主要的活动	减少工作时间

举例来说，一个大学一年级的新生，必须适应新的角色与学习环境，经过“成长”和“探索”，一旦“建立”了较固定的适应模式，同时“维持”了大学学习生活之后，又要开始面对另一个阶段准备求职。原有的已经适应了的习惯会逐渐衰退，继而对新阶段的任务又要进行“成长”、“探索”、“建立”、“维持”与“衰退”，如此周而复始。

(三)舒伯的生涯彩虹图

1976—1979年间，舒伯在英国进行了为期四年的跨文化研究，之后他提出了一个更为广阔的新观念，即生活广度、生活空间的生涯发展观(Life-span，Life-spacecareer Development)。这个生涯发展观，除了原有的发展阶段理论之外，较为特殊的是舒伯加入了角色理论的研究，并将生涯发展阶段与角色彼此间交互影响的状况，描绘成一个多重角色生涯发展的综合图形。这个生活广度、生活空间的生涯发展图形，舒伯将它命名为“一生生涯的彩虹图”(Life-career Rainbow)(见图2-2)，形象地展现了生涯发展的时空关系，更好地诠释了生涯的定义。

1. 横贯一生的彩虹——生活广度

在一生生涯的彩虹图中，横向层面代表的是横跨一生的生活广度。彩虹的外层显示人生主要的发展阶段和大致估算的年龄：成长期(约相当于儿童期)，探索期(约相当于青春期)，建立期(约相当于成人前期)，维持期(约相当于中年期)以及衰退期(约相当于老年期)。在这五个主要的人生发展阶段内，各个阶段还有小的阶段。舒伯特别强调各个时期年龄划分有相当大的弹性，应依据个体不同的情况而定。

2. 纵贯上下的彩虹——生活空间

在一生生涯的彩虹图中，纵向层面代表的纵贯上下的生活空间，是由一组职位和角色所组成的。舒伯认为人在一生当中必须扮演九种主要的角色，依次是儿童、学生、休闲者、公民、工作者、夫妻、家长、父母和退休者。当一个角色因故不彰显时，其他角色会更加明显，重新调整角色以实现其能力或兴趣。

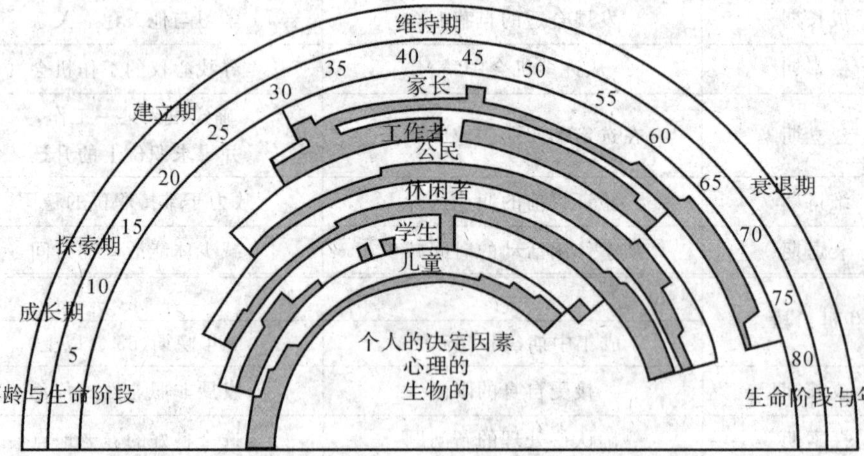

图2-2 舒伯的生涯彩虹图

舒伯的生涯发展论综合了差异心理学、发展心理学、自我心理学以及有关职业行为发展方向的长期研究结果，舒伯本人比较喜欢将其理论命名为“差异-发展-社会-现象的心理学”。舒伯汲取了这四大学术领域中有关生涯发展的精华,建构了一套完整的生涯发展理论。其理论得到了各国生涯辅导界的普遍支持。

然而,由于社会的快速变迁,终身学习观念的提出以及人的寿命的增加,生涯发展理论中关于中年期、老年期的角色与任务,有待进一步的研究。同时,生涯发展论似乎不太重视经济、社会因素对生涯发展的影响,且学习的因素与职业发展历程的关系也须进一步深入研究。

第三节 生涯决策理论

职业生涯决策理论的发展源于经济学中的决策理论在职业行为方面的研究。虽然与职业选择的匹配理论和发展理论有些重叠,但职业生涯决策理论的目的侧重于生涯决策历程与形态的探讨,其中可以分为:探讨生涯决策历程的学说,探讨生涯决策形态的学说,综合历程、形态及情境因素的学说。

一、伽勒特和乔普森等人的研究

在各派职业辅导理论中都或多或少地涉及抉择问题,但伽勒特和乔普森等人特别强调意识与决策行为在个人职业成熟与发展的整个过程中的重要作用,并对职业决策的过程步骤、技术与方法进行研究,认为职业发展过程是职业决策或解决问题的过程,职业辅导就是培养与增进个人的决策能力或解决问题的能力。

在以往的经济学中,价值与几率(或可能性)二者为其主要内涵,个人的决策取决于效用价值。效用指的是收获或效果。与效用有关的事项,如成本、冒险性及损失等纳入到考虑范围之内。决策者针对每一种可能的选择方案,搜集各种资料,分析出每一方案的预期效用,而以最大预期效用者为其决策对象。由于效用不易客观地分析,故必然涉及主观的判断(价值观),因此最后的决策实际上是价值与可能性二者主观的结合。

决策过程涉及决策者复杂的内部过程,效用价值标准虽是决策的主要依据,但不足以对决策过程做完整的解释。效用价值因人而异,实际决策过程中,个人的年龄、经验、反应方式等因素都会对决策产生重要影响。因此,心理学家分别从态度的改变、认知失调、意愿、价值澄清等观点,探讨个人对效用价值的分析过程、价值改变或强化的条件、资料的收集与使用方式以及不当决策的原因等与决策行为密切相关的方面。

个人的职业决策不等同于经济活动的决策,个人对职业的价值期望,如经济收入、兴趣偏好、发展自我、社会地位等,与经济决策中的效用是不同的;另外,决策者个人的价值、态度、经验、认知方式等都是影响决策行为的重要因素。因此,只有深入研究这些因素,才能阐明和认识职业决策过程。

职业决策论者还吸收了心理学和其他行为学科的思想,在个人与环境之间的交互作用中来分析个人的职业决策行为,在此基础上提出职业决策指导中的基本问题,强调从影响个人职业决策的环境、遗传、学习经验等因素分析中提出职业辅导的主要任务。

乔普森等认为,职业决策行为是个人通过有意识的态度、行动、思考来选择学校或职业并符合社会期望的一种反应。该行为的发生涉及决策者、决策的情境(社会期望)及有关决策者个人内在与外在的资料三方面,而决策的过程又具有下述特征:

(1)每种决策情境都有两种以上的选择可能,决策者必须选择其一。

(2)每一种可能都带有若干后果,后果包括两方面:未来的可能性及对决策者的价值。

(3)每一次决策经常在不确定的情况下进行,因此都带有冒险性,但是否愿意冒险又与个人的心理特征有关。

(4)个人根据主要的可能性与价值之高低,综合判断以选择能得到最大收获的途径。

决策的基本准则是选择有利因素最多而不利因素最少的。伽勒特提出的“决策模式”既强调预测系统,又强调价值系统在决策过程中的重要性。

(1)预测系统,指根据客观事实资料(包括职业资料和心理测验资料)对工作成功几率所作的预测。个人所拥有的资料正确性、完整性愈高,则预测效度愈高,所作决策愈明确,冒险性亦愈小。

(2)价值系统,指个人内在的价值体系、态度或偏好倾向。

(3)决策系统,综合上述两种系统资料的方法,通常包括:①期望策略:选择最需要、最希望得到的结果;②安全策略:选择最可能成功、最保险、最安全的途径;③逃避策略:避免选择最差的,有不良结果的途径;④综合策略:选择最需要的而又最可能成功、不会产生坏结果的方案。

二、克朗伯兹生涯决定社会学习论

影响一个人生涯决定或生涯选择的原因,一直是研究生涯发展的专家学者关注的主题。不同学者研究的重点也因所关注焦点的不同而存在差异。一般而言,社会学家、经济学家比较注重环境的影响,他们认为“机会”的因素在个人选择职业的过程中扮演着主导的角色,这些“机会”因素包括社会经济地位、性别、种族、文化及教育机会等个体无法自主控制的变量。心理学家则相对地强调个体内在的发展是主要的影响因素,他们研究“非机会”的变量,重视个体的兴趣、价值、人格和能力倾向等因素对个人生涯选择的影响。

20 世纪六七十年代,克朗伯兹和同事们一起对高中学生作了相关的研究,于 1979 年推出《社会学习理论和生涯决定》一书,书中阐述了他的主要观点。

(一)影响生涯决定的因素

克朗伯兹认为四类因素影响到一个人的生涯决定,这就是:遗传因素和特殊的能力、环境状况和事件、学习经验及工作取向的技能。

1.遗传因素和特殊的能力

个人得自于遗传的一些特质,在某些程度内限制了个人对职业或学校教育选择的自由。这些因素包括种族、性别、外在的仪表和特征等。

某些个人的特殊能力也会影响其在环境中的学习经验,伴随这些学习经验而来的兴趣与技能,对个人未来的职业选择将具有相当密切的关系。个人的特殊能力包括智力、音乐能力、美术能力、动作协调能力等。

2.环境状况和事件

克朗伯兹认为,影响教育和职业的选择因素中,有许多是来自外部环境的,而非个人所能控制的。这些环境状况和事件来源于人类活动(如社会、文化、政治或经济的活动),也可能由自然力量引起(如自然资源的分布或天然灾害)。这些因素具体包括工作机会的数量和性质,训练机会的多寡和性质,职业选择训练人员和工作人员的社会政策和过程,不同职业的投资报酬率,劳动基准法和工会的规定,物理环境的影响,如地震、洪水、干旱、台风等,自然资源的开发，科技的发展，社会组织的改变，家庭的影响，教育系统和社区的影响。

3. 学习经验

克朗伯兹认为，每个人独特的学习经验在决定其生涯路径(Career Path)时扮演着重要的角色。

日常生活中，个体受到刺激与强化的类型、性质以及两者配合出现的时机常常错综复杂，因而没有一个理论能够很好地解释——这些不定的变量究竟是如何影响个人生涯偏好和生涯技能发展的？又是如何影响生涯选择的？以下的两种学习经验，是克朗伯兹社会学习理论中最简约的形式，可用来说明学习经验对生涯决定的影响。

(1)工具式学习经验(Instrumental Learning Experiences)。工具式学习经验的获得，与学习心理学中工具制约学习的过程有类似之处。工具式学习经验有三部分主要内容，它们分别是：前因，包括我们前面提到的各种环境状况和事件，以及个人在生活中遇到的刺激(即工作或问题)；内隐与外显的行为，包括内在的认知和情绪反应，以及外在的行动；后果，包含了直接由行动所造成的影响，以及当个体体验到这些后果时的认知与情感反应。

克朗伯兹的社会学习理论认为，凡是成功的生涯计划、生涯发展和职业或教育的表现所需的技能，均能够通过连续的工具式学习经验而获得。

(2)联结式学习经验(Associative Learning Experiences)。联结式的学习经验综合了班杜拉社会学习理论的观察学习和学习心理学中的古典学习理论。

联结式学习经验是指：某些环境的刺激会引起个人情绪上积极或消极的反应。如果原来属于中性的刺激与社会上使个体产生积极或消极情绪反应的刺激同时出现，这种伴随在一起的联结关系，会使中性的刺激也具有积极或消极的情绪作用。克朗伯兹指出，我们对于职业的刻板化印象，诸如“医生都是有钱人”、“军人和教师都是清苦的”等，都是通过这种联结学习的经验而获得的。在个体成长过程中，也许一生都难以改变，并且对其生涯的选择有着深远的影响。

4. 工作取向的技能

前面提到的各种因素，如遗传因素、特殊能力、社会上各种影响因素，以及不同的学习经验等，会以一种交互影响的方式使个人形成特有的工作取向技能，这些工作取向的技能包括解决问题的能力、工作习惯、工作的标准与价值、情绪反应、知觉和认知的历程(如选择、注意、保留、符号知觉等心理过程)等。

(二)各种影响因素之间交互作用的结果

按照社会学习理论的看法，上述四类因素在不断地交互作用，交互作用的结果是个体对自我的推论、世界观的推论及工作取向的技能和行动。

1. 自我观察的推论(Self-observation Generalization)

以过去的学习经验为基准，个人会对自己的表现作出评估与推论。评估的参照对象，可能是自己以往的成就，也可能是其他人的表现。

克朗伯兹等人认为，一般心理学家所测量的个人兴趣、工作价值，都是属于他们认为的“自我观察的推论”。在解释生涯决定方面，自我观察的推论最重要的内容之一是“爱好”，比如喜欢教书而不喜欢做生意，或喜欢走入人群而不喜欢坐办公室等，这些爱好是学习经验的重要结果，也是生涯决定的衡量标准。

2. 世界观的推论(World-view Generalization)

基于自己的学习经验,个人会对环境及未来的事物作出评估与推论,特别是在职业的前途与展望方面。世界观的推论和自我观察的推论一样,不一定完全正确,要以个人学习经验是否丰富而定。

3. 工作取向的技能(Task Approach Skills)

前面在影响生涯决定的四类因素中已经提到工作取向的技能,所以,它既是"因",又是"果"。在这里,工作取向的技能是个人所习得的各种认知与表现的能力,可应用在生涯决定的过程中。工作取向的技能对个人来说随着环境而变化,能用来解释这种变化与自我观察和世界观推论之间的关系,以及预测未来变化的方向。

4. 行动(Action)

个人的实际行动是综合以前所有的学习经验,自我与环境的推论以及具备的各种能力,并将这些引入到未来事业发展的过程中。生涯决定的社会学习理论,所重视与关心的正是行为,它包括初步选定一种工作,选择一个特定的专业,接受一次职业训练的机会,接受升迁的职位,或是改变主修科目等。

第三章 大学生职业生涯设计

在我国高等教育从“精英教育”走向“大众化教育”、就业市场从“卖方市场”转变为“买方市场”的形势下，大学毕业生的就业期望值和现实就业状况之间的矛盾日益突出，对大学生进行有效的职业生涯规划指导显得尤为重要。本章在分析影响大学生职业规划主客观因素的基础上，进一步探讨了大学生职业规划如何选择有利时机、需要把握的原则和可使用的方法，从而指导大学生尽早开始自己的职业生涯设计。

第一节 大学生职业生涯设计的时机选择

一、影响大学生职业生涯规划的主观因素

进入大学阶段，大学生的世界观、人生观、价值观已经基本形成，职业发展意识日趋增强，具备了相对成熟的条件来规划自己的职业生涯，大学四年成为大学生职业规划的最佳时机。大学生可以根据自己的职业理想来确定学习和生活的重点，建立合理的知识结构，做好就业的准备工作。在大学生职业规划过程中，主客观因素在不同层面发挥着作用。相关调查表明，大学生在择业过程中总体上受生活环境这一客观因素的影响较大，而社会舆论对职业的评价不仅左右了大学生职业理想的形成，也在较大程度上影响了大学生对职业的现实选择。尽管大学生择业主体性意识在增强，但父母的期望、求稳定、保终身等观念仍影响着大学生的择业观。

当前，受外在环境的影响，一些不正确的就业心理对大学生的职业生涯规划产生了消极影响，具体表现在：

1. 就业心理压力造成就业准备不足，易出现就业人格缺陷

当前激烈的竞争环境给大学生带来了较大的心理压力，据调查显示：个人前途与就业压力已成为大学生心理压力中最大的因素，并且不同地域学生的心理压力差距日渐缩小，女生的就业压力高于男生。同时，面对日趋增加的就业压力，很多大学生又觉得无所适从，“茫然”和“压力”并存。另外，一些大学生很难客观地评价自己，无法独立地获取就业信息、筛选目标、规划职业生涯，难以进行职业定位。有的学生一旦遭受挫折就一蹶不振，陷入苦闷和绝望中不能自拔，丧失了重新站起来的勇气。还有的学生出现了如自卑、自负等心理问题。自卑的大学生看不到自己的长处，怀疑自己的能力，不善于发现适合自己的职业岗位，自怨自艾。而自负的学生则相反，认为自己满腹经纶、自命不凡，一旦在求职中败下阵来就自惭形秽、自责万分。

2. 就业心理期望值过高导致择业行为的偏差

许多大学生都有着“十年寒窗，一举成名”的心态，对择业抱有很高的期望值，因此多数大学生希望到生活条件好、福利待遇高的大城市、沿海地区、大公司、大机关工作，而不愿到急需人才但条件艰苦的中小城市或基层单位工作，过分地考虑择业的地域、职位的高低和单位的经

济效益。高期望值驱使着他们总是向往着高薪水、高起点、高职位，渴求高回报，并一厢情愿地对用人单位提出较高的条件。而现实的工作岗位并不如想象中的那么美好，当理想与现实形成较大反差时，这类大学生就容易出现“高不成，低不就”的情况，并产生偏执、幻想、自卑等问题，严重的还会出现一些过激的行为。

3. 不合理的就业观念导致许多大学生的职业规划不适合自己长远的发展

大学生的择业观念虽然在总体上倾向于务实化和理性化，但各种不合理的就业观念依然存在，严重影响了大学生职业规划的顺利进行。这些不良的观念主要表现为：

(1)只顾眼前利益，忽视职业发展。一些大学生的择业标准中只有工作条件、福利待遇等眼前的实利，而对自己的职业兴趣、能力和职业的发展前景等因素不予考虑，因而极易选择不适合自己的工作。

(2)职业标准过于功利化、等级化。有些大学生过分强调职业的功利价值，甚至将职业分为不同等级，而不考虑国家和社会的需要，不愿意到条件艰苦的地区和行业工作。

(3)工作求安稳，“一步到位”的传统观念根深蒂固。一些大学生特别是女大学生仍然喜欢稳定、清闲、有福利和保障的单位，希望一次能选定理想的职业，而不愿意选择有风险、有挑战性的职业，更不敢自己去创业。

(4)过分强调专业对口、学以致用。一些大学生在求职时只要是与自己专业关系不密切的职业就不考虑，人为地增加了就业难度。

(5)对职业意义的认识不当。对某省在校大学生的调查发现，33.2%的大学生仅仅是把工作当做一种谋生的手段。可见，部分大学生没有充分认识到职业发展对个人发展、社会进步的重要意义。

二、职业生涯规划应贯穿大学教育的全过程

根据职业规划的发展理论，职业规划不是一个人面临就业时的单独事件，而是贯穿于一个人整个生命的全过程。为此，职业生涯规划作为自我发展的观念应贯穿于大学教育的全过程。从职业生涯规划的实践功能来看，职业生涯规划能使人减少许多焦虑与情绪波动(高涨或低落)，使得生活与工作的效率更高，更易获得成就。无数实例证明，众多优秀的毕业生之所以优秀，在于他们及早就开始了职业规划，有明确的发展方向和目标。同时一个人职业的发展和形成是一个渐进的过程，若不及早准备，仅在毕业时考虑，很难实现自己的职业理想。从大学生四年的发展历程来看，职业生涯规划总体包括了四个阶段：

(1)大学一年级是大学生职业规划的初探期。大学一年级又称预热阶段，学生应加深对本专业培养目标和就业方向的认识，增强专业学习的自觉性，确立专业学习目标，并初步了解将来要从事的职业，为将来制订职业目标打下基础。同时，要对自己希望从事的职业及自己所学专业对口的职业有初步的了解，提高人际沟通能力。以此为出发点，可与师兄、师姐进行交流，也可以参加一些校园招聘，开展相关的社会调研活动。

(2)大学二年级是大学生职业规划的定向期。大学二年级，学生应了解自身应具备的各种素质，通过参加各项活动锻炼自己、提高能力。如大学生可参加兼职工作、社会实践活动，在第二课堂从事与自己未来职业或本专业有关的社会工作；参与科研工作，提高自己的实践能力和动手能力，增强英语口语表达能力、计算机应用能力，通过英语和计算机的相关认证考试，并开始有选择地辅修其他专业的知识充实自己；同时检验自己的知识技能，根据个人兴趣与能力修

订个人的职业规划。

(3)大学三年级是大学生职业规划的储备和完善期。大学三年级由于临近毕业，大学生除加强专业学习外，要把目标锁定在提高求职技能、培养独立创业能力等方面。如通过大学生素质拓展活动来锻炼自己独立解决问题的能力和创造性；参加与专业有关的暑期实践工作；加强同已毕业的校友联系，交流求职的心得体会；学习写简历和求职信；掌握搜集工作信息的方法等。

(4)大学四年级是大学生职业规划目标的初步实现期。大学四年级是一个分化期，大部分学生对自己的出路有了初步规划，这时应认真总结：首先检验自己的职业目标是否明确，前三年的准备是否充分；其次接受各种专项指导，除了通过就业指导课接受择业技巧培训外，还应通过参加招聘活动在实践中检验自己的积累和准备等；最后，充分利用学校提供的条件，了解就业指导中心提供的用人单位资料信息，强化求职技巧，尽可能地在准备充分的情况下进行实践演练。

以上这些举措始终贯穿于大学生的整个求学生涯中，对大学生形成就业观、增强择业能力和求职技巧很有帮助。目前，我国大部分高校的就业指导还停留在传授就业技巧、提供就业信息等层面上，工作有差距，发展不平衡。这就需要一方面大学生将职业生涯的规划和设计作为自身发展的重要内容，另一方面高校要提前指导大学生进行职业规划，从大学一年级就应该作为重点工作来抓，并贯穿于学生大学四年。

第二节　大学生职业生涯设计的原则和步骤

一、大学生职业生涯设计的原则

大学生的职业生涯设计是一个复杂、动态的过程，不可能在短时间内迅速完成，需要经过长时间的调查、自身能力的检测、有计划的规划等一系列实践，这样才能制订出满意的、可操作的职业生涯设计方案。在具体设计过程中，要切实遵循以人的全面发展为根本目标的指导思想，求真务实，适时调整职业规划设计方案，既要对未来有挑战性，又要避免好高骛远。以下的几条原则，可供大学生进行职业生涯规划时参考。

1. 社会性原则

要根据社会需求设计职业生涯，从长远考虑，着眼于大局。选择职业作为一种社会活动要受到一定的社会制约，任何人选择职业的自由都是相对的、有条件的。如果脱离社会需要，将很难被社会接纳。强调大学生选择职业时社会价值与个人价值相统一，社会需要与个人愿望相结合，就要求大学生在进行职业生涯设计时，积极把握社会人才需求的动向，把社会需要作为个人职业选择的出发点和落脚点，以社会对个人的要求为准绳，既要看到眼前的利益，又要考虑长远的发展，既要考虑个人的因素，也要自觉服从社会需要。

2. 可行性原则

可行性原则是指在职业生涯设计时，要以自身主客观条件为依据，所设计的步骤、所确定的流程、所采取的方法具有可操作性，预期的职业生涯目标经过努力要有可能实现。特别强调的是，大学生在进入大学校门时都选择了特定的专业，经过一段时间的学习都具有某一专业的知识和技能，这是每个人的优势所在，也是大学生职业生涯设计的基本依据。用人单位对毕业生的需求，一般首先选择的是大学生某专业方向的特长，同时，大学生步入社会后对社会所做的贡献，主要是运用所学的专业知识来实现的。如果职业生涯设计随意抛弃所学的专业，那么个人价值实现的难度就会加大。当然，现实生活中，一些人毕业后并不完全按照自己所学的专业来选择工作，“学非所用”、“用非所学”、“专业不对口”的情况也较为普遍。在这种情况下，就需要慎重考虑，在学校学习中增加知识的广度，譬如跨专业学习、争取获得相关职业资格证书等。

3. 适应性原则

职业生涯规划要与自己的个人性格、气质、兴趣、能力特长等方面相结合，充分发挥自己的优势，扬长避短，体现人尽其才、才尽其用的要求，也就是职业规划要与自身条件、素质相适应。例如，大学生进行职业生涯规划时应适当考虑自己的兴趣。兴趣是个体积极探究事物的认识倾向，这种倾向具有稳定、主动、持久等特征。如果一个人对某种工作产生兴趣，他在工作中就会具有高度的自觉性和积极性。反之，一个人对工作没有兴趣，就不可能将自己的精力充分投入到工作中去，也就不可能取得工作中的成功。但兴趣爱好也并不总起着正向的驱动作用，有时它也是一种耗散力。比如，有的大学生对什么都感兴趣，但没有形成自我特色；有的大学生兴趣面太窄，不能形成优势；有的大学生兴趣与所学专业不一致等，给职业生涯规划带来困惑。这就要求大学生在进行职业生涯规划时，对自己兴趣有一个客观的分析，对自己的兴趣爱好进行重新审视、调整和培养。

4. 稳定性原则

当今社会的高速发展使得社会分工不断细化，对于绝大多数个人而言，只能从事社会职业的一个方面，因此，选择职业并持之以恒地坚持下去，确保发展方向的相对稳定性尤为重要。例如毕业后选择职业发展的地点，有些选择到上海、江浙一带发展，有的则选择去边疆、大西北，这都无可非议，是“人各有志”的充分体现。但应该综合多方面因素考虑，不可一时冲动，心血来潮，感情用事。有的西部毕业生去了南方，认为那里是改革开放的前沿，经济发达，薪资水平较高，但忽略了沿海经济发达地区竞争强烈、观念差异性大，甚至于气候等因素，结果时间不长又跳槽离开。当然这是一个逐步适应的过程，但如果一开始就选准方向，就可以在一个地方、围绕一个职业长期稳定发展，对自己的资历和经验积累都会大有助益。时间加努力，有望成为某一领域的资深人士，岂不更为有利。频繁地更换工作地点和岗位，对职业生涯成长肯定弊多利少。

5. 前瞻性原则

美国作家盖尔·希伊曾出版过《开拓者们》这部畅销书。在写这部书时，他通过一份内容十分广泛的《人生历程调查问卷》，间接访问了6万名各个行业的人士，发现那些最成功和对自己生活最满意的人有一个共同的特点，那就是他们都致力于实现一个其实际能力难以达到的目标。根据希伊的研究，开拓者们的生活比那些没有长期前瞻性目标的人更有意义。因此，为了避免平庸，对职业生涯进行设计，应该考虑制订的目标是否有挑战性，目标选择能否对自己起到内在的激励作用，需要通过具有前瞻性的职业生涯设计，减少在人生道路上的徘徊犹豫。

6. 调整性原则

人是发展变化的，环境也是多变的，在职业生涯设计的过程中需要时时审视内外环境的变化，调整自己前进的步伐和发展方向。在新的环境、新的技术、新的方法面前，加强学习，不断审视自己的不足，不断地修正自己的目标，是确保职业生涯规划有意义的重要保证。

二、大学生职业生涯设计的基本步骤

正确的职业生涯规划要充分考虑到个人的特性和组织的发展需要，使个人发展与组织发展结合起来，对影响职业生涯的各种主客观因素进行分析、总结和测定，确定个人的人生发展目标，选择实现这一目标的职业，编制相应的工作、教育和培训等行动计划。职业生涯设计的目的不仅仅是协助个人达到及实现人生目标，更重要的是帮助个人真正了解自己，进一步详细评估内外部环境的优势和限制，在“衡外情，量己力”的情形下设计出各自合理可行的职业生涯发展规划。

一般而言，职业生涯设计是一个周而复始的连续过程，包括了确立志向、科学评估、选择职业、职业生涯路线选择、确定目标、制订行动计划、评估与回馈七个步骤。大学生的职业生涯相对于社会上其他人员有其独特性，即具有更多的虚拟性和前瞻性，它意味着关注、思考也是一份学业和一种心理投资。

1. 确立志向

志向是事业成功的基本前提，没有志向，事业的成功也就无从谈起。俗话说：“志不立，天下无可成之事”。纵观古今中外，各行各业的佼佼者都有一个共同的特点，就是具有远大的志向。立志是人生的起点，反映着一个人的抱负、胸怀、情趣和价值观，影响着一个人的奋斗目标及成就。所以，在进行职业生涯设计时，首先要确立志向，这是职业生涯设计的关键，也是职业生涯设计最重要的一点。

2. 准确评估

准确评估包括两个方面的内容，即自我评估和职业生涯机会的评估。准确评估是进行职业生涯设计的基础。

自我评估就是对自己作全面分析，通过自我分析，认识自己，了解自己。因为只有认识了自己，明确了自己的长处，扬长避短，才能对自己的职业做出正确的选择，才能选定适合自己发展的生涯路线，才能对自己的生涯目标做出最佳抉择。因此，自我评估是生涯设计的重要步骤之一。通常自我评估的内容包括自己的兴趣、特长、性格、学识、技能、智商、情商、思维方式、道德水准以及组织管理、协调、活动能力等。

职业生涯机会的评估，主要分析内外环境因素对自己生涯发展的影响。每一个人都处在一定的环境之中，离开了这个环境，便无法生存与成长。所谓“时势造英雄”，说的就是环境对人的作用。这里最重要的环境是政治风云、经济兴衰、科学文化潮流、社会时尚乃至行业发展等，这些无疑都深刻地影响着人生。了解环境的重点是明确职业优势，分析环境的特点、环境的发展变化情况、自己在环境中的地位、环境对自己提出的要求以及环境对自己有利的条件和不利的因素等，从而彻底解决“我应该做什么才能有所作为”的问题。在了解社会时切忌认为只要选择热门的职业就意味着对自己最有前途，选择职业重要的是能够正确分析自己，找到最能发挥自己特长的岗位，然后努力成为该行业的佼佼者。认清了时势，充分适应与满足社会需要，这样才能做到在复杂的环境中避害趋利，使职业生涯设计具有实际意义，个人价值才会获得最大实现。

3. 选择职业

职业选择就是通过自我评估、生涯机会的评估，认识自己，分析环境，在此基础上对自己的职业做出选择。在职业选择上，要充分考虑到自身的特点及环境因素对自己的影响。

分析自我，了解自我；分析环境，了解职业世界，使自己的性格、兴趣、特长与职业相吻合，这一点对即将步入社会选择职业的大学生非常重要。在职业选择上，要逐步细化，不断引向深入。发展路线不同，对人的各方面条件的要求也就不同。有的人适合搞行政，可在管理方面大显身手，成为一名卓越的管理人才；有的人适合搞研究，可在某一领域有所突破，成为一名专家学者；有的人适合搞经营，可在商海中建立功勋，成为一名经营人才。如果一个人不具有管理才能，却选择了行政管理路线，就很难成就事业。

4. 确定职业生涯路线

一般职业目标的实现有一步到位和逐步渐进到位两种可能。对于职业，谁都希望一下子找到适合于自己发展的行当、职位，一步到位，但这更多的只是愿望。路总是曲折的，人生常常是要经历长时间的努力才可能找到适合自己发展的职业，这种情况就是渐进过程，而且这种情况更为普遍。因此，职业生涯设计要考虑实际实施的复杂性，实施主体要有韧性、耐心。

5. 设定职业生涯目标

生涯目标的设定，是职业生涯设计的核心。一个人事业的成败，很大程度上取决于有无正确、适当的目标。每位设计者，都无法避免讨论"个人品质"，包括兴趣、价值、天赋、生活形态等内在因素以及就业机会、职业选择、家庭及社会等外在环境。大多数人都会认为自己对自己有足够的了解，但许多错误的职业生涯抉择就是因为对自己认识不清。职业生涯设计的目的就是要通过对以往成长经验的反思，评估自己的价值。

有效的职业生涯设计，来自于当事人在设定职业生涯前，全方位地分析自身的优势、弱点、机会和威胁。生涯目标的设定，是在继职业选择、生涯路线选择后，人生目标的抉择。其抉择是以自己的最佳才能、最优性格、最大兴趣、最有利的环境等条件为依据的。通常目标分为短期目标、中期目标、长期目标和人生目标。短期目标又分日目标、周目标、月目标、年目标，中期目标一般为2--5年，长期目标一般为5～10年。有效的职业生涯设计需要切实可行的目标，以便排除不必要的犹豫和干扰，全心致力于目标的实现。

6. 制订行动计划与措施

在确定了职业生涯目标后，行动便成了关键的环节。由于职业生涯目标是自己所确定的长远目标，不可能一蹴而就，一举成功，因此需要长期坚持不懈地去实现。同时，如何将大目标分解成一些子目标，并制定具体的落实策略尤为重要。大学生职业规划方案应该包括两大部分：第一部分是在校期间的短期目标，如英语、计算机要达到哪一级，需要加强哪些人文方面的知识，需要锻炼哪些能力，等等，并且要把这些目标分解到各个学期中去；第二部分是毕业后的短、中、长期目标，如到什么性质的单位工作，是永远给别人打工，还是先就业再创业，或毕业后直接创业。例如，为找到理想的工作，你计划采取什么措施提高你的就业竞争力，在潜能开发方面，采取什么措施开发你的潜能，等等，都要有具体的计划与明确的方案。

7. 评估与修订

职业生涯计划是个人生活与职业的蓝图。虽然在职业生涯设计的过程中，对内在和外在、主观和客观的因素考虑了很多，但俗话说"计划赶不上变化"，随着时间的推移，影响职业生涯设计的因素也会发展变化。同时，在具体实施过程中，也会发现当初设计时未曾想到的因素。因此，为了确保设计的可行性和有效性，必须对职业生涯设计的内容和成效定期予以评估。

评估是计划修订的依据，要根据环境因素和自身因素变化的情况，适时对计划进行修订。成功的职业生涯设计需要不断审视内外环境的变化，调整自己的前进步伐。在计划修订上，必须考虑以下三点：第一，定期检验预定目标的实现进度；第二，每一阶段目标完成状况，要根据实际完成的状况修订未来阶段目标可采用的策略；第三，客观环境改变足以影响到计划的执行，因此计划要留有余地。计划修订的主要内容包括生涯目标的修订、重新选择职业、重新考虑或调整生涯途径、执行计划与措施的变更与修正等。在科学技术日新月异的背景下，整个社会的发展呈现突飞猛进的态势，尽管从宏观上基本能预测发展的速度和方式，但微观层面的许多方面很难把握，这就决定了大学生除了不断学习新的技能知识外，还需要时时审视自己的生涯资本，不断修正自己的职业目标。

当然，在职业生涯设计中，只是了解职业生涯设计程序内容，并不能帮助我们开创有效的职业生涯，要注重分析自己的职业生涯设计是否符合以下几项条件：一是有效的职业生涯设计需要对自己及所处环境有充分的了解；二是有效的职业生涯设计需要有切合实际的目标；三是有效的职业生涯设计需要执行适宜的职业生涯策略；四是有效的职业生涯设计最重要的是要不停地反馈并且修订职业生涯目标，以适应环境的变化。

第三节　大学生职业生涯设计的方法

职业生涯设计作为现代人力资源管理学的核心内容之一，对于实现大学生可持续发展是十分必要的。一份好的职业生涯设计可使青年学生充分认识自我，客观分析环境，科学地树立目标，正确地选择职业，运用适当的方法，采取有效的措施，克服职业生涯发展中的险阻，从而获得事业的成功。青年学生职业生涯设计，要注意选择合适的设计方法。下面重点介绍自我规划法和生涯决定法。

一、自我规划法

自我规划法是国外职业专家推荐的一种简单易行的方法。它需要大学生自己独立地思考并回答五个问题，找出自己职业规划的优势和劣势，综合五个问题的回答情况，从而设计出自己的职业规划。

(一)自我规划的考虑因素

使用自我规划法时，需要回答以下五个问题：

(1)我是谁(Who am I)？

(2)我想做什么(What do I want to do)？

(3)我能做什么(What can I do)？

(4)环境支持或允许我做什么(What can support me)？

(5)我的职业规划是什么(What can I be in the end)？

(二)自我规划的具体办法

大学生在使用自我规划法时，需要在每张纸的最上边分别写上以上五个问题。然后，静下心来，排除干扰，按照顺序，独立地仔细思考每一个问题。

(1)对于第一个问题“我是谁？”回答的要点是：面对自己，要充分分析自己的社会地位和所扮演的社会角色，如孙女(孙儿)、女儿(儿子)、姐妹(兄弟)、消费者、学生等，最重要的是突显出自己的性格特点和能力素质，争取尽可能多地回答，帮助你认清自己的“真实面目”。真实地写出每一个想到的答案；随后再想想哪些答案是需要修改的，哪些还需要增加，尽量准确地表达自己的想法。答案完全齐备之后，按重要性的程度对答案进行排序。

(2)对于第二个问题“我想做什么?” 这个问题是对自己职业理想发展过程的一次测试。可将思绪回溯到孩童时代，从人生初次萌生第一个想干什么的念头开始。在从小到大的成长过程中，每个人在不同的时期都可能有不同的理想，这主要与不同阶段的环境、兴趣、性格有关。但随着年龄的增长，这种职业理想会逐渐固定下来，并确定为自己的人生目标。大学生在具体回答的时候，需要回忆从儿时到现在每个阶段的理想，依次把它们列出，并查漏补缺，再依照理想实现的可能性来对这些答案排序。

(3)第三个问题“我能做什么?”是对自己能力和潜力的考察。一个人的能力直接决定了其职业定位，而潜力大小则决定了其职业发展空间的大小。那么，如何来了解一个人的发展潜力呢？重点应该从个人的兴趣、做事的毅力、处理事情的判断力、知识结构的健全程度以及能否跟上时代的发展，及时更新旧知识、旧观念等方面来认识。考虑成熟之后，就可以把自己确定的能力和潜在的能力归纳出来，并需要认真地排序。当然，在回答“我能做什么”时，要充分考虑自己的优势和劣势。

在分析“我的优势”时，可以考虑以下三个方面：一是学习了什么。在大学期间，你从专业学习中获取了什么收益；在社会实践活动中提高与升华了哪些方面的知识和能力。努力学好专业课程是职业设计的重要前提，要注意学习，善于学习，同时要善于归纳、总结，把单纯的知识真正内化为自己的智慧，为自己多准备点后备能源。二是曾经做过什么。内容包括在学校期间承担的学生工作，社会实践活动取得的成就及工作经验的积累等。要提高自己经历的丰富性和突出性，有针对性地选择与职业目标相一致的项目，这样才会使自己的经历有说服力。三是最成功的是什么。你做过的事情中最成功的是什么，如何成功的。通过分析，可以发现自己的长处，如坚强、智慧等，以此作为个人深层次挖掘的动力之源和魅力闪光点，形成职业设计的有力支撑。

在分析“我的弱势”时，需要注意以下两点：一是性格的弱点。人无法避免与生俱来的弱点。这就意味着，你在某些方面存在着先天不足，是你力所不能及的。二是经验或经历中所欠缺的方面。欠缺并不可怕，怕的是自己还没有认识到或认识到了而没有改进。正确的态度是：认真对待，善于发现，努力克服不利因素并提高自己。

(4)第四个问题“环境支持或允许我做什么?”是考查影响大学生职业规划的客观因素。客观因素包括职业选择地的经济发展状况、人事政策状况、企业制度、职业的发展空间等。在进行职业选择时，应该把各种因素综合起来，把一切有利于自己发展的因素调动起来。环境分析包括本单位、本市、本省、本国和其他国家，由小到大，只要认为自己有可能借助的环境，都应在考虑范畴之内。

(5)第五个问题“我的职业规划是什么?”在分析完前四个问题之后，就可以找出对实现有关的职业目标有利和不利的条件，列出最容易实现、自己想做并且能做的职业目标。至此，“我的职业规划是什么”这个问题的答案就有一个清楚的框架了。具体做法是：把前四张纸和第五张纸一字排开，然后认真比较第一至第四张纸上的答案，将内容相同或相近的答案用一条横线连起来，就会得到几条连线，最后共同点最多的连线就是自己以后职业的发展方向的可选对象。

(三)运用自我规划法进行职业生涯规划的实例

实例 1　A 先生利用自我规划法实现愿望的过程。

A 先生，27 岁时具有了进入美国某名校攻读 MBA 的机会，他在走与不走的犹豫中，使用以上方法对自己进行了职业生涯规划。经过整理，情况如下：

(1)我是谁？

※一家管理咨询公司的客户服务部经理(已任职一年多，称职，上下关系不错，业绩和收入都令人满意)

※做经理前先做了一年多客户服务员(开发业务，曾连续 6 个月业绩第一)。

※来这家公司前曾在一家保险公司做过一年多的人寿保险顾问，赚了一笔钱，但觉得在保险业做太容易受到误会和蔑视，有点受不了，所以遇到管理咨询公司招人就来了，现在越来越感到这一行的人如果工作尽责又有一定水平，会受到客户很高的尊重，比较合乎自己的性情，也能赚到一些钱；愿做一个正派而有尊严的人。

※很爱父亲(退休)和母亲(退休)，很担心他们患有慢性病的身体，每年几乎都要回家去看望他们。

※不要求很多的钱，但需要体面而丰富的生活，过去不太注意储蓄，现在只存了 30 多万元，不知先买汽车还是先买住房。

※弟弟去年大学毕业就径直出国留学了，有点羡慕他。

※很爱女朋友，准备结婚，但尚未想好时机。

※大学毕业五年；身体健康；心理较正常；性格较外向，情绪较乐观；好奇心较强，学习能力不错；喜欢唱歌；有时会幻想。

(2)我想做什么？

※做管理咨询公司合伙人与职业经理人。

※管理咨询顾问。

※先去国外读 MBA，再回国来干管理咨询，甚至开自己的咨询公司。

※和妻子共同住在属于自己的舒适的住房里，每天开着自己的汽车去工作。

※在父母有生之年能够多尽一点孝心，可能的话把他们接到家里来住。

※有时想与人合伙开咨询公司，自己负责业务开发，别人负责咨询专案，但现在的老板如果能吸收做股东，并提供更大的事业空间似乎更好些。

※爱好唱歌，大学期间获得过全校歌咏比赛独唱男子冠军，做过当歌星的梦。

(3)我能做什么？

※可以管理公司更多的业务，并能协调公司各部门的关系。

※是推广公司咨询业务的能手和指导下属开发客户的老师。

※会讲业务开发的课程和一些较容易的管理课程。

※会开汽车。

※唱卡拉 OK 很迷人。

※相信还可以学会很多东西。

(4)环境支持或允许我做什么？

※现有公司提供升职，有可能获得一定的股份(公司计划明年就会扩大为集团，投资多个

专业管理咨询与管理软件公司)。

※市内有多家同类公司挖我去做业务总监或副总,薪酬说得比现在高一两倍(现在一年大约收入20万元),有的公司拟在我不投资的情况下赠送自己股份,但这些公司的前景不确定,而如果真的去了后他们能否兑现承诺还是个问题。

※有的实业公司老板也拉我去做营销部门的负责人,许以高薪、股权等,但我觉得其他行业得到的尊重不如咨询业。

※可以去大学深造。

※也可以读在职MBA。

※做业务课程培训教师。

※弟弟可以帮助我联系国外的大学读书,但以后可能还要回来从头开始。

※去练唱歌,也可以去酒吧唱,但专业成就很渺茫。

(5)我的职业与生活规划是什么?

※继续在现在的公司好好干,不远的未来可能有职位晋升,并获得合伙创业的机会;工作的同时选择在职MBA进修。

※买房、结婚;买汽车。

※经常去看父母,以后接他们来住。

※有时去唱歌玩玩。

※去其他公司做合伙创业者。

※出国读书。

据此,A先生对自己提出的3年的目标是:担任所在公司的副总经理、攻读在职MBA、年收入50万元、成为公司的正式股东、拥有自己的住房与汽车、结婚、经常看父母。不到3年,其大多数愿望都基本实现了。

实例2 某高校毕业生的职业规划。

某高校女生,计算机专业,在临近毕业时对自己的职业方向难以选择。就现在来说,尽管计算机专业不属于热门专业,但找一份工作也不难,可由于是女生,就业时机会肯定不如同专业的其他男生,她对教师的职业比较喜欢。

(1)我是谁?

※某重点高校计算机专业毕业生。

※优秀学生干部,学习成绩优秀,通过英语六级(CET-6)考试。

※辅修过心理学、管理学。

※参加过高校演讲比赛,拿过名次。

※家庭状况一般,父母工作稳定,身体健康,暂时不需要有人特别照顾。

※自己身体健康,性格不属内向,但也不是特别活跃,喜欢安静。

(2)我想做什么?

※很想成为一名老师,这不仅是儿时的梦想,而且比较喜欢这种职业。

※有机会成为公司的一名技术人员。

※如果可以出国攻读管理方面的硕士,回国后成为一名企业管理人员也是可以接受的。

(3)我能做什么?

※做过家教,虽然不是自己的专业,但与孩子交流有天生的优势,当学生成绩进步时很有

成就感。

※当过学生干部，与下属相处得比较好，组织过几次有影响的大型活动。

※实习时在一家公司做过一些开发工作，虽然没有大的成就，但总体感觉良好。

(4)环境支持或允许我做什么?

※在家里亲戚推荐下去一家公司做技术开发。

※GRE考得还可以，已经申请了几所国外高校，但能不能获奖学金还很难说，况且现在签证比较困难。

※去年曾有几家学校来系里招聘教师，但不是当老师，而是去学校做技术维护，今年不知会不会有学校再来招聘教师。

※有同学开了一家公司，希望自己能够加盟，但自己不了解这个公司的具体业务，也不知道该公司有多大的发展前途。

(5)我的职业与生活规划是什么?

最后的选择可能有四种，分别如下：

※当老师。到一所学校当老师。自己有这方面的兴趣和理想，在知识和能力方面并不欠缺，在素质教育的大趋势下，与师范类专业学生相比，自己在专业方面更具优势，授课时可以让学生了解更多的前沿知识，特别是现在计算机知识在中学有了相当的普及，并且自己有信心成为学生心中理想的好老师；不足的就是缺乏作为一名教师的基本训练以及一些技巧，但这些可以逐步提高。

※做技术员。到公司做技术人员，收入会好一些，但通过这几年的发展看，这一行业起伏较大，同时由于技术发展较快，得随时对自己进行知识更新，压力较大，信心不足，兴趣也不是很大。

※去同学的公司。去同学的公司，丢掉专业从最低层做起，风险较大，这与自己求稳的心理性格不符，同时也会有家庭阻力。

※出国留学。如愿获得奖学金，能够出国读书，但回国后还是去做一名企业管理人员。不确定因素也较多，且自己可把握的较少，始终处于被动状态。

经过上述的自我规划和分析，该同学选择了做一名教师。

(四)大学生在运用自我规划法时需要注意的事项

(1)找一份更能长期刺激个人成长的工作。不要因为一份工作可短期获利就一头栽进去，最好找一个能长期刺激个人成长的工作，以开创属于自己的机会。

即使是竞争最激烈的行业，也会有空下来的位子，难就难在如何寻觅。某些领域机会较多，有些则需要"挤破头"才能争得一席之地。通常令人瞩目的行业不易打入，但若有幸成为其中一员，不难"飞上枝头作凤凰"。竞争激烈并不代表你永远都没有机会，不战而退最令人惋惜。

(2)勇敢地迈出第一步。如果自认为有才华、有冲劲和有创造力，却连试一试的勇气都没有，那么实属遗憾，没有人会同情你的。一个人若是苟延残喘到年老，只会怪他人"有眼不识泰山"又有何用，不要动不动就自怨自艾，"要是当初我不计较报酬，今天早成为了文案高手。"这都是空洞的借口，批评别人总是不必费什么工夫，然而踏出第一步，却要有胆量和冲劲。

(3)只有不懈努力才能获得成功。不论工作是否有挑战性，需求人员是多是少，只有不懈努力才能获得最后的胜利。20世纪60年代,美国数以千计的大学生瞧不起世俗的价值标准,想要做“自己爱做的事”。大部分人通过不懈的努力,给美国积累了惊人的财富。根据职业方向选择一个对自己有利的职业和得以实现自身价值的组织,是每个人的良好愿望,也是实现自我的基础,但这一步的迈出要相当慎重。就人生第一份工作而言,它往往不仅是一份单纯的工作,更重要的它会使你初步了解职业、认识社会,一定意义上它是一个人的职业启蒙老师。

自我规划法适用面广,且操作比较简单,很适合大学生使用。但有些对自己的能力、性格、兴趣等不了解的大学生就不可能客观地分析自己、审视自己,作出科学的职业规划,这时就需要借助职业规划测评系统来认识自己,进而作出正确的判断。

二、生涯决策法

职业生涯的决策是一个高度复杂的过程,常常会令人左右为难。但是,如果把一些理性的方法引入职业生涯的决策中,培养理性决策的能力将使个人受益终生。本部分所介绍的生涯决策法是利用“生涯决定平衡单”,整合生涯决定时面对的所有信息或想法,一一加以测评分析,从而更清楚地认识自己的核心生涯想法和价值,有助于确立理想的生涯目标,作出生涯决定。

(一)生涯决策的类型

做决定是一个人成长过程的重要环节,一些重要决定甚至可能成为一生的里程碑。随着年龄渐增,每个人都要不断地作出各种决定,例如,交友、考试、升学、就业、婚姻等等,甚至于穿衣、吃饭、看电视等日常生活琐事。而如何作决定,每个人都有自己独特的方式,或者说每个人的决策风格都是不同的,在职业生涯的决策上亦是如此。根据学者 Harren 的观察,大部分人的生涯决策方式可以归纳为以下三种类型:

(1)理性型。此种类型合乎逻辑,系统地收集与生涯相关信息,且分析各个选项的利弊得失,按部就班,以作出最佳的决定。例如,小李准备投入保险业,在就业的前一年,他和保险从业人员有很多的接触,为了突破自己与他人之间的距离,以及能在短时间内与陌生人建立良好的关系,小李还去报名参加了人际关系训练课程。经过很多的利弊分析与筹划,最后在家人的支持下,小李正式投身保险业,他相信这是最适合他的选择。

(2)直觉型。此种类型是以自己在特定情境中的感受或者情绪反应,作出直接的决定。这种类型的人作决定全凭感觉,较为冲动,很少能系统地收集相关信息,但他们能为自己的抉择负责。例如,小萍是一个美丽聪慧的女孩子,她在为自己作各种决定时,常常凭着自己的感觉或是情感来决定。在高三时,她毅然放弃推荐保送某重点高校的名额,宁愿辛苦复习,参加高考,就是为了圆自己和家人的一个“名校梦”。在她如愿以偿考入复旦经济学专业后,在大学三年级,她又开始准备考研,想跨专业考本校法理学的研究生,原因是她对法律产生了兴趣。在考研失败后,酷爱旅行的她,凭着冲劲与直觉到一家旅行社上班,现在正在埋头考导游证。她常以迅雷不及掩耳的速度,在生涯抉择路口走自己的路,作出让周围人咋舌的决定。同时,她又勇于为自己的决定负责,从不后悔。

(3)依赖型。这种类型是指等待或依赖他人为自己收集信息且作决定,较为被动和顺从,十分关注他人的意见和期望。对于此类型的人而言,社会赞许、社会评价、社会规范是决定的标准,他们的口头禅多是:“爸妈叫我去……”“我的男朋友/女朋友希望……”“他们认为我很适合……”“他们认为可以，……可是……”。

这三种生涯决定的方式各有利弊。依赖型最省时、省力，且父母、长辈的意见有时确实是宝贵的经验之谈，但不见得是最有效、最适合的策略。直觉型的决定是自发性的，在时间急迫的情况下非常有用，缺点是容易受主观意志影响。理性型的决定包含探索个人与环境的需求，优点是针对不同选项分析利弊得失后得出的结果较为合理，但要考虑时间因素，需要在前期的资料收集上下工夫，有错失良机的可能。当然，如果能有充分的时间和精力，选择理性型的方式进行生涯决策是最好的，在理性地分析每项选择之后，考虑多方面的因素，作出让自己满意的决定。

(二)生涯决策的考虑因素

在生涯决策的过程中，需要考虑多方面的因素，包括：

(1)who(人)："我是谁""我具备什么样的性格""我喜欢的生活方式是什么""我的专长何在""我父母对我的期望"等。考虑这些之后，对自己就有了较充分的认识。

(2)what(事)。作决定时，要问自己"我有哪些选择""我的问题在哪里""我每个决定的可能影响是什么"。

(3)when(时)。考虑时间的长短与急迫性，如"我的计划允许我搜集资料的时间有多长""我有多少缓冲期""我预计完成的时间"等。

(4)where(地)。空间的因素。"在我的生涯目标中，我向往什么样的工作环境与生活空间?""居住的地点与工作场所之间的距离，希望越近越好，还是喜欢住在郊区?"这些均与生活方式有关。

(5)why(为什么)。探讨自己选择的原因、理由，思考"我为何偏好A而排斥B""我生活困难的原因"等。

(6)how(如何)。"做完决定，如何将技巧、概念、想法转化为行动""如何取舍""如何完成目标""如何找到工作"，以及"如何安排时间、运用时间"等。

(三)生涯决策的步骤和特性

生涯决策应在了解个人与环境的基础上，选择利益多、阻力少的路径。据此，生涯决策的具体步骤如图3－1所示。

从生涯决策的步骤中，可以明显地看出生涯决策的特性可用COIN(钱币)这个单词来说明。

C：Choice(选择)。生涯是选择与放弃的历程，每个抉择情境都有两个以上的选择可能，决策者必须选择其一。例如，高考前填志愿，对于个人而言有很多学校和专业可以考虑，但是个人只能选择一个。这就是一种生涯决定，对于每个决定所带来的可能后果，个人都必须承担。

O：Obstacle(阻碍)。每个决定都有优点及缺点，这些与人格特质及个人成熟度有关。每个人面对阻碍时的心理反应都不相同。事实上，每条路都会有挑战，每个人主观与客观认知的阻碍都不相同，是否行得通，就看个人的抉择与努力了。

I：Inclination(倾向)。个人的倾向是保守路线，还是冒险路线？保守路线的抉择变化幅度小,风险低;冒险路线的抉择需要有壮士割腕、背水一战的决心,放手一搏,变化幅度也大,风险大。这就取决于个人的风险偏好和性格了,当然,高风险与高回报、低风险与低回报总是相伴随的。

N:No right answer(没有正确的答案)。生涯的魅力就在于没有标准来衡量个人的对错,若一定要找,只好反求于自己,寻出内心的满足程度。生涯决策通常都是在不确定的情况下进行的,每个不确定性都引发了下一个不确定性。

任何事情都有两面,就像每一个选项都有利有弊,个人就是根据综合判断来选择能让自己最有收获的那一面。

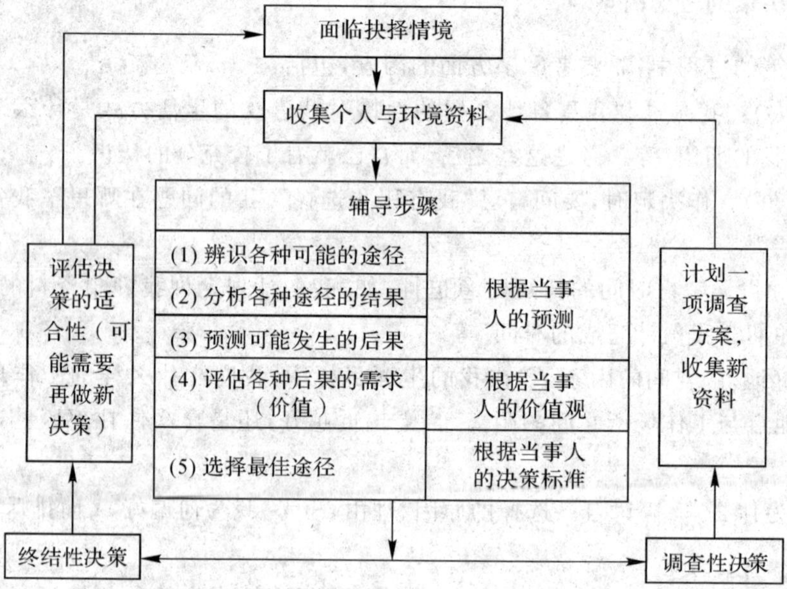

图 3-1 生涯决策的步骤

(四)生涯决策法的应用实例

前面介绍了生涯决策的类型、考虑因素、步骤和特性等理论方面的知识,为了更好地运用这些理论,下面举两个生涯决策的实例:第一个实例能让个人更加熟悉生涯决策的步骤,并学会怎样分析每条路径的利弊;第二个实例则在前面的基础上引入了"生涯决策平衡单"这个工具,来定量地帮助个人确定生涯目标、作出生涯决策。

1. 小张的生涯决策

基本情况:小张是某大学企业管理专业大四的学生。她从小当班干部,乐意为同学服务,倾听他人的烦恼,为此,同学们一直很拥护她。因此,她认为自己比较适合做管理工作,因而在高考时选择了企业管理专业。但是,经过几年的学习以后,发现该专业同她想象的情况不太一样。她向往能找到一份薪水丰厚且能独当一面的工作。目前,她考虑的职业有三个,但不知该如何决定。现在,让我们运用前面介绍的步骤来和她一起考虑分析(见图 3-2)。

经过按部就班的考虑之后,小张最后的选择是人力资源工作,与此相对应的是小张必须补充人力资源方面的核心知识和相关实习经验。经过分析可见，此决定折中了小张的个性兴趣和专业背景，符合她的价值观，比较容易取得可预见的满意效果。

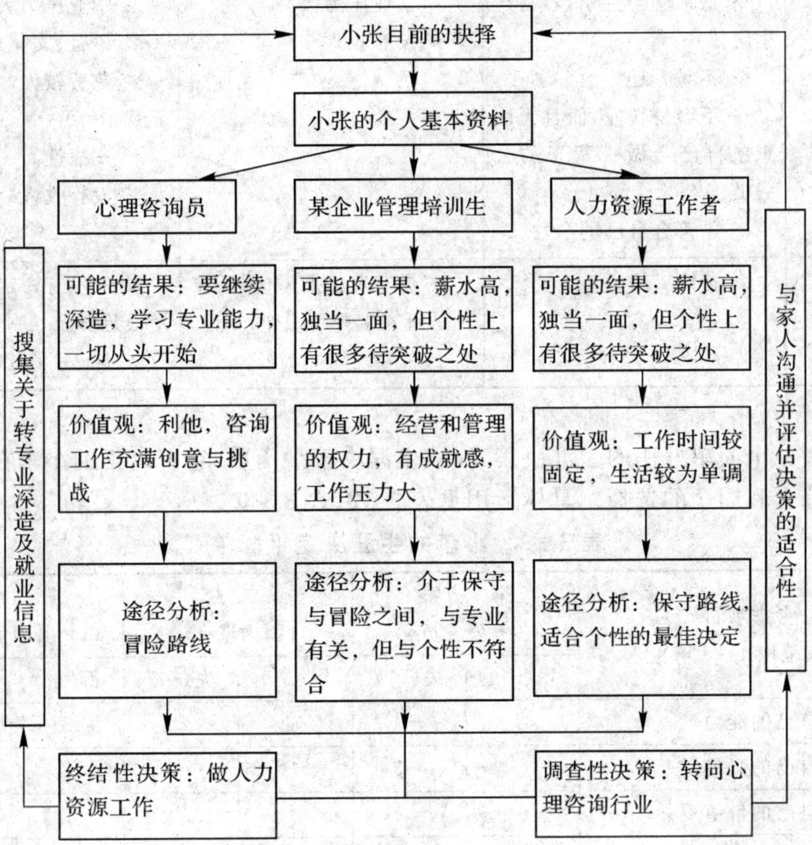

图 3-2　小张的生涯决策

2. 小李的“生涯决策平衡单”

基本情况：小李是大学三年级学生，会计专业。她心里很矛盾，既希望工作稳定，又希望工作能有挑战性。她的个性外向、活泼、能力强、自主性高，目前她考虑的三个方向是：考公务员、国内读研究生、到国外去读 MBA。对于这三条路径，她的考虑如表 3-1 所示。

表 3-1　小李的考虑因素

考虑方向	考公务员	国内读研究生	国外读 MBA
优点	※ 满意的工作收入 ※ 铁饭碗 ※ 工作稳定轻松，工作压力较小 ※ 一劳永逸	※ 和国内产业发展不会脱节 ※ 能建立与师长、同学、朋友的人际关系网 ※ 较高文凭 ※ 日后工作升迁较容易	※圆一个国外留学的梦 ※ 增广见闻、丰富人生 ※ 英文能力提高 ※ 日后工作升迁较容易 ※ 激发潜力 ※ 旅游

续 表

考虑方向	考公务员	国内读研究生	国外读 MBA
缺点	※ 铁饭碗会生锈，容易产生厌倦 ※ 不易升迁 ※ 不容易转业，而且无法想象自己会做一辈子的公务员 ※ 不符合自己的个性	※ 学业压力大 ※ 没有收入	※ 学业压力大 ※ 语言、文化难以适应 ※ 花费较大（一年可能需要几十万） ※ 挑战性高 ※ 没有收入
其他	※ 爸妈支持	※ 男朋友的期望（男朋友也是研究生并已工作）	※ 家里有一定积蓄，但不是很足够 ※ 自己一直想到国外走走

这里介绍一个简单好用的生涯决策工具：生涯决策平衡单，它可以帮助小李在各个路径之间作出较为综合和周全的选择。具体运用见表 3－2、表 3－3。

表 3－2　小李的生涯决定平衡单

考虑项目（权范围 1～5 倍）	第一方案（考公务员）		第二方案（国内读研）		第三方案（出国留学）	
	得（＋）	失（－）	得（＋）	失（－）	得（＋）	失（－）
（1）适合自己的能力		－4	5		6	
（2）适合自己的兴趣		－3	4		8	
（3）符合自己的价值观	5		3		7	
（4）满足自己的自尊心		－2	3		6	
（5）较高的社会地位		－5	3		2	
（6）带给家人的声望	2		1			
（7）符合自己理想的生活形态	3		5			－3
（8）优厚的经济报酬	7			－1		－8
（9）足够的社会资源	2		8			－1
（10）适合个人目前处境	5		2		1	
（11）有利择偶以建立家庭	7		5			－5
（12）未来有发展性		－5	5		8	
合　计	31	－19	44	－1	45	－17
得失差数	12		43		28	

说明：

（1）每个项目的得分或失分，可以根据该方案具有的优点（得分）、缺点（失分）来回答，计分范围 1～10 分。

（2）最后，合计每个方案的优点总分（正）和缺点总分（负），正负相加，算出客观的得失参数。

(3)根据自己的真实想法作答，方可正确评估每个方案对个人的重要性。

表 3-3　小李加权后的生涯决定平衡单

考虑项目（权范围 1～5 倍）	第一方案（考公务员）		第二方案（国内读研）		第三方案（出国留学）	
	得(＋)	失(－)	得(＋)	失(－)	得(＋)	失(－)
(1)适合自己的能力(×5)		—20	25		30	
(2)适合自己的兴趣(×2)		—6	8		16	
(3)符合自己的价值观(×4)	20		12		28	
(4)满足自己的自尊心(×2)		—4	6		14	
(5)较高的社会地位(×3)		—15	9		18	
(6)带给家人的声望(×2)	4		2		4	
(7)符合自己理想的生活形态(×5)	15		25			—15
(8)优厚的经济报酬(×3)	21			—3		—24
(9)足够的社会资源(×2)	4		16			—2
(10)适合个人目前处境(×5)	25		10		5	
(11)有利择偶以建立家庭(×4)	28		20			—20
(12)未来有发展性(×3)		—15	15		24	
合　计	117	—60	148		139	—61
得失差数	57		145		78	

说明：

(1)每个项目的重要性因人、因时、因地不同，对于决策者，可以根据考虑项目的重要性与迫切性，给它们乘上权数(加权范围 1～5 倍)。

(2)将平衡单上的原始分数乘上权重。最后把“得失差数”算出来，并据此作出最终的决策。经过这一番考虑之后，小李最终的决策是留在国内攻读研究生。

从以上两个实例中，我们可以总结出生涯决策时的一般规律。在了解自己和外部世界的基础上，可以初步选定个人所中意的几个方案，分析每个方案可能的结果、具有的优缺点，运用“生涯决策平衡单”来选择综合效用最大化的道路。其中：

(1)考虑的项目可以根据个人情况调整。内容主要包括“自我部分”“环境部分”和“外在部分”。“自我部分”有能力、兴趣、价值观、心理需求(自尊、自我实现)、声望、社会地位、生活形态(休闲生活)、健康；“环境部分”有家人支持、社会地位、经济收入、足够的社会资源、适合目前处境、择偶以建立家庭、与家人相处时间；“外在部分”有工作环境、工作发展前景、工作内容有变化等等。

(2)每一项具体的分数是根据分析出的优缺点得出的(原始分在 1～10 分之间)。

(3)根据每个考虑项目的重要性确定权数(加权范围 1～5 倍)，折合成加权后的分数。

(4)比较每一种方案的综合得分,据此作出生涯决策,此决策就是用生涯决策平衡单所作出的综合效用最大化的决策。

(五)生涯决策中的阻碍和误区

正如前面所提到的,实际上并不是每个人都可以成功地作出生涯决策,这当中有些生涯阻碍因素不利于我们作出决定,或使职业选择不顺利,或造成生涯发展困境长久无法突破。这些阻碍因素主要包括以下8个方面:

(1)意志薄弱。指个人的生涯选择容易受外在因素的影响,例如因为父母、朋友、社会价值观变化而减少刚开始时的毅力,甚至放弃自己真正想要的目标。

(2)犹豫行动。指对自己本身缺乏信心,充满担心,而迟迟未采取与生涯发展有关的行动。

(3)信息探索。指未能积极去搜集相关产业或职业的信息,或不清楚取得这些信息的渠道。

(4)性格表现。指个性方面的障碍,例如没有主见、被动、习惯由他人为自己作决定或抗拒自己作规划等。

(5)方向选择。指对自己曾做过的生涯决策感到怀疑,或是目前有多重选择不知如何着手。

(6)专业选择。指自己所读的专业并非自己的期待,或认为是不适合自己的。

(7)学习状况。指对自己的学习成绩不满意而产生的负面效应。

(8)学习困扰。指在学习上与同学或老师不良的互动关系所产生的负面效应。

在这些阻碍当中,有些是自身性格的原因,有些是心理上的问题,有些则是意识和方法上的不足,如信息探索和方向选择等。

另外,在生涯选择和决策的过程中,还存在着一些误区,这些错误观点会影响个人的看法,可能是个人在生涯规划时产生心理困扰的根源。

误区1:"在我的生涯发展中,我只能作一次决定,绝对不能后悔,如果我改变了决定,那是我失败了。"有些人认为,生涯决策就是一旦选择了一个职业或专业就不能改变,否则一定会被别人瞧不起,因为那是当初我自己坚持的选择。事实上,这种情况并不是理智的,美国相关研究显示,高校中有30%～50%的大一新生打算改变主修学科。其实,在校园里可以看到许多同学,对目前所读的专业并不感兴趣,正在以旁听、辅修、双学位等方式来发展自己有兴趣的学科。与其固守某一个专业或职位,终日郁郁寡欢、怨天尤人,倒不如放眼未来、另起炉灶。因为任何决定都有风险和成本,任何投资都不能保证一定赚钱。认真地搜集资料,了解自己的兴趣、性格与能力,了解其他的道路和外面的世界,那是对自己负责。

误区2:"我一定要马上决定!"有些人认为,迟迟无法决定是懦弱、不成熟的表现。"别人都知道自己要做什么,只有我太差劲,所以我应该立即作决定。"虽然,在作决定时不能犹豫不决,但草率鲁莽也不行。在没有充分了解自己和工作要求的情况下,暂时不作决定或许是最明智的决定。希望大家能多了解自己、充实能力,最终作出成熟和明智的决定。

除了这两种误区之外,有关生涯选择和决定的误区还有很多,例如:

"世界上仅有一种最适合我的职业。"

"我会凭直觉找到最适合我的职业。"

"我所做的工作应该要满足我所有的需求。"

“我无法从事任何与我本身能力、专长不符的工作。”

“我所选择的职业应该要让我的家人、亲友都感到满意。”

“在我选择要从事的工作领域中，我必须要成为专家或领导者。”

这些误区都可能影响我们的生涯发展，是在谨慎进行生涯选择和决策时应该注意避免的地方。

总之，只要我们在生涯选择和决策时，避免武断（在缺乏支持证据的情况下作决定）、草率（依据某单一事件就作出决定）、绝对（以极端的想法来判断或觉察事件）这三种倾向，能够按照前面阐述的各个方面，实事求是，综合考虑，就能作出比较有效的生涯选择和决策，为自己定出一个满意的生涯目标。

第四节　大学生职业生涯规划中要注意的几个问题

一、大学生职业生涯设计时要考虑自身特质

一个有效的职业生涯规划必须是在充分、正确地认识自身条件与相关环境条件的基础上进行的。了解自己的重点是明确自身优势，它需要对自己的兴趣、性格、特长、知识、技能、思维方式和方法、道德水准等进行全面评估，给自己打分，从而清楚自己的优势和劣势，进而彻底解决“我能够做好什么工作”的问题。根据帕森斯“特性-因素匹配理论”的观点，社会上不同的职业都具有不同的特点，它们要求工作人员都要具有一定的个人特质。因此，大学生职业生涯设计必须注意每种职业对职员特质的要求，在进行职业选择时充分考虑自己各方面的能力，设计出具有个人特色的职业生涯。要取得事业的成功，大学生在职业生涯设计中应实现“四个吻合”。

（一）性格与职业的吻合

近年来，许多用人单位在选人时出现一种新观念，他们认为：性格比能力重要。其原因是，如果一个人能力不足，可通过培训提高，但一个人的性格不好，要改变起来就很困难。所以单位在招聘新人时，往往将性格的测试放在首位。当性格与职业相吻合时，才会进一步对其能力进行考察。

性格引起用人单位重视的一个主要原因是，性格是个性中具有核心意义的部分，几乎涉及人的心理过程及个性特征的各个方面。观察一下日常生活中的人群，就会发现千差万别的性格特征。在性格的态度特征上，有的人诚实、正直、谦逊，有的人自私、虚伪、自傲，有的人勤奋、认真、创新，有的人懒惰、自卑、墨守成规。在性格的意志特征上，有的人自制、果断、勇敢，有的人冲动、盲目、怯懦，有的人顽强、严谨、坚持，有的人优柔寡断、虎头蛇尾、轻率马虎。在性格的情绪特征上，有的人情绪体验深刻，易被情绪支配，控制力较弱，对工作影响较大，有的人情绪体验微弱，意志控制能力强，不易被情绪所左右，情绪对工作影响较小；有的人情绪稳定持久，情绪起伏波动较小，有的人则患“冷热病”，易激动，情绪不稳，在成功面前忘乎所以，在失败面前又可能垂头丧气；有的人经常处于精神饱满、欢乐之中，朝气蓬勃，乐观向上，有的人则经常抑郁低沉，无精打采。

那么,性格与职业如何进行匹配呢?通常个人在选择职业时,应根据自己的性格,选择适合个人性格特点的职业和工作。一般来说,外向型性格的人更适合与外界广泛接触的职业,如管理人员、律师、政治家、推销员、记者、教师等;内向型性格的人比较适合从事有计划的、稳定的、不需要与人过多交往的职业,如科学家、技术人员、会计师、统计员、资料管理人员、一般办公室职员等。

在实际生活与工作中,纯属于外向型或纯属于内向型的人并不多,大部分人属于混合型。因此,在职业选择过程中,应根据个人的性格与职业的要求,具体情况,具体处理,不能一概而论。当然,人的性格在一定阶段还具有可塑性,对此每个人在职业选择时也应当作适当考虑。

(二)兴趣与职业的吻合

不同的人有不同的兴趣,有的人对研究自然科学感兴趣,有的人对研究社会科学感兴趣;有的人兴趣倾向于情感世界,活跃于人际关系领域,有的人则倾向于理性世界,在数学、公式领域内自由翱翔;有的人对智力操作感兴趣,对读书、写作、演算、设计乐此不疲,有的人则对技能操作感兴趣,对修理、摄影、琴、棋、书、画津津有味。不同的职业也需要不同的兴趣特征,一个擅长技能操作的人,靠他灵巧的双手,在技能操作领域得心应手,但如果强行把他的兴趣转移到书本和理论知识上来,他就会感到无用武之地。

兴趣是最好的老师,职业选择若能与个人兴趣相一致,将会很好地促进事业的发展。首先,兴趣可以开发智力。兴趣是一种强大的精神力量,它可以使人集中精力去获得知识,并创造性地开展工作。古今中外著名的科学家、艺术家,他们之所以能对人类做出贡献,莫不是由于浓厚的兴趣和强烈的责任感推动他们不懈努力而取得成功的。当一个人对某种事物发生兴趣时,就能调动整个身心的积极性,积极地感知、观察事物,积极思考,大胆探索,情绪高涨,想象丰富,并具有克服困难的意志。其次,兴趣可提高人的工作效率。一个人对某一工作有兴趣时,枯燥的工作也会变得丰富多彩,趣味无穷。兴趣可以调动身心的全部精力,以敏锐的观察力、高度集中的注意力、深刻的思维和丰富的想象投入工作,从而有助于工作效率的提高。据研究,如果一个人对某一工作有兴趣,就能发挥他全部才能的80%～90%,并且长时间保持高效率工作却不感到疲倦;而对工作没有兴趣的人,只能发挥其全部才能的20%～30%,也容易筋疲力尽。再次,兴趣是行动的动力。英国著名人类学家古道尔从小喜欢生物,中学毕业后,她在黑猩猩的研究方面显示出了杰出的才华。在课堂上“智力平平”的达尔文,在大自然的怀抱里显得异常聪明和敏锐,成为进化论的创始人。是什么使他们由“愚蠢”变得聪明呢?是兴趣。谁找到了自己最感兴趣的工作,谁就等于踏上了通向成功的道路。获得诺贝尔物理学奖的华人丁肇中说过,“兴趣比天才重要”,因为对一个人来说,对工作感兴趣,就有干劲,有干劲就会出成绩,这就是兴趣的作用所在。

可见,兴趣对人生事业的发展至关重要,所以兴趣是职业选择应考虑的重要因素之一。

(三)能力与职业的吻合

能力分为一般能力和特殊能力。一般能力通常又称为智力,包括注意力、观察力、记忆力、思维能力和想象力等。特殊能力是指从事某项专业活动的能力,也可称为一个人的特长,如计算能力、音乐能力、动作协调能力、语言表达能力、空间判断能力等。由此可见,能力是一个人完成任务的前提条件,是影响工作效果的基本因素。同样,对任何一种职业而言,必须要求从业者具备相应的能力。因此,大学生在择业时,必须考虑到能力与职业的吻合问题。

对每个人的能力而言,有大有小,能力不同,职业选择就有差异。从能力差异的角度来看,在职业抉择时应遵循以下几个原则:首先,能力类型与职业相吻合。人的能力类型是有差异的,因而应注意能力类型与职业类型的吻合。比如,从思维能力来看,属于形象思维型的人比较适合从事文学艺术方面的职业和工作,属于抽象思维型的人比较适合于从事哲学、数学等理论性较强的职业和工作,而属于具体动作思维型的人则比较适合于从事机械等方面的工作。其次,能力水平要与职业层次基本一致。对一种职业或职业类型来说,由于所承担的责任不同,又可分为不同层次,不同的层次对人的能力有不同的要求。因此,在根据能力类型确定了职业类型后,还应根据自己所达到或可能达到的能力水平确定相吻合的职业层次。只有这样,才能使能力与职业的吻合具体化。再次,发挥优势能力的作用。每个人都具有一个多种能力组成的能力系统。能力系统中各方面能力的发展因人而异,常常是某方面的能力占优势,而另一些能力则不太突出。大学生在进行职业选择时,应主要考虑自己的最佳能力,选择最能运用其优势能力的职业。

(四)气质与职业的吻合

一般来说,气质对人们所从事的职业并不具有决定性作用,其作用主要表现在对工作性质和效率的影响上。相应地,不同职业对人的气质特点也有一定的要求。比如在许多高新技术企业中,都存在着人际关系问题,机器的操纵要求人员具备某些气质特征。如果人际关系失调,即人的动力性行为失误,就会影响工作效率以至造成工作失误。因此,在把性格、能力、兴趣作为职业决策的最主要标准时,也要考虑人的某些气质特点并加以顺应,以进一步提高职业适应性。

人们一般把气质分为四种,即多血质、黏液质、胆汁质和抑郁质,四种不同的气质类型具有不同的心理特征。

多血质的心理特征属于敏捷而好动的类型。由于神经过程平衡且灵活性强,这种人更易于适应环境的变化,性情开朗、热情,善于交际。在群体中精神愉快,相处自然,常能机智地解脱窘境。在工作和学习上肯动脑筋,常表现出机敏的工作能力和较高的办事效率。对外界事务有广泛的兴趣,不安于循规蹈矩的工作,情绪不够稳定,易于浮躁,时有轻诺寡信、见异思迁的表现。

黏液质的心理特征属于缄默而安静的类型。由于神经过程平衡且灵活性低,反应较迟缓,无论环境如何变化,都能基本保持心理平衡。凡事力求稳妥、深思熟虑,一般不做无把握的事,具有很强的自我克制能力。与人交往时,态度持重适度,不卑不亢,不爱抛头露面或做空泛的清谈。行动缓慢而沉着,有板有眼,严格遵守既定的生活秩序和工作制度。因此,能够高质量地完成那些要求坚忍不拔、埋头苦干、长时间集中注意力、有条不紊才能完成的工作。其不足之处是过于拘谨,不善于随机应变,常常墨守成规,固步自封。

胆汁质的心理特征属于兴奋而热烈的类型。表现为有理想有抱负,有独立见解,反应迅速,行为果断,表里如一。在言语、面部体态上都给人以热情直爽、善于交际的印象,不愿受人指挥而喜欢指挥别人。遇到困难不折不挠,有魄力,敢负责,但往往比较粗心,自制力较差,容易感情用事,有时有刚愎自用、鲁莽的表现。由于神经过程的不平衡,工作带有明显的周期性,能以极大的热情投身于事业,一旦筋疲力尽,情绪会顿时转为沮丧而心灰意冷。

抑郁质的心理特征属于呆板而羞涩的类型，精神上难以承受或大或小的神经紧张，常为微不足道的小事引起情绪波动。情绪体验的方式较少，极少在外表流露自己的情感，但内心体验却相当深刻。喜欢独处，交往拘束，兴趣爱好少，性格孤僻，在友爱的集体可能是一个很易相处的人，对力所能及的工作认真完成，遇事三思而后行，求稳不求快，因而显得迟缓刻板。学习工作易疲倦，在困难面前怯懦、自卑、优柔寡断。

由于气质更带有自然的属性，它们之间没有好坏之分。任何一类气质的人在现实生活中，既可能是优秀的人才，也可能成为碌碌无为之辈，问题的本质不在于气质类型及其心理特征，而在于对生活的信念和追求。大学生在择业时，可根据现有研究成果，分析自己的气质特征，从而设计自己的职业人生规划。

二、大学生职业生涯设计时应保持低位切入

大学生在职业生涯的设计过程中应保持低位切入的姿态，用实力说话。当前，要成为社会成功人士，需要具有多种职业能力。这些能力包括决策能力、交际能力、系统思考能力、信息处理能力、成为一名出色聆听者的能力、项目管理的能力、团队合作的能力、创新能力、领导能力、创造自我品牌的能力、学习能力、写作能力、照顾自己的能力等。

尽管大学毕业生经过了正规的教育，获得学士、硕士或是博士学位，但我国的高等教育更偏重于知识的传授，职业能力的培养和商业能力的训练较少，并且在职业生涯中个人的社会阅历、人际交往、客户关系、法律常识也很重要。在激烈的求职竞争中，大学生必须以自己实际的行动，摒弃“好高骛远”“小事不肯做，大事不会做”的态度，以发展的眼光、务实的精神，扬长避短地去争取每一次择业的机会。从基层做起，从小事做起，不断参与社会实践，培养综合素质，完善知识结构，积累社会经验。因此，大学生在进行职业规划设计时要“做最坏的打算，尽最大的努力”，保持低位切入的姿态，全力以赴，然后一步一步地实现自己的目标，而在这个过程中可以学到许多课本以外的知识，取得一些意想不到的收获。

相比之下，尽管发达国家人才资源比较丰富，但用人单位往往不以学历作为标准，再高学历的职员也要从小事做起，从基层做起。曾湘泉教授在研究了美国《华尔街日报》上的部分招聘广告时发现，这些招聘广告没有学历要求，有的跨国公司甚至招聘50～70岁的求职者，硕士占2%，学士占4%，其他都没有学历限制，更多的是对具体能力的要求。随着我国就业市场的逐渐理性化，仅凭一张学历就给高薪水的时代将一去不复返了，大学生应该放弃原来的优越感，踏踏实实地从底层做起。

三、大学生职业生涯设计重在实践

职业生涯设计是大学生的人生蓝图，若想将蓝图变为现实，就必须树立自信，重在实践，不断推进职业生涯的发展。

(一)拥有自信，勇往直前

自信是大学生职业生涯设计成功的要素之一，没有自信人生便失去了意义，同时也就失去了成功的可能。无数著名历史人物的成长经历证明，自信是职业生涯成功的源泉和动力。科学家爱因斯坦在总结自己成功经验时说：“在我的一生中，只是由于一种信心，才使我在研究遇到困难时，没有感到灰心。”伟大的科学家、诺贝尔奖获得者居里夫人也十分强调自信心的作

用,“我们应该有恒心,尤其要有自信心,我们须相信,我们既然有做某种事情的天赋,那么无论如何都必须把这件事情做好。”可以这样说,古今中外任何一种成就,莫不是建立在自信的基础上的,虽然不能否定才能、机遇等因素的作用,但自信作为一种精神力量,常常在一些关键时刻起到决定性的作用。尤其对于大学生而言,由于缺乏生活经验和阅历,情绪容易大起大落,一旦遇到挫折,往往一蹶不振,所以自信心的作用就显得更加重要。

实践中,自信往往来源于大学生对于自身优势的挖掘和认识。有些大学生认为,自己没有特长,缺乏优势。实际上这不是没有特长和优势,而是自己没有找到这种特长和优势而已。大学生可在职业生涯设计中自我分析,找到自己的最大兴趣,发现自己的最优性格,找到自己的特长。

(二)勇于实践,在行动中完善自我

俗话说:“心动不如行动。”大学生职业生涯设计能否实现,关键在于行动,只有积极行动才有成功的可能。有些大学生不是没有行动,而是行动的附加条件太多;有些大学生遇事拿不定主意,谨小慎微,犹豫不决,用在思考上的时间过多,而影响了及时的行动,往往错过了机会,浪费了宝贵的时间。因此,大学生一旦制订了自己的职业生涯设计,就要马上实践。在实践中要注意把握以下几个方面:一是分解实际目标,今朝事今朝毕。职业生涯目标分为长、中、短期目标。短期目标的实现情况,直接影响长期目标的实现。因此,要从每一日做起,从每个具体目标做起。二是克服困难,持之以恒。在职业生涯的发展中,困难和挫折是必然的。如果没有持之以恒的精神,就很难实现最终目标。美国著名学者安东尼·卡索在民意测验的基础上,整理和归纳了美国 500 家大企业创始人成功的“创业十要”,其中一条就是:做一件事坚持到底最重要。因此,大学生在实现职业生涯目标时,要勇于面对困难和挫折,培养自己的意志和品质,在行动中完善自我。

第四章　职业生涯设计中的自我认知

第一节　认识自我

在希腊帕尔纳索斯山南坡上，有一个驰名整个古希腊的戴尔波伊神托所。这是一组石造建筑物，它的起源可以回溯到 3 000 多年前。就在这个神托所的入口处，刻有七句名言，其中流传最广、影响最深、被认为点燃了希腊文明火花的一句是："人啊，认识你自己。"这句箴言是古希腊哲学里面一个重要的命题，它深深影响了人类 2 000 多年来的思辨和认识。著名哲学家苏格拉底把"认识你自己"作为自己哲学研究的核心命题；文艺复兴时代法国思想家蒙田说："世界上最重要的事情就是认识自我"；现代德国哲学家卡西尔认为，"认识自我乃是哲学探索的最高目标"。大学生进行职业生涯设计，首先要正确地认识自我，也就是先要搞清楚"我是谁"。

一、认识自我的意义

(一)正确地认识自我是走好人生的第一步

"我是谁"是一个看似简单却又令人难以回答的问题。在现实生活中，有许多人不明白自己到底是谁，换句话说，就是浑浑噩噩地活着，从来没有仔细想过自己到底是谁，有什么长处，有什么缺点，不了解自己的个性。所以，在工作和生活中要么人云亦云，没有自己的主张、见解，安于被他人操纵；要么盲目地追赶潮流、崇拜偶像，穿衣、说话、举止都力图模仿偶像，陷入了失去自我的误区中而不能自拔。

认识自我表达了人类与生俱来的内在要求和至高无上的思考命题。尼采曾说："聪明的人只要能认识自己，便什么也不会失去"。如今，随着社会的不断发展，人们对于自我的认识，也进入了一个新阶段。一个人如果能够正确认识自己、接纳自己，对自己有合理的期望，知道自己为什么而活着，善于利用每个发展的机会，改进自己，完善自己，他的一生就会快乐、充实而有意义。一个人如果缺乏自我认识，就会产生一种角色混淆的感觉，与人相处时会感到困难，生活缺乏动力，自己的潜能也很难得到有效的发挥。对自己的认识越准确，选择正确道路的可能性也就越大；选择的道路越正确，取得成功的可能性也就越大。

(二)正确地认识自我是大学生选择职业的关键

作为一名大学生，要选择适合自己的职业，一定要正确回答"我是谁"这个问题。全面而正确地认识自己，是身处当今竞争激烈的社会中的大学生必做的一门功课。一个人只有对自己有了正确的认识和评价之后，才能找到自己在社会中的位置，发现个人能力与社会价值的最佳结合点，才能回答"我是个什么样的人""我能为社会做点什么""我的才能如何得到社会的承认"。鲁迅本来是学医的，后来他觉得自己有写作的才能，就当机立断，用自己的整个生命去创作。马克思年轻时曾想做一名诗人，也努力写过一些诗，但他很快就发现自己的长处其实不在这里，便毅然放弃做诗人的打算，转到社会科学的研究上面去了。如果他们两个人不能正确认识自己，那么中国不过多了一位不高明的外科医生，德国不过多了一位蹩脚的诗人，而在中国文学史和国际共产主义运动史上则肯定要失去两颗光彩夺目的明星。

事实上，每个人都有巨大的潜能，每个人都有自己独特的个性和长处，每个人都可以选择自己的目标。作为一名大学生，只有正确地认识自己，才能为将来选择适合自己的职业打好基础。

(三)正确地认识自我是走向成功的必备条件

认识自我，是我们每个人自信的基础与依据。即使个人处境不利，遇事不顺，但只要自己的巨大潜能和独特个性及优势依然存在，就可以坚信：我能行，我能成功。一个人在自己的生活经历中，在自己所处的社会境遇中，能否真正认识自我、肯定自我，如何塑造自我形象，如何把握自我发展，将在很大程度上影响或决定一个人的前程与命运，也直接影响大学生职业生涯设计与择业的成功与否。

人最好的朋友是自己，最大的敌人也是自己。生活中我们常常能够评价别人，但是，我们却说不清我们自己。一个人是否能够正确地"认识自己"，正确地"认识自己"的兴趣、能力、激情、欲望、好恶、理想……并把这种对自己的认识融化灌输到自己的追求与奋斗之中，是决定个人奋斗成败、生活质量高低、人生价值大小的核心要素。能够在人生的坐标系中找到自己的位置，并且能够趋利避害，掌握自己命运的人，在人生的战场上就能决胜千里、运筹帷幄。在中国古典文献中，这样的警句比比皆是，如"人贵有自知之明""知人者智，自知者明""吾当终日三省吾身""知己知彼，百战不殆"，他们在时时刻刻地提醒我们，要想成功，必须首先正确认识自己。

二、认识自我的内容

认识自我的内容主要包括以下几个方面：

(1)自我的外在特征。包括出生年月，性别，年龄，高矮胖瘦，身体状况，出生地，语言，文化程度等。

(2)自我的知识、能力结构。是专业型(专深而狭隘)的，还是综合型(宽泛而肤浅)的；是I型(单一专业)的，还是W型(众多专业)的；是智慧的，还是平庸的。

(3)自我的情感特点。是敏感的，还是迟钝的；是强烈的，还是温和的；是稳定的，还是波动的；是迅捷的，还是缓慢的；是常常愉快的，还是闷闷不乐的。

(4)自我的意志特点。是主动还是被动，是果断还是犹豫，是坚持还是脆弱，是自信还是灰心。

(5)自我的思维特点。是形象思维还是抽象思维，是灵活还是死板，是深刻还是肤浅，是开阔还是闭塞，是独立还是模仿，直觉性如何，理论性如何。

(6)自我的个性特征。内心最强烈的欲望是什么，它们是不是合理的；兴趣爱好怎样；自我的理想与现实有多大距离；相信理想会实现吗。

(7)自我的心理动力结构。是否常常处于心理矛盾之中，感到焦虑不安；内心中是否有一个强大的超我在当警察，管制着自我的行为；能否平静地面对心中原始的内驱力；等等。

(8)自我与社会的关系。人们是否喜欢我；我能为别人做点什么；在他们的眼里，我是怎样的人；在社会上的位置如何；我与他们的关系融洽吗；我是乐于与人共事，博采众长，还是愿意特立独行。

三、认识自我的途径

(一)通过专业测试来认识自我

专业测试是一种标准化、力求客观的测量手段，它的特点是能够在较短的时间内测出一个人的某方面特点，并且是在与某一群体的比较中得出的。通过测量，个人能够在短期内、在比较中获得对自己的较为客观和准确的描述和评价。

国内外的许多心理学专家在多年调查研究的基础上，运用职业心理学的测试原理，提出和设计了许多对个性心理进行定性分析的测试方法和测量表，这些测试方法有助于了解每个人的个性心理特征和职业的适应性，以便更好地选择、确定择业方向和具体的工作岗位，为择业时的科学决策提供帮助。这些都对大学生结合自身实际情况，有针对性地正确选择职业有一定的参考价值。

(二)通过自我观察认识自我

要认识自我，我们必须要做一个有心人，经常反省自己在日常生活中的点滴表现，总结自己是一个什么样的人，找出自己的优点和缺点。自我观察是自我教育、自我提高的重要途径。自我观察主要包括三个方面：一是自身外表和体质状况的观察，包括外貌、风度和健康状况等方面的观察；二是自我形象的观察，主要是对自己在所处集体中的位置和作用、公共生活中的举止表现以及社会适应能力等的观察；三是自己的精神世界的观察，包括对自己的政治态度、道德水平、智力水平、能力、性格、兴趣、爱好、特长等的观察。

(三)通过总结过去的经验教训认识自我

回顾过去的经历，对自己的想法、期望、品德、行为进行理性的思考，然后认真地描述和判断自己的特点。在这个过程中，需要个人搜集信息、耐心分析。比如，问问自己：过去我做过什么自己确实喜爱的工作？过去我喜欢这些工作的哪些方面？现在我仍喜欢它们什么？我喜欢处理人际关系的技巧，还是喜欢处理具体问题的技术或处理信息情报的技术？什么能激发我的活力，什么令我精疲力尽？

另外，要对过去的成功经验和教训进行回顾，分析自己过去有哪些成功，为什么？不成功的原因是什么？除了客观因素外，自己在哪些方面还需要改进？

(四)通过他人的评价或者与他人比较认识自我

大文豪苏轼写道："不识庐山真面目，只缘身在此山中。"认识自己有时候的确比较困难，一般来说，当局者迷，旁观者清。周围的人对我们的态度和评价能帮助我们认识自己、了解自己。我们要尊重他人的态度与评价，冷静地分析。

首先，依据他人对自己的态度评价自己。个人对自己的评价往往是以其他人的评价为参照，人们在相互交往中，不断深化对自己的认识。如可以问问家长、老师、同学、朋友对自己的评价和态度是怎样的。

其次，通过与自身条件相似的人比较来评价自己。一个人如何评价自己的特点，总是在不断地与同龄人或类似于自己的人进行比较中获得的。如可以和自己的大学同学、同门师兄弟比较概括出自己的特点。

（五）通过专家咨询认识自我

到就业指导中心、专业咨询机构进行咨询，是一种有效而快捷的方式，咨询人员会用他的学识、经验以及科学的咨询技术给个人提供帮助。在咨询过程中，个人会获得大量的知识和信息资料，获得对问题的重新认识。更重要的是，通过专家咨询，会提高自己的决策能力。

四、正确认识自我应注意的问题

认识自我，就是要客观地评价自己，既不高估自己，也不贬低自己。认识自我，就是要认识自己的优势、劣势、特点和发展潜力。要正确认识自我，应注意以下几个方面的问题。

(1)认识自我必须是全面的。既要认识自己的外在形象，如外貌、衣着、举止、风度、谈吐，又要认识自己的内在素质，如学识、心理、道德、能力等。一个人的美应是外在美与内在美的和谐统一，内在美对外在美起促进作用。

(2)认识自我必须是辩证的。既要看到自己的优点和长处，又要看到自己的缺点和不足，不能非此即彼。对优点或缺点过分夸大，而对另一方面却视而不见，这是不正确的自我认识。每一个人都不可能十全十美，也不可能一无是处。所谓“金无足赤，人无完人”“尺有所短，寸有所长”，我们每个人都有自己的缺点，但同时也都有自己的闪光点。

(3)认识自我必须是真实的，不能弄虚作假。实事求是，不拔高，不贬低，不粉饰，不作弊，就像一个人化妆时要切记自己原来的真面目一样，当不得不为了某种目的而掩盖真实自我时，心中不能忘记：这不过是一个面具而已，过后是要及时卸下来的。

(4)认识自我必须是动态的，不能固步自封。事物总是发展变化的，没有一成不变的事物。俗话说“士别三日，当刮目相看”，我们每个人也都是在不断发展变化的，我们的优点和缺点也不是一成不变的。不能因为过去的不足就否定未来岁月中取得进步的可能。我们必须用发展的眼光看自己，及时发现自己新的优点和缺点，通过自己的努力，争取变缺点为优点，不断完善自己。

(5)认识自我必须是通过实践的，不能闭门造车。自我不是一个抽象的概念，不是空中楼阁，它是从自己与他人、与社会、与环境的关系中体现出来并获得成长和滋养的。只有投身于社会实践活动，才能真正地、有效地认识自我。

第二节 职业测评

职业测评是指运用科学的方法，对受试者的职业兴趣（喜欢做什么）、职业性格（适合做什么）和职业能力倾向（擅长做什么）等，实施测量和评鉴的人事管理活动。它是一门融现代心理学、测量学、社会学、统计学、行为科学等于一体的综合性科学。职业测评主要包括职业兴趣测评和职业能力测评两个方面。

一、职业兴趣测评

兴趣是指一个人力求认识、掌握某种事物，并经常参与该种活动的心理倾向。人对某种职业感兴趣，就会对该种职业活动表现出肯定的态度。爱因斯坦曾说过，“兴趣是最好的老师”。诺贝尔奖获得者杨振宁认为“成功的秘诀是兴趣”，一个人对某种职业是否有兴趣，是选择职业时首先要考虑的问题，因为一个人如果从事着自己感兴趣的工作，就有可能充分发挥自己的积极性，激发潜能，努力将工作做好，而且他还可以从工作中得到满足，感到愉快。相反，如果一个人从事了一种很不喜欢的工作，他就不可能积极主动地去做，甚至有时还不自觉地表现出被动的、消极的、拖拉的工作态度，因而常常得不到领导和同事们的赞扬，甚至与他们在工作上产生矛盾，进而加剧对工作的厌烦和产生抑郁不快的情绪，使整个生活失去色彩。要了解自己的职业兴趣所在，选择一个适合自己兴趣的职业，进行职业兴趣测评是一个比较有效的办法。目前国内外广泛应用的兴趣测验方法主要是霍兰德的职业偏好测验。

美国学者霍兰德提出人格-职业匹配理论，他认为人的人格类型、兴趣与职业密切相关，兴趣是人们活动的巨大动力，对职业充满兴趣，可以提高人们工作的积极性，促使人们愉快地从事该职业，而且，职业兴趣与人格之间存在很高的相关性。他把人的人格划分为六种类型：现实型(Realistic)、研究型(Investigative)、艺术型(Artistic)、社会型(Social)、企业型(Enterprising)和常规型(Conventional)，简称 RIASEC。每一个人都可以划为一种人格类型，并对应于一种职业兴趣，而每一种职业兴趣都有两种相近的学业兴趣和一种相互排斥的职业兴趣。

霍兰德认为，每个人都是这六种类型的不同组合，只是占主导地位的类型不同。每一种职业的工作环境也是由六种不同的工作条件所组成的，其中有一种占主导地位。一个人的职业是否成功、是否稳定、是否顺心如意，在很大程度上取决于其个性类型和工作条件之间的适应情况。霍兰德职业人格能力测验就是通过对被测试者在活动兴趣、职业爱好、职业特长以及职业能力等方面的测验，确定被测试者上述六种类型的组合情况。

(一)霍兰德职业兴趣测评试题

请根据自己的实际情况，对下面各道题作出回答。符合自己情况的，则把该问题后面的“是”圈起来；难以回答的，则把“?”圈起来；不符合自己情况的，则把“否”圈起来。每道题只能选择一个答案。通过这一测试，可以帮助测试者相对准确地了解自身的个体特点和职业特点之间的匹配关系，发现和确定自己的职业兴趣和能力专长，从而科学地作出求职择业决策。

1. 现实型(R 类型)人格测试题

(1)你曾经将钢笔全部拆散加以清洗并能独立地将它装配起来吗？ 是 ? 否

(2)你会用积木搭出许多造型吗？或小时候常拼七巧板吗？ 是 ? 否

(3)你在中学里喜欢做实验吗？ 是 ? 否

(4)你喜欢尝试着做一些木工、电工、金工、钳工、修钟表、印照片等其中的一件或几件事情吗？或你对织毛线、绣花、剪纸、裁剪等很感兴趣吗？ 是 ? 否

(5)当你家里有些东西需要小修小补(诸如窗子关不严了，门锁上而忘带钥匙了，凳子坏了，衣服不合身了等)时，常常是由你做的吗？ 是 ? 否

(6)你常常偷偷地摸弄不让你摸弄的机器或机械(诸如打字机、摩托车、电梯、机床等)吗？ 是 ? 否

(7)你觉得身边有一把镊指钳或老虎钳等,就会有许多便利吗?　是　?　否

(8)看到老师傅在做活,你能很快地、准确地模仿吗?　是　?　否

2. 研究型(I类型)人格测试题

(1)对电视或单位里的智力竞赛很有兴趣吗?　是　?　否

(2)你经常到新华书店或图书馆翻阅图书(文艺小说除外)吗?　是　?　否

(3)你常常会主动地去做一些有趣的习题吗?　是　?　否

(4)你总想要知道一件新产品或新事物的构造或工作原理吗?　是　?　否

(5)当同学或同事不会做某道习题来请教你时,你能给他讲清楚吗?　是　?　否

(6)你常常会对一件想知道但又无法详细知道的事物想象出它将是什么或将怎么变化吗?　是　?　否

(7)看到别人在为一个有趣的难题讨论不休时,你会加入进去吗?或者即使不加入进去,你也会一个人思考很久,直到你觉得解决了为止吗?　是　?　否

(8)看推理小说或电影时,你常常试图在结果出来以前分析出谁是罪犯,并且这种分析时常和小说或电影的结果相吻合吗?　是　?　否

3. 艺术型(A类型)人格测试题

(1)你对戏剧、电影、文艺小说、音乐、美术等其中的一两个方面较感兴趣吗?　是　?　否

(2)你常常喜欢对文艺界的明星评头论足吗?　是　?　否

(3)你曾参加过文艺演出或写过诗歌、短文被墙报或报刊采用,或参加过业余绘画训练吗?　是　?　否

(4)你喜欢把自己的住房布置得优雅一些而不喜欢过分豪华而拥挤吗?　是　?　否

(5)你觉得你能较准确地评价别人的服装、外貌以及家具摆设等的美感如何吗?　是　?　否

(6)你认为一个人的仪表美主要是为了表现一个人对美的追求而不是为了得到别人的赞扬或羡慕吗?　是　?　否

(7)你觉得工作之余坐下来听听音乐、看看画册或欣赏戏剧等,是你最大的乐趣吗?　是　?　否

(8)遇到有美术展览会、歌星演唱会等活动,常常有朋友来邀请你一起去吗?　是　?　否

4. 社会型(S类型)人格测试题

(1)你常常主动给朋友写信或打电话吗?　是　?　否

(2)你能列出五个你自认为够朋友的人吗?　是　?　否

(3)你很愿意参加学校、单位或社会团体组织的各种活动吗?　是　?　否

(4)你看到不相识的人遇到困难时,能主动去帮助他,或向他表达你同情与安慰的心情吗?　是　?　否

(5)你喜欢去新场所活动并结交新朋友吗?　是　?　否

(6)对一些令人讨厌的人,你常常会由于某种理由原谅他、同情他甚至帮助他吗?　是　?　否

(7)有些活动,虽然没有报酬,但你觉得这些活动对社会有好处,就积极参加吗?　是　?　否

(8)你很注意你的仪容风度,这主要是为了让人产生良好的印象吗? 是 ? 否

5. 企业型(E类型)人格测试题

(1)你觉得通过买卖赚钱,或通过把钱存银行生利息很有意思吗? 是 ? 否

(2)你常常能发现别人组织的活动的某些不足,并提出建议让他们改进吗? 是 ? 否

(3)你相信如果让你去做一个个体户,一定会成为富翁吗? 是 ? 否

(4)你在读书时曾经担任过某些职务(诸如班干部、课代表、卫生员等)并且自认为干得不错吗? 是 ? 否

(5)你有信心去说服别人接受你的观点吗? 是 ? 否

(6)你的心算能力较强,不对一大堆的数字感到头疼吗? 是 ? 否

(7)做一件事情时,你常常事先仔细考虑它的利弊得失吗? 是 ? 否

(8)在别人跟你算账或讲一套理由时,你常常能换一个角度考虑而发现其中的漏洞吗? 是 ? 否

6. 常规型(C类型)人格测试题

(1)你能够用一两个小时坐下来抄写一份你不感兴趣的材料吗? 是 ? 否

(2)你能按领导或老师的要求,尽自己的能力做好每一件事吗? 是 ? 否

(3)无论填报什么表格,你都非常认真吗? 是 ? 否

(4)在讨论会上,如果不少人已经讲的观点与你的不同,你就不发表自己的观点了吗? 是 ? 否

(5)你常常觉得在你周围有不少人比你更有才能吗? 是 ? 否

(6)你喜欢重复别人已经做过的事情而不喜欢做那些要自己动脑筋摸索着干的事吗? 是 ? 否

(7)你喜欢做那些已经很习惯了的工作,同时最好这种工作责任小一些,工作时还能聊聊天、听听歌曲等吗? 是 ? 否

(8)你觉得将非常琐碎的事情整理好,或由于你的工作,使有些事情能日复一日地运转很有意思吗? 是 ? 否

(二)职业兴趣测评的计分与评价

1. 计分及分析

测题内容包括R,I,A,S,E,C六项,分别统计得分,每圈一个“是”计2分,每圈一个“?”计1分,每圈一个“否”计0分。将每一道题的得分相加,依各项得分的高低,对R,I,A,S,E,C六个方面的得分从大到小排序,排在首位的就是被试者的占主导地位的类型,然后根据个性类型寻找适合的职业。

2. 代码的含义

R(现实型):现实型职业,是指那些要求有一定技能、技巧的职业,通俗地讲,就是类似于技术工一类的职业。

人格特征:非社交的、物质的、遵守规则的、实际的、安定的、缺乏洞察力的、感情不丰富的、不善与人交往的特征。

职业特征:需要进行明确的、具体的、按一定程序要求的技术性、技能性工作。

相关职业:飞机检修工、动物饲养员、汽车修理工、木工、汽车驾驶员、测量工、工地检查员、

无线电工、加油工、园林工、船舶驾驶员、机械操作工、电工技师、车工、钳工、建筑工、农机手等。

I(研究型):研究型职业,是指那些要求有一点钻研精神的职业,即从事科学研究、科学技术工作的职业。

人格特征:分析的、内省的、独立的、好奇的、慎重的、敏感的、喜好智力活动和抽象推理的特征。

职业特征:通过观察、科学分析而进行系统的创造性活动,一般研究的对象侧重于自然科学方面,而不是社会科学方面。

相关职业:气象员、生物学工作人员、天文工作者、化学技师、学术评价者、杂志编辑、地质工作者、植物研究者、物理实验人员、建筑设计师、计算机程序设计员等。

S(社会型):社会型职业,是指那些直接为他人服务,为他人谋福利或与他人建立和发展各种关系的职业。

人格特征:助人的、易于合作的、社交的、有洞察力的、责任感强的、重友谊的、有说服力的,比较关心社会问题等特征。

职业特征:从事更多时间与人打交道的说服、教育和治疗工作。

相关职业:教师、口语矫正人员、临床医师、社会福利工作人员、护士、职业咨询者、服务人员、导游、公共关系人员、列车员、律师、营业员、供销员、医生、社会活动家、计划生育工作者等。

E(管理型):管理型职业,是指那些为直接获得经济效益而活动的职业,即如经营管理、产供销以及财务等方面的职业。

人格特征:支配的、乐观的、冒险的、冲动的、自我显示的、自信的、精力旺盛的、好发表意见和见解的,但有时是不易被人支配、喜欢管理和控制别人等特征。

职业特征:从事需要胆略、冒风险且承担责任的活动,主要指管理、决策方面的工作。

相关职业:企业投资者、商品信息员、广告事业人员、管理干部、制片人、经理、主持人、推销员、宣传人员、调度员、乡镇企业负责人等。

A(艺术型):艺术型职业,是指那些要求有一点艺术素养的职业,即与音乐、美术、影视、戏剧、文学等与美感直接或间接有关的职业。

人格特征:想象力丰富的、理想的、直觉的、冲动的、独创的、无秩序的,感情丰富,但缺乏事务性办事能力等特征。

职业特征:通过非系统化的、自由的活动进行艺术表现,但精细的操作能力较差。

相关职业:诗人、作家、指挥、作曲家、演员、商品设计师、记者、导演、画家、雕刻者、工艺设计师等。

C(常规型):常规型职业,是指那些须按照既定要求工作的,比较简单而又比较刻板的职业,如办公室事务员、非技术操作工等职业。

人格特征:自我抑制的、顺从的、防卫的、缺乏想象力的、持续稳定的、实际的、有秩序的、回避创造性活动等特征。

职业特征:严格按照固定的规则、方法进行重复性、习惯性的活动,希望较快地见到自己的劳动成果,有自控能力。

相关职业:会计、统计人员、信贷调查员、法庭速记员、银行出纳员、税务人员、仓库管理员、计算机操作员、价格计算人员、打字员、秘书、理发师、邮递员、图书馆员等。

二、职业能力与职业选择

我们这里所讲的能力，是指劳动者从事社会生产活动的能力，即职业工作能力。能力是一个人能否进入职业的先决条件，是能否胜任职业工作的主观条件。无论从事什么职业，总要有一定的能力作保证。没有任何能力，根本谈不到进入职业工作，对个人来讲，也就无所谓职业生涯可言。人在一生之中，要从事各种各样的社会生活和社会生产活动，必须具备多种能力与之相适应。

人的能力可分为一般能力和特殊能力两大类。一般能力通常又称为智力，包括注意力、观察力、记忆力、思维能力和想象力等，是人顺利完成各项任务所必须具备的一些基本能力。特殊能力是指从事各项专业活动的能力，也可称特长，如计算能力、音乐能力、动作协调能力、语言表达能力、空间判断能力等。由此可见，能力是一个人完成任务的前提条件，是影响工作效果的基本因素。因此，了解自己的能力倾向及不同职业的能力要求，对合理地进行职业选择具有重要意义。

不同职业对从业者能力倾向的要求是不同的。从事脑力和创造工作，包括科学、哲学、文学、艺术等，一般以认识能力为主要能力倾向。例如，从事科学理论研究需要有较强的推理能力，从事科学实验研究需要有较强的计算能力，从事工程设计工作需要有较强的空间关系想象能力，从事文艺创作工作需要有较强的形象思维能力。从事对物的工作，包括工农业、建筑业等，一般以实践操作能力为主要能力倾向。例如，从事打字工作需要有较高的知觉速度和手指灵活性，而从事对人的工作，包括社会服务业、经营管理、教育卫生工作等，一般以社会交往能力为主要能力倾向。如果能清楚地了解不同职业对从业者能力倾向的不同要求，并根据自己的能力倾向选择职业、专业，使个人的能力倾向与职业、专业所需的主要能力倾向基本吻合，则可能在就业后较快适应，较易成功。例如，动手能力较强，善于实践操作是主要能力倾向，就应选择“对物的工作”，不论是当厨师、木工、钟表修理工、汽车修理工，还是操纵机床、当流水线操作工、当拖拉机手，都能发挥自己的优势，较快胜任。如果更细致一点分析，则手指灵巧程度特别高的应选择精密仪器装配、钟表修理、纺织等职业，而创造制作能力较高的应选择工艺制作、雕刻、冷盘点心师等职业更合适。

从能力差异的角度来看，在职业选择时应遵循以下原则：

1. 注意能力类型与职业相吻合

人的能力类型是有差异的，即人的能力发展方向存在差异。职业研究表明，职业也是可以根据工作的性质、内容和环境而划分为不同的类型的，并且对人的能力也有不同的要求，因而应注意能力类型与职业类型的吻合。能力水平要与职业层次一致或基本一致。对一种职业或职业类型来说，由于所承担的责任不同，又可分为不同层次，不同的层次对人的能力有不同的要求。因此，在根据能力类型确定职业类型后，还应根据自己所达到或可能达到的能力水平确定相吻合的职业层次。只有这样，才能使能力与职业的吻合具体化。

充分发挥优势能力的作用。每个人都具有一个由多种能力组成的能力系统，每个人在这个能力系统中，各方面能力的发展是不平衡的，常常是某方面的能力占优势，而另一些方面的能力则不太突出，对职业选择和职业指导而言，应主要考虑其最佳能力，选择最能运用其优势能力的职业。同样，在人事安排中，如能注重一个人的优势能力并分配相应的工作，则会更好地发挥一个人的作用。

2. 注意一般能力与职业相吻合

不同的职业对人的一般能力的要求不同。有些职业对从业者的智力水平有绝对的要求，如律师、工程师、科研人员、大学教师等都要求有很高的智商，智力在相当大的程度上决定着其所从事的职业类型。

3. 注意特殊能力与职业相吻合

要顺利完成某项工作，除要具有一般能力外，还要具有该项工作所要求的特殊能力。如从事教育工作需要有阅读能力和表达能力；从事数学研究需要具有计算能力、空间想象能力和逻辑思维能力。法官就应具有很强的逻辑推理能力，却不一定有很强的动手能力；而建筑工应有一定的空间判断能力，但对语言表达能力却要求不高。

三、职业能力测评

根据不同职业对能力的要求，职业能力测评主要包括言语能力测评、人际交往能力测评、创造力测评、适应能力测评等四个方面。

(一)言语能力测评

下面每道题给出一句子和四个词，请你从所给的四个词中选出一个词填入句中空格内，从而使句子的意思表达得最准确。

(1)标志着该省落实这项工程的工作进入了全面__________的阶段。

A. 实行　　B. 开展　　C. 实施　　D. 落实

(2)他的这一卑鄙行径遭到新闻媒介的普遍__________。

A. 讨伐　　B. 抨击　　C. 反对　　D. 抗议

(3)生产的社会化要求企业内部实现__________的分工合作。

A. 周密　　B. 周全　　C. 具体　　D. 完备

(4)科学技术的一体化在今天日益明显，科学技术对社会的__________已为世人瞩目。

A. 打击　　B. 冲击　　C. 冲荡　　D. 作用

(5)以关东军为代表的日本军国主义者自明治维新以来一直坚持__________战争政策。

A. 奉行　　B. 执行　　C. 遵守　　D. 信奉

(6)音乐电视这种舶来的艺术形式，已在中国民族化的过程中，__________出了一条成功的路子。

A. 探索　　B. 摸索　　C. 创造　　D. 发展

(7)这几个参赛节目具有较厚实的文化__________。

A. 底蕴　　B. 基础　　C. 含义　　D. 内蕴

(8)中华白暨豚每年都会游回珠江三角洲地区__________后代。

A. 繁殖　　B. 生殖　　C. 生育　　D. 养育

(9)近年来我国农业出现了一些不容忽视的问题:农产品收购价格的__________幅度低于农业生产资料价格的__________幅度，增产不增收的__________比较突出。

A. 上涨 增长 事件　　B. 增长 上涨 现象

C. 增长 增长 事例　　D. 上涨 上涨 现象

(10)国有大中型企业要__________市场，必须转换__________机制，使它们成为

__________经营、__________盈亏的商品生产者和经营者。

A. 走进 流通 个人 自主　　　　B. 面向 经营 自主 自负

C. 走进 经营 集体 自负　　　　D. 面向 管理 国家 承担

(11)请从给出的四句话中找出没有语病的一句：

A. 两国之间在和平共处五项原则基础上建立了外交关系，增进了友谊。

B. 根据和平共处五项原则，两国正式建立了外交关系，增进了友谊。

C. 在两国之间，根据和平共处五项原则的基础上，正式建立了外交关系，增进了友谊。

D. 由于和平共处五项原则的基础，两国正式建立了外交关系，增进了友谊。

(12)请把给出的四句话中表达有歧义的一句找出来：

A. 我们夜里登上泰山，准备第二天在山顶看日出。

B. 内涵是指概念所反映的事物的特点或本质。

C. 他批评了你的师傅不好。

D. 我认识厂长老王的弟弟。

(13)下列各句中，成语使用恰当的一句是：

A. 为了救活濒临倒闭的工厂，新上任的厂领导积极开展市场调查，狠抓产品质量和开发，可谓处心积虑。

B. 年初上海鲜牛奶市场竞相降价，销售价格甚至低于成本，这对消费者来说倒正好可以火中取栗。

C. 成都五牛俱乐部一二三线球队请的主教练及外援都是德国人，其雄厚财力令其他甲 B 球队望其项背。

D. "五四剧社"为百年校庆排练的话剧《蔡元培》是否会以全新的风格出现在舞台上，大家都拭目以待。

(14)下列没有语病的一句是：

A. 为什么对于这种浪费人才的行为，至今没有引起有关部门的重视呢？

B. 无论干部和群众，毫无例外，都必须遵守社会主义法制。

C. 马教授领导的科研组研制出能燃用各种劣质煤并具有节煤作用的劣质煤稳燃器，为节能作出了贡献。

D. 经过老主任再三解释，才使他怒气逐渐平息，最后脸上勉强露出一丝笑容。

(15)地方法院今天推翻了那条严禁警方执行市长关于不允许在学校附近修建任何等级的剧场的指示的禁令。地方法院究竟允许不允许在学校附近修建剧场呢？

A. 允许　　　　B. 不允许

C. 同允许和不允许无关　　　　D. 对允许和不允许不置可否

(16)下列句子中，成语使用正确的一句是：

A. 这些年轻的科学家决心以无所不为的勇气，克服重重困难，去探索大自然的奥秘。

B. 陕西剪纸粗犷朴实，简练夸张，同江南一带细致工整的风格相比，真是半斤八两，各有千秋。

C. 二战时，德国展开了潜艇战，用水声设备来寻找潜艇，成了同盟国要解决的首当其冲的问题。

D. 我国古塔的建造，其规模之大，分布之广，数量之多，层级之高，在古代建筑中是首屈一指的。

(17)下列各句中没有语病，且句意明确的一句是：

A. 县里通知说，让赵乡长本月15日前去汇报。

B. 睡眠三忌：一忌睡前不可恼怒；二忌睡前不可饱食；三忌卧处不可当风。

C. 文件对经济领域中的一些问题，从理论上和政策上作了详细的规定和深刻的说明。

D. 一个好的比喻，或为形似，或为神似，或为形神兼似，总是离不开相似这一根本特点。

(18)1957年西安灞桥出土的西汉初期的麻纸，是现存世界上最早的植物纤维纸。在此前后，新疆罗布淖尔、甘肃居延、陕西扶风、敦煌马圈湾、天水放马滩等地也都有西汉麻纸的发现。这些发现确凿表明，中国早在公元前2世纪就已发明了造纸术。由此可知：

A. 我国是世界上最早发明纸的国家。

B. 世界上最早的植物纤维纸在我国出土。

C. 我国目前发现的纸张均为西汉时期的。

D. 我国早在西汉时期已发明了造纸术。

(19)一般说来，考试的可靠性与考试题目的数量成正比。就好像投篮球，仅仅试投一两次，不能准确地反映出人的投篮水平，很容易受到偶然因素的影响。只有试投足够多的次数，才能做出准确的判断。但另一方面，题目数量的确定往往必须在花费尽可能少和考试的准确性尽可能高的要求之间加以权衡。这段话主要支持了这样一种观点，即试题数量的确定：

A. 应使考试费用达到最少。

B. 决定了考试是否能够考察出应试者的实际能力而不仅仅是他对特定的知识内容的记忆量。

C. 不会总能满足使考试成本最低的要求。

D. 决定于考试时间的长短。

(20)梵蒂冈是世界上最小的国家。它座落于罗马城西北角的高地上，面积仅0.44平方公里，由圣彼得广场、圣彼得大教堂、后花园和博物馆组成。梵蒂冈虽小，却“五脏俱全”，不仅拥有自己的国旗、国徽、国歌、货币、行政机构，还有天文台、直升飞机场和火车站。最能准确概括这段话主要意思的是：

A. 梵蒂冈是世界上最小的国家。

B. 梵蒂冈国家虽小，但拥有一个国家所必备的基本要素。

C. 梵蒂冈虽是小国，却有自己的国旗、国徽和各种其他国家都有的组织机构。

D. 梵蒂冈其实不能算作真正意义上的国家。

(21)鲁迅以反孔而著称。在鲁迅的许多作品中都明显具有反孔倾向。但这只是鲁迅思想与儒学关系的一个方面。孔子力图从“人心”上寻求救世的良药，鲁迅强调“国民性”在社会改造中的重要性；孔子的哲学是人学，鲁迅在西方文化中所摄取的是与分析哲学相对应的现代人本主义思潮。在鲁迅身上体现的那种以天下为己任的使命感，那种在思维方式上对整体性和自觉感悟的注重，都与孔子学说有关。这段话主要支持的观点是：

A. 鲁迅是一个以反孔著称的学者。

B. 鲁迅毕生致力于消除国民性中孔子学说的影响。

C. 孔子在文化深层上对鲁迅有一定影响。

D. 现代西方人本主义思潮对鲁迅有较大的影响。

(22)汽枪弹击碎玻璃的痕迹与其他膛线的枪支击碎玻璃的痕迹是不一样的。这是因为汽枪虽然有膛线,但它们用弹簧压缩空气作为动力来发射弹头,速度低、能量小、质量轻(每个汽枪枪弹重 0.5 克),所以汽枪撞击玻璃时,对玻璃的作用时间长,作用力小,穿透能力小。其玻璃击碎痕迹也不同于石击玻璃的痕迹。最能准确概括这段话主要意思的是:

A. 汽枪击碎玻璃的痕迹不同于其他枪支痕迹。

B. 汽枪弹击碎玻璃的痕迹之所以不同于其他枪支造成的痕迹是由于它是用弹簧压缩空气作为动力的。

C. 汽枪弹痕极易辨认。

D. 其他有膛线的枪支的弹痕也不同于石击玻璃的痕迹。

(23)早在 1941 年 12 月 3 日,延安新华广播电台就开办了日语广播,中国人民对外广播事业从此开始。现在,以延安新华广播电台为前身的中国国际广播电台使用 38 种外国语、汉语普通话和四种方言,每天累计播音 192 小时,是世界上规模和影响最大的三大广播电台之一。最能准确概括这段话主要意思的是:

A. 延安新华广播电台是中国人民开始对外广播事业的先驱。

B. 我国对外广播事业经过半个多世纪的发展已成绩斐然。

C. 中国国际广播电台享有世界声誉。

D. 中国国际广播电台是我国对外广播事业的阵地。

(24)新能源技术的发展与其他技术的发展一样,很大程度上受社会需要的制约。化石燃料价格的稳中有降使新能源技术的发展趋势减弱。但从长远看,科学的发展和资源条件的演变将推动能源技术的发展出现新的突破,产生真正代替化石能源技术的新能源技术。最能准确概括这段话主要意思的是:

A. 新能源的发展阻力很大。

B. 新能源不可能成为化石能源的替代产品。

C. 新能源技术虽在目前发展缓慢,仍是一项很有发展前途的技术。

D. 新能源必将代替化石能源。

(25)我国是发展中国家,经济文化比较落后,处在创业时期。即使经济有了大的发展,人民生活有了大的改善,仍然需要保持和发扬这种精神。要在广大干部群众中深入持久地进行艰苦创业精神的教育,引导人们正确认识国情,正确认识建设有中国特色社会主义的艰巨性和长期性,牢固树立勤俭建国、勤俭办一切事业的思想,大力发扬艰苦奋斗、励精图治、知难而进、自强不息的精神。最能准确概括这段话主要意思的是:

A. 我国是发展中国家,并且还处在创业时期。

B. 要不断加强艰苦创业精神教育,在全民族树立艰苦创业精神。

C. 社会主义是一项艰巨而又长期的建设事业。

D. 要引导人们正确认识国情。

(26)山西省神池县平均海拔 1 500 米,境内最高海拔 2 500 多米,全县山高沟深,风大沙多,气候凉,温度低,对农作物生长十分不利。农民自古靠种油料作物和小杂粮为生,平均亩产不过 100 多公斤,广种薄收。低产低效是这里长期贫困的主要原因。最能准确概括这段话主要意思的是:

A. 山西神池县地质地貌都很差。

B. 山西神池县的地理环境因素不利于农作物的生长。

C. 山西省神池县农民生活很苦。

D. 山西神池县是全国贫困县。

(27)《纽约时报》是美国最有影响的报纸。该报的版面在传统上比较严肃，新闻照片不多，并且尺寸也小。近年来，由于电视的影响和报业的竞争，《纽约时报》上新闻照片的尺寸也扩大了。从《纽约时报》看来，报纸运用照片，不只是作为活跃版面的手段，而且已成为报纸报道工作的重要环节。最能准确概括这段话主要意思的是：

A.《纽约时报》是美国最有影响的报纸。

B. 就连美国最有影响的《纽约时报》也不得不迫于竞争的压力对自己一贯的风格作出调整。

C.《纽约时报》以版面严肃著称。

D. 通过《纽约时报》改变版面传统的事例说明报纸运用照片已成为报纸报道工作的重要环节。

参考答案

(1)C　(2)B　(3)A　(4)B　(5)A　(6)A　(7)A　(8)A　(9)D　(10)B
(11)B　(12)C　(13)D　(14)C　(15)B　(16)D　(17)D　(18)D　(19)B　(20)B
(21)C　(22)B　(23)B　(24)C　(25)B　(26)B　(27)D

结果说明

如果你做对 23 道以上的题目，说明你有很强的言语能力；如果做对 18～23 道题，说明你的言语能力较强；如果做对 12～17 道题，表明你的言语能力一般；如果做对 12 道题目以下，表明你的言语能力比较差。

(二)人际交往能力测评

人际交往能力是人们在交往过程中所形成的一种互相表达某种信息或情感的能力。其首要功能是传达信息，然后根据这些信息随时对自己的生活、工作和学习进行调整和改善，从而以更加和谐的状态去适应社会的要求。人无法离群索居，每个人每天都需要从他人那里获得信息，学习他人的经验和智慧，合作完成工作，所以人际交往能力的培养是十分必要的。俄国作家果戈理说过，“在任何人身上都有其他人所没有的某种东西；在任何人身上并不是每一条神经都比别人灵敏，而只有友谊的交往和相互的帮助才会使所有的人都能鲜明地、多方面地看清所看对象。”

人际交往能力是人们社会生活的基本能力，也是一种状况适应能力，即一种愉快地调整与周围环境关系的能力。良好的交往能力是建立良好人际交往关系的基础和前提，它有利于心理的健康发展及自我意识的发展与完善，克服困难，促进事业的成功，并实现人生价值。各种职业都需要从业人员有一定的人际交往能力，对于教师、管理人员、外交人员、推销员、采购员、服务员、公关工作者、咨询人员、组织人事工作者、各种调解员、律师、导游、社会服务工作人员，以及社会学、心理学、教育学等学科的研究人员则要求有较高的人际交往能力。

请结合你自己的情况考虑下面的问题，回答“是”或“否”。

(1)你喜欢参加社交活动吗?
(2)你喜欢结交各行各业的朋友吗?
(3)你常常主动向陌生人作自我介绍吗?
(4)你喜欢发现他人的兴趣吗?
(5)你在回答有关自己的背景与兴趣的问题时感到为难吗?
(6)你喜欢做大型公共活动的组织者吗?
(7)你愿意做会议主持人吗?
(8)你与有地方口音的人交流有困难吗?
(9)你喜欢在正式场合穿礼服吗?
(10)你喜欢在宴会上致祝酒辞吗?
(11)你喜欢与不相识的人聊天吗?
(12)你喜欢在孩子们的联欢会上扮演圣诞老人吗?
(13)你在公司组织的集体活动中介意扮演逗人笑的丑角吗?
(14)你喜欢成为公司联欢会上的核心人物吗?
(15)你曾否为自己的演讲水平不佳而苦恼?
(16)你与语言不通的外国人在一起感到乏味吗?
(17)你与人谈话时喜欢掌握话题的主动权吗?
(18)你与地位低于自己的人谈话时是否轻松自然?
(19)你希望他人对你毕恭毕敬吗?
(20)你在酒水供应充足的宴会上是否借机开怀畅饮?
(21)你曾否因饮酒过度而失态?
(22)你喜欢倡议共同举杯吗?

评分与解释

本测验的答案并无正误之分。只是一般情况下,擅长于社交的人会倾向于以下答案:

(1)是 (2)是 (3)是 (4)是 (5)否 (6)是 (7)是 (8)否 (9)是
(10)是 (11)是 (12)是 (13)否 (14)是 (15)否 (16)否 (17)是 (18)是
(19)否 (20)否 (21)否 (22)是

检查你的答案,若与上述相应答案符合得1分,否则得0分。计算你的得分。

17~22分:说明你在各种各样的社交场合都表现得大方得体,从不拒绝广交朋友的机会。你待人真诚友善,不狂妄虚伪,是社交活动中倍受欢迎的人物,也热衷于公共事业。

11~16分:说明你在大多数社交活动中表现出色,只是有时尚缺乏自信心,今后要特别注意主动结交朋友。

5~10分:也许是由于羞怯或少言寡语的性格,你没有表现出足够的自信。当你应该以轻松、热情的面貌出现时,你却常常显得局促不安。

4分以下:说明你是一位孤独的人,不喜欢任何形式的社交活动。你难免被人视为古怪之人。

(三)创造力测评

创造力是指产生新思想,发现和创造新事物的能力。它是成功地完成某种创造性活动所必需的心理品质。创造力与一般能力的区别在于它的新颖性和独创性。它的主要成分是发散思维,即无定向、无约束地由已知探索未知的思维方式。美国心理学家吉尔福特的研究认为创造性人格特点有八个方面:有高度自觉性和独立性;有旺盛的求知欲;有强烈的好奇心;善于观察事物,知识面宽;要求严格,工作有条理,准确性高;兴趣广泛,想象力丰富,直觉敏锐,喜欢抽象思维;有个性和独特天赋;意志坚强,不怕干扰,对有兴趣的事长期关注。美国心理学家尤金·劳德赛设计了下面的测验题,并指出实验者只需10分钟左右的时间,就可以测出自己的创造力水平。

测验时,只需在每一句话后面,用一个字母表示同意、不同意或不清楚。A代表同意,B代表不同意,C代表吃不准或不清楚。必须准确、诚实作答:

(1)我不做盲目的事,也就是我总是有的放矢,用正确的步骤来解决每一个正确的具体问题。

(2)我认为,只提出问题而不想获得答案,无疑是浪费时间。

(3)无论什么事情要我发生兴趣,总比别人困难。

(4)我认为合乎逻辑的、循序渐进的方法,是解决问题的最好方法。

(5)有时,我在小组里发表的意见,似乎使一些人感到厌烦。

(6)我花大量时间来考虑别人事后怎么看我的。

(7)我自认为是正确的事,比力求博得别人的赞同重要得多。

(8)我不尊重那些做事似乎没有把握的人。

(9)我需要的刺激和兴趣比别人多。

(10)我知道如何在考验面前,保持自己内心的镇静。

(11)我能坚持很长一段时间来解决难题。

(12)有时我对事情过于热心。

(13)在特别无事可做时,我倒常常想出好主意。

(14)在解决问题时,我常常单凭直觉判断正确或错误。

(15)解决问题时,我分析问题较快,而综合所收集的资料较慢。

(16)有时我打破常规去做我原来并未想到要做的事。

(17)我有搜集东西的兴趣。

(18)幻想促进了我许多重要计划的提出。

(19)我喜欢客观而有理性的人。

(20)如果要我在本职工作之外的两种职业中选择一种,我宁愿当一个实际工作者,而不当探索者。

(21)我能与我的同事或同行们很好地相处。

(22)我有较高的审美感。

(23)在我一生中,我一直在追求着名利和地位。

(24)我喜欢那些坚信自己结论的人。

(25)灵感与成功无关。

(26)争论时使我感到高兴的是,原来与我观点不一致的人变成了我的朋友,即使牺牲我原先的观点也在所不惜。

(27)我更大的兴趣在于提出新建议,而不在设法说服别人接受建议。

(28)我乐意自己一个人整日“深思熟虑”。

(29)我往往避免做那种使我感到“低下”的工作。

(30)在评价资料时,我觉得资料的来源比其内容更重要。

(31)我不满意那些不确定和不可预计的事。

(32)我喜欢一味苦干的人。

(33)一个人的自尊比得到别人的敬慕更重要。

(34)我觉得力求完美的人是不明智的。

(35)我宁愿和大家一起工作而不愿意单独工作。

(36)我喜欢那种对别人产生影响的工作。

(37)在生活中,我常碰到不能用“正确”或“错误”来加以判断的问题。

(38)对我来说,“各得其所”“各在其位”是很重要的。

(39)那些使用古怪和不常用词语的作家,纯粹是为了炫耀自己。

(40)许多人之所以感到苦恼,是因为他们把事情看得太认真了。

(41)即使遭到不幸、挫折和反对,我仍然能对我的工作保持原来的精神状态和热情。

(42)想入非非的人是不切实际的。

(43)我对“我不知道的事”比“我知道的事”更感兴趣。

(44)我对“这可能是什么”比“这是什么”更感兴趣。

(45)我经常为自己在无意中说话伤人而闷闷不乐。

(46)纵使没有报答,我也乐意为新颖的想法花费大量的时间。

(47)我认为“出主意很了不起”这种说法是中肯的。

(48)我不喜欢提出那种显得无知的问题。

(49)一旦任务在肩,即使受到挫折,我也要坚决完成。

(50)从下面描述人物性格的形容词中,挑选出10个你认为最能说明你性格的词。

精神饱满的	有说服力的	实事求是的
虚心的	观察敏锐的	谨慎的
束手无策的	足智多谋的	自高自大的
有主见的	有献身精神的	有独创性的
性急的	高效的	乐于助人的
坚强的	老练的	有克制力的
热情的	时髦的	自信的
不屈不挠的	有远见的	机灵的
好奇的	有组织力的	铁石心肠的
思路清晰的	脾气温顺的	爱预言的
拘泥形式的	不拘礼节的	有理解力的
有朝气的	严于律己的	精干的
讲实惠的	一丝不苟的	谦逊的

严格的　　感觉灵敏的　　无畏的

复杂的　　漫不经心的　　柔顺的

创新的　　泰然自若的　　渴求知识的

实干的　　好交际的　　善良的

孤独的　　不满足的　　易动感情的

计分标准

计算上述 1～49 题的总分，参见下表。

题号	A	B	C	题号	A	B	C	题号	A	B	C
1	0	1	2	18	3	0	−1	35	0	1	2
2	0	1	2	19	0	1	2	36	1	2	3
3	4	1	0	20	0	1	2	37	2	1	0
4	−2	0	3	21	0	1	2	38	0	1	2
5	2	1	0	22	3	0	−1	39	−1	0	2
6	−1	0	3	23	0	1	2	40	2	1	0
7	3	0	−1	24	−1	0	2	41	3	1	0
8	0	1	2	25	0	1	3	42	−1	0	2
9	3	0	−1	26	−1	0	2	43	2	1	0
10	1	0	3	27	2	1	0	44	2	1	0
11	4	1	0	28	2	0	−1	45	−1	0	2
12	3	0	−1	29	0	1	2	46	3	2	0
13	2	1	0	30	−2	0	3	47	0	1	2
14	4	0	−2	31	0	1	2	48	0	1	3
15	−1	0	2	32	0	1	2	49	3	1	0
16	2	1	0	33	3	0	−1				
17	0	1	2	34	−1	0	2				

第 50 题的计分参考如下：

下面每个形容词得 2 分：

精神饱满的　　观察敏锐的　　不屈不挠的

柔顺的　　足智多谋的　　有主见的

有献身精神的　　有独创性的　　感觉灵敏的

无畏的　　创新的　　好奇的

有朝气的　　热情的　　严于律己的

下面每个形容词得 1 分：

自信的　　有远见的　　不拘礼节的

一丝不苟的　　虚心的　　机灵的　　坚强的

其余:0 分。

结果说明

如果你的分数在 110～140 分间,说明你的创造力非凡;
如果你的分数在 85～109 分间,说明你的创造力很强;
如果你的分数在 56～84 分间,说明你的创造力强;
如果你的分数在 15～55 分间,说明你无创造力。

(四)适应能力测评

适应能力是人的一种综合心理特征,是人适应周围环境的能力。适应能力强的人,在遇到各种复杂、紧急、令人恐惧或危险的情况时,能发挥自己的原有能力,具有摆脱困境的力量。适应能力弱的人,遇到特殊情况紧张、不知所措,发挥失常。

适应能力强的人一般具有以下特征:一是有独立自主的性格;二是能借鉴过去成功与失败的经验教训;三是具有明确的人生目标,并且深知取胜之道;四是有稳定的性格,且确立了一定的价值尺度;五是有较强的判断力和自我克制力;六是善于体察别人的利害关系和有关情况。

作为一名大学生,在选择职业前,应了解自己的适应能力,同时,在学习、生活实践中,不断培养和提高自己的适应能力,为职业选择和事业成功打好基础。

下面是 20 道适应能力测验题,请在下列各题所列备选答案中选择最符合你的一项。

(1)在嘈杂、混乱的环境里,你?

1)总觉很烦,不能静下心来读书。

2)仍能集中精力学习,但效率降低了。

3)不受影响,照常学习。

(2)受到别人的批评,你?

1)想找机会反过来批评他。

2)想查明受批评的原因。

3)想直接听一下批评的理由。

(3)假如你的朋友突然带来一个你最不喜欢的人到你家里,你会?

1)表示惊奇。

2)把你的感觉完全隐藏着。

3)暂时忍耐,以后再把实情告诉你朋友。

(4)你同意下列哪一种观点?

1)为了深入地了解自己的国家,学习外国的东西是件好事。

2)外国的事与我们没有任何关系。

3)学习外国的东西比学习本国的东西更有兴趣。

(5)每次参加正式的考试或竞争,你?

1)常常比平时的成绩更好些。

2)常常不如平时的成绩。

3)和平时的成绩差不多。

(6)你赞成下面哪一种说法?

1)只要是正确的,就坚持,不怕打击,敢于孤立。
2)在矛盾方面让一让,就过去了。
3)尽量求和平,把批评和斗争降到最低的程度。
(7)当你选择衣服时,你?
1)总是固定在一种款式上。
2)跟随新潮流,希望合适自己。
3)在选定以前,先听取陪同的朋友或售货员的意见。
(8)当情况紧迫时,你?
1)仍能注意到应该注意的细节。
2)粗心大意,丢三落四。
3)慌慌张张。
(9)遇到难题时,你?
1)毫不犹豫地向有关专家征求意见。
2)经常向熟人请教。
3)很少麻烦别人。
(10)参加各种比赛时,赛场越激烈,群众越加油,你的成绩?
1)越好。
2)越上不去。
3)不受影响。
(11)你骑车去一个较远的地方参加社交活动,中途找不到路标,你?
1)赶快查自带的地图。
2)大声埋怨,不知何时才能到达目的地。
3)耐心等待过路车或有人走过时,问个清楚。
(12)你符合下面哪一种情况?
1)不安于现状,总想改变点什么。
2)凡事只求"规范",不办破格的事。
3)礼貌要讲,但事也要办。
(13)当你知道将要有不愉快的事时,你会?
1)自己进入紧张状态。
2)相信事实并不会如预料的厉害。
3)感觉完全有办法应付。
(14)为了给人留下好印象,你?
1)想方设法,并花一定时间考虑计划。
2)不特意去做,但有机会就利用。
3)根本不想在别人面前做这种事。
(15)对自己的某次失败,你?
1)只要别人有兴趣随时都会告诉他。
2)只在谈话时顺便说出来。
3)决不说,怕会被别人抓住弱点,对自己不利。

(16)对团体或社会性的集会,你?

1)总是想领导讨论。

2)只有在知道讨论的题目时才参加。

3)讨厌在集会上说话,所以不参加。

(17)必须在大庭广众面前讲话时,你。

1)因怯场,便不知所措或说话结结巴巴。

2)感觉虽然难,但还是想方设法完成。

3)侃侃而谈。

(18)假如自己被登报时,你?

1)有点自豪,但不以为然。

2)很高兴,想让朋友也看看。

3)完全不感兴趣。

(19)和别人争吵起来时,你?

1)能有力地反驳对方。

2)常常语无伦次,最后才想起如何反驳对方,可是已经晚了。

3)能反驳,但无多大力量。

(20)碰到阻力或困难时,你?

1)经常改变既定的主意。

2)不改变既定的主意。

3)越有干劲。

结果说明:

选择上述问题态度越积极的答案,表明你的适应能力越强。表明最积极的选项为3分,次积极的选项为2分,不积极的选项为1分。如果你的得分为40～60分,就表明你的适应能力很不错;得分为20～40分,就说明你的适应能力尚可;得分为20分以下,则说明你的适应能力还需要大力加强。

四、MBTI人格理论

心理学中,人格指一个人在一定情况下对所作行为反应的特质,即人们在生活、工作中独特的行为表现,包括思考方式、决策方式等。世界上关于人格理论的划分有很多种,目前国际上最流行、在企业中应用最广泛的就是MBTI理论。MBTI由美国的心理学家Katherine Cook Briggs (1875－1968) 和她的心理学家女儿Isabel Briggs Myers根据瑞士著名的心理分析学家Carl G. Jung的心理类型理论和她们对于人类性格差异的长期观察和研究而著成。在美国每年约有300万人以上参加MBTI的测评和培训,在世界500强企业,如迪斯尼、百事可乐、西南航空公司等,约有80%以上的高层管理者使用过这个工具。MBTI是当今世界上应用最广泛的性格测试工具。它已经被翻译成近20种主要的世界语言。

MBTI的人格类型分为四个维度,每个维度有两个方面,共计八个方面,即共有八种人格特点,具体如下:

(1)我们与世界相互作用的方式:分为外向(E)和内向(I)。

(2)我们获取信息的主要方式:分为感觉(S)和直觉(N)。

(3)我们的决策方式:分为思考(T)和情感(F)。

(4)我们的做事方式:分为判断(J)和知觉(P)。

在以上四个维度上,每个人都会有自己天生就具有的倾向性,也就是说,处在两个方向分界点的这边或那边,我们称之为“偏好”。例如:如果你落在外向的那边,称为“你具有外向的偏好”;如果你落在内向的那边,称为“你具有内向的偏好”。

在现实生活中,每个维度的两个方面你都会用到,只是其中的一个方面你用得更频繁、更舒适,就好像每个人都会用到左手和右手,习惯用左手的人是左撇子,习惯用右手的人是右撇子。同样,在四个维度上你用得最频繁、最熟练的那种方式就是你在这个维度上的偏好,而这四个偏好加以组合,就形成了你的人格类型,它反映了你在一系列心理过程和行为方式上的特点。MBTI 人格理论将人们在四个维度上的偏好加以组合,一共可以组成 $2\times2\times2\times2=16$ 种人格类型。

MBTI 主要用于了解受测者的处事风格、特点、职业适应性、潜质等。使用 MBTI 进行测试能够让人们更好地认识和了解自己,从而提供合理的工作及人际决策建议。根据 MBTI 理论,每种个性类型均有相应的优点和缺点、适合的工作环境、适合自己的岗位特质。使用 MBTI 进行职业生涯规划的关键在于如何将个人的人格特点与职业特点进行结合。职业咨询专家认为,大部分人在 20 岁以后会形成稳定的 MBTI 类型,此后基本固定。当然,MBTI 的类型会随着年龄的增加、经验的丰富而发展完善。

第三节　职业环境认知

所谓“知己知彼,百战不殆”,要进行职业生涯规划,除了全面认识自己,还必须充分考虑来自外部环境的影响。职业环境认知,就是要认清所选职业在社会大环境中的发展状况、技术含量、社会地位、未来发展趋势等。总的来说,职业环境主要包括社会环境、行业环境、企业文化等几个方面的内容。

一、社会环境

社会环境对每个人的职业生涯及发展都有重大的影响。社会环境认知,就是对我们所处的社会政治环境、经济环境、文化环境等宏观因素进行分析,通过对社会大环境进行分析,了解和认清国际、国内及地区的政治、经济、科技、文化、法制建设、政策要求和发展方向,以寻求各种发展机会。

影响职业生涯的社会环境因素主要包括以下几个方面:

(1)经济发展水平。经济发展水平是影响大学生就业的最根本因素。近几年我国经济增长一直保持较高的速度,中国经济已经成为世界经济增长的“火车头”,这对缓解我国高校毕业生就业压力起到了决定性的作用。我国经济的持续、健康、快速发展将直接拉动和促进高校毕业生的就业。同时,经济增长方式的根本转变、经济结构的优化升级和我国工业化、信息化、城镇化、市场化进程的不断加快,将为高校毕业生创造更多施展才华的空间。另外,对不同地区来讲,经济发展水平高的地区,企业相对集中,优秀企业也就比较多,个人职业选择的机会就比较多,因而有利于个人职业的发展;反之,经济落后的地区,个人职业选择的机会就相对较少,个人职业发展也会受到限制。

(2)社会文化环境。社会文化是影响人们行为、欲望的基本因素。它主要包括教育水平、教育条件和社会文化设施等。在良好的社会文化环境中,个人受到良好的教育和熏陶,从而为职业发展打下更好的基础。

(3)价值观念。一个人生活在社会环境中,必然会受到社会价值观念的影响,大多数人的价值取向,在很大程度上符合社会主流价值取向。一个人的思想发展、成熟的过程,其实就是认可、接受社会主体价值观念的过程。社会价值观念正是通过影响个人价值观而影响个人职业选择的。

(4)政治制度和氛围。政治和经济是相互影响的,政治不仅影响到一国的经济体制,而且影响着企业的组织体制,从而直接影响到个人的职业发展;政治制度和氛围还会潜移默化地影响个人的追求,从而对职业生涯产生影响。

通过分析和了解影响职业的社会环境因素,有助于大学生制订正确的职业生涯规划,使个体在变化的社会环境中不断取得职业生涯的发展。

二、行业环境

选择行业是一个人一生中重大的决定,它对一个人的生活有着多方面的影响。也就是说,一个人选择什么样的工作就会有什么样的生活状态,因为工作与生活是息息相关、互相影响的。行业环境分析的内容包括行业发展现状,国际国内重大事件对该行业的影响,目前行业的优势何在,存在的问题是什么,行业发展前景预测等。

行业与职业不同,行业是企业的集合。从事同类产品的生产销售企业或提供类似服务的企业达到一定的数量才能形成一定的行业。例如家电行业,就包括生产电视机、空调、冰箱、洗衣机等不同类型具体产品的若干家企业。在同一行业内,可以从事不同的职业。

在分析行业环境时,一定要结合社会大环境的发展趋势。科学技术的飞速发展,会使某些行业逐渐萎缩,而一些有发展前途的朝阳行业不断出现、发展起来。同时,还要注意国家政策的影响,要了解国家对某一行业是支持、鼓励和引导,还是限制、控制和制约。要尽量选择那些有前景、发展空间较大的行业。

三、企业文化

企业文化是企业发展过程中逐步形成和培育起来的具有本企业特色的企业精神、发展战略、经营思想和管理理念,是企业员工普遍认同的价值观、企业道德观及其行为规范。

企业文化决定一个企业如何看待员工,所以企业文化对员工的职业生涯影响比较大。一个主张员工参与管理的企业显然比一个独裁的企业能为员工提供更多的发展机会;渴望发展、追求挑战的员工也很难在论资排辈的企业中受到重用。当然,一个人的价值观与企业文化有冲突,难以适应企业文化,这也决定了他在组织中难以得到发展。所以企业文化是一个人在制订职业生涯规划时应该考虑的一个重要因素。

企业文化通常是由企业的精神文化、制度文化、行为文化和物质文化四个层次构成的。

1.企业精神文化

企业的精神文化是用以指导企业开展生产经营活动的各种行为规范、群体意识和价值观念的总称,是以企业精神为核心的价值体系。

企业精神是企业价值观的核心。企业精神是企业广大员工在长期的生产经营活动中逐步形成的，并经过企业家有意识地概括、总结、提炼而得到确立的思想成果和精神力量，它是企业优良传统的结晶，是维系企业生存发展的精神支柱。企业精神是由企业的传统、经历、文化和企业领导人的管理哲学共同孕育的，集中体现了一个企业独特的、鲜明的经营思想和个性风格，反映着企业的信念和追求，也是企业群体意识的集中体现。企业精神具有号召力、凝聚力和向心力，是一个企业最宝贵的经营优势和精神财富。正如美国IBM的董事长小托马斯·沃森所说："一个组织与其他组织相比较取得何等成就，主要决定于它的基本哲学、精神和内在动力，这些比技术水平、经济资源及组织机构革新和选择时机等重要得多。"

2. 企业制度文化

企业制度文化是企业文化的重要组成部分，它是企业为实现自身目标对员工的行为给予一定限制的文化，它对员工具有共性和强有力的行为规范的要求，它是企业文化的中介和桥梁，把企业文化中的物质文化和精神文化有机地结合成一个整体。

企业制度文化作为企业文化中人与物、人与企业运营制度的中介和结合，是一种约束企业和员工行为的规范性文化。它使企业在复杂多变、竞争激烈的环境中处于良好的状态，促使企业员工在施工管理和实际操作中，严格执行企业各项施工管理制度、安全措施，从而保证管理目标的实现。企业的制度文化包括企业的经营制度、培训制度、晋升制度、绩效考核制度、奖惩制度、薪酬制度等。

3. 企业行为文化

企业行为文化是指企业员工在生产经营、学习娱乐中产生的活动文化。它包括企业经营、教育宣传、人际关系活动、文娱体育活动中产生的文化现象。它是企业经营作风、精神面貌、人际关系的动态体现，也是企业精神、企业价值观的折射。从人员结构上划分，企业行为中又包括企业家的行为、企业模范人物的行为、企业员工的行为等。

4. 企业物质文化

企业文化作为社会文化的一个子系统，其显著的特点是以物质为载体，物质文化是它的外部表现形式。优秀的企业文化是通过重视产品的开发、服务的质量、产品的信誉和企业生产环境、生活环境、文化设施等物质现象来体现的。

四、企业实力及领导人的素质和价值观

企业实力包括企业在社会中的地位和声望如何，企业发展领域在哪些方面，发展前景如何，企业的战略目标是什么，技术力量和设施是否先进，在本行业中是否具有较强的竞争力，是发展扩张还是倒退紧缩，谁是企业的竞争对手，企业目前的财务状况如何，企业有没有长久的生命力，企业的组织机构是怎样的等方面。

企业的文化和管理风格与其主要领导人的素质、能力和价值观有直接的关系，企业主要领导人的抱负和能力是企业发展的决定性因素。而个人在职场的成功与否在很大程度上取决于自己的老板。很多成功的大企业都有一个出色的企业家作为掌舵领航人。因此，职业生涯规划要了解企业主要领导人是真心想干一番事业，还是想捞取名利；管理是否先进、民主；企业领导人有无战略眼光和足够的能力带领员工开拓新的天地等。

五、大学生就业环境

中国是世界上最大的发展中国家，也是人口最多的国家，就业问题一直是政府和民众最为

关心的社会问题之一。中国用短短的几年时间，就走完了发达国家用几十年才完成的高等教育由精英化到大众化的转变过程，高校毕业生人数自扩招以来逐年增长。而当高等教育进入大众化阶段，大学毕业生就业的大众化趋势也就不可避免，大学毕业生就业方式也必然由精英化走向大众化。当中国这个转变过程与经济转轨、社会转型和就业人口高峰交织在一起时，大学毕业生就业问题就显得格外突出，高校毕业生就业问题越来越受到政府和全社会的关注。

近几年，我国在毕业生就业制度改革和建设方面取得了许多成就。一是确立了与社会主义市场经济体制相适应的高校毕业生就业制度，即"市场导向、政府调控、学校推荐、学生与用人单位双向选择"的就业制度；二是建立了"中央和地方两级管理、以地方为主"的管理体制，形成了"上下联动、齐抓共管"的良好局面和工作机制；三是初步形成了促进毕业生就业的政策框架体系，创造了良好的政策环境；四是初步建立了毕业生就业服务工作体系。这些都为毕业生就业创造了良好的环境。从总体上讲，我国高校毕业生就业环境既面临着一些问题，也有许多有利的方面。

（一）毕业生就业形势不容乐观

(1)毕业生人数不断增加。1999 年全国普通高校开始大规模扩招，从 2003 年开始毕业生人数不断增加。据统计，2006 年全国普通高校毕业生突破 400 万大关，达到 413 万人，比上年增加 75 万人；2007 年全国普通高校毕业生人数达到 495 万人，比 2006 年增加 82 万人；2008 年，全国普通高校毕业生达 559 万人，比 2007 年增加 64 万人；2009 年全国高校毕业生人数为 610 万，比 2008 年增加 51 万人。从上述数字可以看出，近几年我国高校毕业生数量连年创出新高，而且呈现出总量大、增幅高的特点。

(2)社会总体就业形势严峻。当前，我国面临着企业下岗失业人员再就业、城镇新成长劳动力就业和农村富余劳动力转移就业同时出现的三峰叠加局面，劳动力总量供大于求的基本就业格局将维持很长一段时间。从 2007 年开始，由美国次贷危机引发的金融危机迅速波及全球，在此影响下，我国许多企业纷纷裁员减薪，以此来减少企业的人力成本，使大学生就业形势雪上加霜。

(3)世界贸易摩擦波及就业。尽管我国进出口贸易增长势头强劲，但一系列信号表明：中国外部贸易环境趋紧，总体形势不容乐观。从国际形势看，我国已进入国际贸易摩擦高发期，已连续 9 年位列反倾销对象榜首。从加入 WTO 至今，国外共发起 707 起针对或涉及中国产品的反倾销、反补贴、保障措施及特保措施调查案件，特别是纺织品配额取消后，全球已形成以美国为首的限制中国大陆纺织品进口的同盟，对我国产品的反倾销已从发达国家扩大到发展中国家，产品从纺织品扩大到电子、五金和机电产品。国家某权威机构的一份研究报告称，目前的出口高速增长难以持续，这对我国经济增长将产生重要影响，由此波及这些行业的就业，进而影响这些需求大户对高校毕业生的吸收。

(4)结构性矛盾依然存在。从地区分布看，东部省市吸纳了全国 50％以上的高校毕业生，西部省区接收高校毕业生的比例不足 20％，东部需求旺盛、西部需求不足和"孔雀东南飞"的现象依然存在。从学历层次看，高职高专毕业生仍然是就业的难点和重点。从学科专业看，工科和应用性较强的学科专业就业形势较好，而一些"时髦专业"和文科专业就业出现困难。专业趋同现象和学校的知名度对高校毕业生就业也产生了重要影响。

(5)一些新情况值得关注。一是用人需求越来越向重点大学集中，一些地方院校的毕业生就业难度增大；二是高校毕业生“重心”下移受阻，由于下岗失业人员、中学毕业生、农民工等的抢占和挤压，一些低端岗位被多方占领；三是研究生就业率开始出现下降的趋势，把握好节奏、调整好结构已是当务之急；四是近年来待就业毕业生有增加的趋势，就业竞争将会越来越激烈；五是社会的有效需求赶不上高校毕业生的快速增长。另外，东部一些中心城市限制人口政策的出台，有可能引起社会不必要的恐慌，应该未雨绸缪，防患于未然。

（二）毕业生就业面临的有利条件和难得的历史机遇

1. 党和政府高度关注大学生就业

党的“十七大”报告指出，“就业是民生之本。要坚持实施积极的就业政策，加强政府引导，完善市场就业机制，扩大就业规模，改善就业结构。”胡锦涛总书记、温家宝总理多次作出重要批示，要求各级党委、政府全力做好大学生就业创业工作，并多次在有关会议上强调做好毕业生就业工作的重要性。各级党委、政府也把高校毕业生就业工作摆上重要议程，突出其重要位置，采取了多种措施，积极推动和促进高校毕业生就业。目前，全国已初步形成了党委统一领导、政府统筹协调、部门密切配合、社会各界大力支持的良好格局，高校毕业生就业工作日益成为涉及全局的重要工作。

为使高校毕业生就业率基本保持稳定并有所提高，从 2006 年起，教育部推行国家助学贷款代偿政策并进行农村教师岗位国家支持计划的试点。教育部再次重申，对就业率低于全国平均水平的地区和学校，要严格控制招生规模，对于就业率明显偏低的地区和学校要减少招生人数。同时，从 2006 年起，人事部、教育部等部门将组织高校毕业生到农村基层开展支教、支农、支医和扶贫工作，人事部等部门还将建立高校毕业生就业见习制度。国家发改委等部门表示，今年将建立就业评估、监测和预警机制，同时完善就业政策体系，加大对困难地区和困难群体的就业扶持力度。

2. 高校高度重视毕业生就业工作

自 2003 年以来，国家逐步把毕业生就业纳入高校考核的重要指标，突出强调毕业生就业在高校改革和发展中的重要作用，积极倡导并严格要求高校的“一把手”对本校毕业生就业工作负总责，一级抓一级，层层抓落实，不论是在硬件投入还是在软件建设方面都取得了突破性进展。一方面，各高校进一步加强毕业生就业指导和服务机构的建设，积极搭建和培育毕业生就业市场；另一方面，深化教育教学改革，推动了高校办学理念的转变，不断提高学生的综合素质，为毕业生就业打好基础；第三，许多高校都为大学生开设了毕业生就业指导课，有的还为低年级学生开设了职业生涯规划课程。这一系列措施，都从制度和机制上保证了高校毕业生就业工作的顺利进行。

3. 政策环境更加宽松有力

近年来，围绕推动和促进高校毕业生就业，国家出台了一系列方针政策，为毕业生充分就业提供了制度保障、政策保障和工作保障。例如，在自主择业方面，破除了一些部门限制和地区限制，毕业生可以在非常大的范围内自主选择工作单位；在自主创业方面，免除了创办企业的有关行政事业性收费项目，并可提供小额贷款资助；在鼓励下基层方面，除给予一定的生活保障外，在落户、职称、考研、考公务员等方面也享受优惠政策；在就业服务方面，不仅学校有周到的指导和服务，政府有关部门特别是人才市场、劳动力市场和毕业生就业市场也提供多种公益性服务；在择业期限方面，不仅毕业前可以进行选择，而且毕业后两年内仍可双向选择；在困难救助方面，毕业后可以登记失业，享受失业人员优惠政策，特别困难的还可以申请临时救助，可以得到比如生活救助、医疗救助、司法救助等方面的支持。可以说，现有政策涵盖了毕业生就业的各个方面，基本形成了比较完善的政策框架体系。

4.就业渠道更加多样化

随着社会的发展，科学技术的进步，大学生的就业渠道越来越多。以往大学生的就业渠道无非是学校推荐，熟人介绍，校园招聘会。但随着网络的发展，通过人才或就业网站进行的网上招聘也如火如荼。从2000年以来，政府部门招录公务员也为广大学子提供了一个很好的就业平台。政府为大学生提供的创业优惠条件，也吸引了很多有抱负的青年学子。另外，研究生的扩招也在一定程度上缓解了当前的就业压力。

5.基层大有可为

“猛将必拔于卒武，贤相必起于郡县”，自古是之。2005年6月，中共中央办公厅、国务院办公厅下发的《关于引导和鼓励高校毕业生面向基层就业的意见》指出，要完善鼓励高校毕业生到西部地区和艰苦边远地区就业的优惠政策，积极鼓励、支持高校毕业生到基层自主创业和灵活就业，大力支持各类中小企业和非公有制单位聘用高校毕业生。这个文件的出台从制度层面上固化了高校毕业生面向基层就业的渠道和途径，标志着引导和鼓励高校毕业生面向基层就业进入全面推进的新阶段。这是党中央、国务院从全局和战略的高度作出的一项重大决策，是事关党和国家事业发展、事关青年健康成长、事关和谐社会建设的重要工程，毕业生应抓住机遇，乘势而上，勇于到基层锻炼成长，努力在艰苦、复杂的环境中脱颖而出。

第五章 职业素质

第一节 职业基本素质准备

机会总是垂青有准备的人。一个人的文化知识水平及其综合素质与求职择业时的自由度和取得职业岗位的层次成正比。一个人的文化知识水平及综合素质越高，其择业的自由度就越大，取得的岗位层次就越高，反之亦然。要找到一个合适的职业并在事业上取得成功，必须不断提高职业所需要的基本素质。一般来说，职业所需要的基本素质主要包括职业道德素质、生理心理素质、专业知识和学习能力、团队精神、职业情商等五个方面。

一、职业道德素质

职业道德是指同人们的职业活动紧密联系的符合职业特点所要求的道德准则、道德情操与道德品质的总和。每个从业人员，不论是从事哪种职业，在职业活动中都要遵守职业道德。如教师要遵守教书育人、为人师表的职业道德，医生要遵守救死扶伤的职业道德等。职业道德不仅是从业人员在职业活动中的行为标准和要求，而且是本行业对社会所承担的道德责任和义务。职业道德是社会道德在职业生活中的具体化。大学生学习职业道德知识，对于今后从事职业活动具有重大意义。

（一）职业道德的内涵

首先，在内容方面，职业道德总是要鲜明地表达职业义务、职业责任以及职业行为上的道德准则。它不是一般地反映社会道德的要求，而是要反映职业、行业以至产业特殊利益的要求；它不是在一般意义上的社会实践基础上形成的，而是在特定的职业实践的基础上形成的，因而往往表现为某一职业特有的道德传统和道德习惯，表现为从事某一职业的人们所特有的道德心理和道德品质。其次，在表现形式方面，职业道德往往比较具体、灵活、多样。它总是从本职业交流活动的实际出发，采用制度、守则、公约、承诺、誓言、条例、标语、口号之类的形式。这些灵活的形式既易于为从业人员所接受和实行，又易于形成一种职业道德习惯。再次，从调节的范围来看，职业道德一方面是用来调节从业人员内部关系，加强职业、行业内部人员的凝聚力；另一方面，它可以用来调节从业人员与其服务对象之间的关系，用来塑造本职业从业人员的形象。最后，从产生的效果来看，职业道德与各种职业要求和职业生活相结合，形成比较稳定的职业心理和职业习惯。

（二）职业道德的特点

(1)职业道德具有适用范围的有限性。每种职业都担负着一种特定的职业责任和职业义务。由于各种职业的职业责任和义务不同,从而形成各自特定的职业道德的具体规范。

(2)职业道德具有发展的历史继承性。由于职业具有不断发展和世代延续的特征,因此不仅其技术世代延续,而且其管理员工的方法、与服务对象打交道的方法,也有一定历史继承性。如"有教无类""学而不厌,诲人不倦",从古至今始终是教师的职业道德。

(3)职业道德兼有强烈的纪律性。纪律也是一种行为规范,但它是介于法律和道德之间的一种特殊的规范。它既要求人们能自觉遵守,又带有一定的强制性。就前者而言,它具有道德色彩;就后者而言,又带有一定的法律的色彩。也就是说,一方面遵守纪律是一种美德;另一方面,遵守纪律又带有强制性,具有法令的要求。例如,工人必须执行操作规程和遵守安全规定,军人要有严明的纪律,等等。

(三)职业道德的基本要求

职业道德具有时代性和历史继承性。社会主义制度的建立使职业活动的性质和意义发生了根本变化,为职业道德的发展提供了更为广阔的空间,职业道德进入了新的发展阶段。社会主义职业道德继承了传统职业道德的优秀成分,体现了社会主义职业的基本特征,具有崭新的内涵。

1.爱岗敬业

爱岗敬业,反映的是从业人员热爱自己的工作岗位,敬重自己所从事的职业,勤奋努力,体现的是一种尽职尽责的道德操守。这是社会主义职业道德的最基本要求。

在社会主义条件下,对自己工作岗位的爱,对自己所从事职业的敬,既是社会的需要,也是从业者应该自觉遵守的道德要求。职业不仅是一个人谋生的手段,也是从业者不断完成自身社会化的重要条件,是个人实现自我、完善自我不可或缺的舞台。个人的发展和完善不能仅停留在愿望和决心上,而应付诸现实的行动,没有行动,一切都会流于空谈。因此,爱岗敬业所表达的最基本的道德要求就应当是:"干一行爱一行,爱一行钻一行","精益求精,尽职尽责""以辛勤劳动为荣,以好逸恶劳为耻"。这是社会对每个从业者的要求,更应当是每个从业者对自己的自觉约束。

2.诚实守信

诚实守信,既是做人的准则,也是对从业者的道德要求,即从业者在职业活动中应该诚实劳动,合法经营,信守承诺,讲求信誉。

诚实守信是人类千百年传承下来的优良道德传统,在社会主义社会应该继承并使之发扬光大。诚实守信不仅是从业者步入职业殿堂的"通行证",体现着从业者的道德操守和人格魅力,也是具体行业立足的基础。在职业活动中,缺失了诚信就会失去人们对自己的信任,失去社会的支持,失去成长和发展的机遇。诚实守信作为社会主义职业道德的基本要求,具有很强的现实针对性。由于我国社会主义市场经济还不完善,职业领域出现了一些不健康的现象,突出的表现之一,就是一些企业及其从业人员诚信的缺失,给社会主义市场经济的顺利发展带来了负面影响,扰乱了市场秩序,也败坏了企业的声誉。因此,在社会主义市场经济条件下,加强职业领域的诚信道德建设,非常必要,十分有用。

3.办事公道

办事公道,就是要求从业人员在职业活动中做到公平、公正,不谋私利,不徇私情,不以权损公,不以私害民,不假公济私。

在社会主义制度下,从业者之间以及从业者与服务对象之间都是平等的,他们的职业差别只是所从事的工作不同,而不是个人地位高低贵贱的象征。同时,职业的划分也不是为特殊的利益集团和个人创造谋取私利的机会,而是为了公平地满足人们的需要。所以,以公道之心办事就必然成为职业活动所必须遵守的道德要求。办事公道,就要做事讲原则,无论对人对己都要坚持实事求是,出于公心,不挟私欲,遵循道德和法律规范。

4.服务群众

服务群众,就是在职业活动中一切从群众的利益出发,为群众着想,为群众办事,为群众提供高质量的服务。

社会主义道德建设的核心是为人民服务,职业场所是体现这一核心要求的重要领域,职业活动是为人民服务具体的内容和表现形式,为人民服务的道德要求也在职业活动中表现出强大的生命力。职业活动的属性、目的不是任意确定的,而是要基于群众的需要;职业活动的价值评判标准掌握在服务对象手中,因此,服务群众必然成为职业活动的内在需要。在职业活动中提倡服务群众,并不是一个高不可攀的道德标准,在社会主义社会里,每个公民无论从事什么工作、能力如何,都能够在本职岗位上通过不同的形式为人民服务。每一个从业人员在职业活动中,都自觉遵循服务群众的要求,整个社会就会形成一种人人都是服务者,人人又都是服务对象的良好秩序与和谐状态。

5.奉献社会

奉献社会,就是要求从业人员在自己的工作岗位上树立奉献社会的职业精神,并通过兢兢业业的工作,自觉为社会和他人作贡献。这是社会主义职业道德中最高层次的要求,体现了社会主义职业道德的最高目标指向。爱岗敬业、诚实守信、办事公道、服务群众,都体现了奉献社会的精神。

尤其需要指出的是,提高廉政素质是我国当前职业道德建设的一个重要任务。廉政建设离不开对从业人员的职业道德特别是广大党政干部的从政道德教育,这对于提高整个社会的道德水平和人们的道德素质,营造良好的廉政氛围,具有重要的现实意义。这就需要把廉政教育作为岗前和在岗培训的重要内容,把廉政要求融入到党政机关开展的"做人民满意的公务员"和企事业单位的争优创先等活动中,促进广大从业人员尤其是党政干部提高自身素质,做到廉洁从政、廉洁从业,养成良好的职业习惯,树立起各具特色的行业新风。

二、生理心理素质

(一)生理素质

生理素质是指人体发育及体力、病症、耐力、体质等。它是支撑人体的物质基础,是人生存与发展的物质前提,是其他素质所依附的物质载体。良好的生理素质体现为健康的身体、强壮的体魄、健全的机能、充沛的精力等。有了这些,我们才能圆满地完成学业,毕业后愉快地走上工作岗位,在激烈的人才竞争中处于有利地位。

无论哪一种职业,对从事者的身体素质都有一定的要求,不少职业对从业者身体素质的要求还比较高。所以,大学生应该始终养成良好的生活习惯,积极参加体育锻炼,自觉遵守作息时间,养成良好的学习和生活习惯,不断提高自己的身体素质,以迎接社会的选择与职业的挑战。

(二)心理素质

心理素质是指人的心态、情感、毅力、精神及对外界各种反应的承受力。心理素质的好坏体现在心理状态的正常与否、个性心理品质的优劣、心理能力的强弱等方面,外部表现于行为习惯和社会适应状况。

在人的整个素质体系中,心理素质与思想道德素质、科学文化素质、技术技能素质、身体素质等一起构成了一个相互渗透、相互制约的辩证统一的完整体系。它不仅渗透和辐射到其他素质之中,影响和制约其他素质的形成和发展,而且是其他素质形成的基础。无论是政治思想的确立、优良品德的培养,还是知识技能的掌握、身体素质的增强,都离不开良好的心理素质。

良好的心理素质是未来社会对人才的基本要求。然而,长期以来,由于应试教育模式的影响,忽视了学生良好心理素质的培养,致使一些学生在心理素质的发展上存在不少问题。在现实生活中,个别学生受到一点批评就不思进取,遇到一次挫折就寻死轻生,碰到不如意、不顺心的事就意志消沉,有的为了一点琐碎小事大打出手,还有的在强者面前自卑自怜、趋炎附势,在弱者面前自高自大、趾高气扬。所有这些,都是个性不健全、心理素质不高的表现。当今的中国正处于经济和社会的转型时期,客观形势发生了一系列的变化,给大学生带来了一系列的心理矛盾和困惑,甚至导致心理障碍和疾病。许多不良的心理现象,如胆怯、自私、嫉妒、依赖、任性、自我中心等在很多学生身上都有体现。这些学生不仅无法适应未来市场竞争的形势与要求,在争取生存与发展权利时也会遇到更大的困难。因此,培养良好的心理素质,是事业成功的必要条件,是职业训练中不可忽视的重要方面。

(三)大学生必须具备的心理素质

1.良好的心理状态

大学时期正是一个人独立人格形成的关键时期,高压力与低承受力的状况很容易导致心理障碍的产生,势必影响健全人格的形成。外界压力不可避免,因此,就要求大学生提高心理承受能力,使自己保持良好的心理状态;对工作充满热情,对事业乐观自信;生活中学会自强自立,交往中注意自尊和尊他,遇挫折时善于调节情绪。有了良好的心态,就可克服心理挫折,增强心理防御能力;有了良好的心态,就能以振奋的精神和昂扬的斗志驾驭自己,战胜困难;有了良好的心态,有利于形成愉悦的心理环境,建立起良好的人际关系。因此,在工作、学习和生活中,必须使自己经常保持一种良好的心态。要养成和保持良好的心态,应注意以下几个方面:

(1)培养自我定向能力。要确立正确的人生观和价值观,热爱生命和工作,善待生活和事业。

(2)提高自我发展能力。要不断学习新知识,掌握新本领,不断发展自己,完善自己,提高自己处理问题的能力。

(3)掌握自我调控的本领。一方面,努力做到知己知彼,扬长避短,量力而行,乐观自信,不卑不亢,坚定而不固执,谦逊而不卑贱,温柔而不懦弱,和睦而不迁就,独立而不孤僻。另一方面,要学会调节自己的情绪,当遇到挫折而产生负面情绪时,能够运用各种心理调控方法加以排遣、摆脱、发泄、转移。

(4)增加人际交往的机会。通过人际交往增加人际沟通,获得各方面的支持,从而建立良好的人际关系。

2.健康的心理品质

心理现象包括心理过程和个性心理两大部分。心理过程又包括认识过程(感觉、知觉、思维、记忆、想象等)、情绪过程和意志过程。个性心理包括个性倾向性(兴趣、动机、需要、人生观等)和个性特征(能力、气质和性格)两大部分。心理品质即指上述心理结构诸成分的特色和性质。从高等教育的培养目标及未来就业需要来看,我们应着重在意志、创造、个性、性格等方面加强训练,逐步养成良好的品质。

(四)良好心理素质的培养

要培养良好的心理素质,培养良好的个性是前提条件,培养良好的适应环境、处理环境的能力是关键,培养良好的人际关系是重要保证。世界卫生组织提出的健康心理的标准为“三良”——良好的个性、良好的处世能力、良好的人际关系。培养良好的心理素质应将此作为重点,同时注意从以下几个方面做起:

(1)学习心理学知识,如针对学习、恋爱、职业选择等一些热点、焦点问题参加一些讲座,多渠道地接受心理卫生知识。

(2)实施心理保健,进行心理测试,了解心理特征,防止心理疾患。

(3)接受心理咨询,通过门诊、书信、电话、宣传等多种方式接受心理服务,释放心理压力,消除心理困扰。

(4)加强心理训练,针对自己的个性特征和心理弱点有计划地进行训练,以纠正不良心态,培养良好的心理素质。

总之,在市场经济体制和高新技术飞速发展的新形势下,我们不仅要学好基础知识,掌握特定的专业技能,还要使自己具有强壮的体魄和健康的心理,这样才能在竞争激烈的市场中脱颖而出。

三、专业知识和学习能力

(一)学好专业知识

虽然许多教育家认为大学教育应该是素质教育,但是,素质教育是以专业知识的学习为载体的。掌握扎实的专业知识对于大学生就业发挥着至关重要的作用。专业知识通常是指大学生各自所学专业课程的知识,是大学生知识结构的主体和特色所在,是学生今后走向工作岗位的一技之长和赖以生存的资本。因此,大学生在校期间必须系统地学习和牢固地掌握本专业的知识,这是大学生事业成功的一个重要条件。当然,学习好专业知识并不是说学好专业课程就行了,每个专业除了学习专业课之外,还要学习许多公共课和专业基础课,公共课如英语、体育、思想政治理论课等,专业基础课如数学、计算机等。这些课程的学习对于大学生的健康成长和成才也具有重要的作用,如思想政治理论课的学习,主要是帮助大学生形成正确的世界观、人生观、价值观,反对和抵制拜金主义、享乐主义、极端个人主义等腐朽思想,提高自己的政治素质,坚定理想信念。

学好专业知识,关键是要有端正的学习态度。来自外界的压力和刺激远不如来自自身的需求更能激发学习的动力,要注意从“要我学”转变到“我要学”。无数事实表明,学习对每个人的前途具有巨大作用。每一位大学生只要清醒地意识到这一点,认识到自己肩负的责任,并把学习与自己生涯目标的实现相联系,就不会把学习知识看做一种苦差事,而是珍惜大学的美好时光,以端正的态度、无比的热情对待学习,为自己将来的职业选择打好基础。

(二)提高学习能力

在大学期间,除了掌握专业知识,还有一个很重要的方面就是不断提高自己的学习能力,从某种程度上讲,提高学习能力比掌握专业知识更重要。联合国教科文组织出版的《学会生存》一书中指出:"未来的文盲不再是不识字的人,而是没有学会怎样学习的人。"关于学习能力的重要性,古今中外许多教育家都有精辟的论述。我国现代著名教育家陶行知明确指出教师的责任在于教会学生学习,培养学生的学习能力。他说:"我以为好的先生不是教书,不是教学生,乃是教学生学。"17世纪法国资产阶级教育家洛克就指出:"导师应该记住,他的工作不是把世上可以知道的东西全部教给学生,而是使学生爱好知识,尊重知识,使学生采用正当的方法去求知,去改进他自己",即形成学习能力。因此,大学生在校期间除了学好各门功课之外,还应注意培养和提高自己的学习能力。

如果说专业知识是就业的敲门砖的话,那么学习能力则是个人能否在工作中取得成绩和进一步发展的关键。对每一个大学生来讲,走向社会后,都要面对许多在学校没有学到的东西,必须不断学习新的知识,掌握新的工作技能,只有这样,才能在工作中立于不败之地。

四、团队精神

(一)团队精神的内涵

团队精神是指团队的成员为了团队的利益和目标而相互协作、尽心尽力的意愿和作风。

团队精神是高绩效团队中的灵魂,有团队精神的团队,团队成员的个人智商可能是100,但加在一起的团队智商可能会达到150,甚至更高;反之,缺乏团队精神的团队,即使个人智商高达120,但团队组合到一起的智商也只有60～70。

团队精神事实上所反映的就是一个人与别人合作的精神和能力。IBM中国有限公司的人力资源部经理李清平说:"团队精神反映一个人的素质,一个人的能力";SGI视屏电脑科技有限公司人力资源部经理曹光荣说:"SGI公司生产世界最先进的计算机,但世界上有一种仪器比计算机更精密,也更具有创造力,那就是人的身体。团队精神就是每一个人的部位,一起合作去完成一个动作,对公司来讲,团队精神就是每个人各就各位,通力合作。我们公司的每一个奖励活动或者我们的业绩评估,都是把个人能力和团队精神作为两个最主要的评估标准,如果一个人的能力非常好,而他却不具备团队精神,那么我们宁可选择后者。"

(二)团队精神的重要作用

(1)目标导向功能。良好的团队精神可以使员工齐心协力,拧成一股绳,朝着一个目标努力,对每个员工来说,团队要达到的目标即是自己所努力的方向。

(2)凝聚功能。任何组织群体都需要一种凝聚力,传统的管理方法是通过组织系统自上而下的行政指令,淡化了个人感情和社会心理等方面的需求,而团队精神则通过对群体意识的培养,通过员工在长期的实践中形成的习惯、信仰、动机、兴趣等文化心理,来沟通人们的思想,引导人们产生共同的使命感、归属感和认同感,进而逐渐强化团队精神,产生一种强大的凝聚力。

(3)激励功能。团队精神要靠员工自觉地要求进步，力争向团队中最优秀的员工看齐。通过员工之间正常的竞争，不仅可以实现激励功能，而且这种激励不是单纯停留在物质的基础上，还能得到团队的认可，获得团队中其他员工的敬重。

(4)控制功能。员工的个体行为需要控制，群体行为也需要协调。团队精神所产生的控制功能，是通过团队内部所形成的一种观念的力量、氛围的影响，去约束、规范、控制职工的个体行为。这种控制不是自上而下的硬性强制力量，而是由硬性控制转向软性内化控制；由控制员工行为，转向控制员工的意识；由控制员工的短期行为，转向对其价值观和长期目标的控制。因此，这种控制更为持久，而且容易深入人心。

(三)团队精神的内容

1.团队的凝聚力

团队的凝聚力是针对团队和成员之间的关系而言的。团队精神表现为团队强烈的归属感和一体性，每个团队成员都能强烈感受到自己是团队当中的一分子，把个人工作和团队目标联系在一起，对团队表现出一种忠诚，对团队的业绩表现出一种荣誉感，对团队的成功表现出一种骄傲，对团队的困境表现出一种忧虑。

凝聚力高的团队有以下几个方面的特征：

(1)团队内的沟通渠道比较畅通，信息交流频繁，大家觉得沟通是工作中的一部分，不会存在什么障碍。

(2)团队成员的参与意识较强，人际关系和谐，成员间不会有压抑的感觉。

(3)团队成员有强烈的归属感，为自己是团队的一分子而感到骄傲，愿意为团队的发展贡献力量，在这种情况下，跳槽的现象相应比较少。

(4)团队成员间会彼此关心，互相尊重。

(5)团队成员有较强的事业心和责任感，愿意承担团队的任务，集体主义精神盛行。

(6)团队为成员的成长与发展、自我价值的实现提供了便利的条件。领导者、团队周围的环境、其他的成员都愿意为自身及他人的发展付出自己的努力。

2.团队合作的意识

团队合作意识指的是团队和团队成员表现出协作和共为一体的特点。团队成员间相互依存，同舟共济，互敬互重，礼貌谦逊；他们彼此宽容，尊重个性的差异；彼此间是一种信任的关系，待人真诚，遵守承诺；相互帮助，互相关怀，大家彼此共同提高；利益和成就共享，责任共担。良好的合作氛围是高绩效团队的基础，没有合作很难取得良好的业绩。

3.高昂的团队士气

高昂的团队士气是指团队成员精神状态良好，朝气蓬勃，富有生机和活力。这一点从团队成员对团队事务的态度上就能够表现出来，具体地讲，就是绝大多数团队成员对团队事务尽心尽力，在工作上全方位地投入。

五、职业情商

情商是近年来国外心理学家依照“智商”而提出来的一个新概念。所谓情商，是指测定和描述人的情绪、情感和意志的一个指标，是一个人掌控自己和他人情绪的能力。它具体包括情绪的自控性、人际关系的处理能力、挫折的承受力、办事的意志力等。这些非智力因素是人们在当今社会激烈竞争中必备的心理素质。也可以这样说,许多事情的成败取决于情商,它比智商更重要。

职业情商是从事某种职业应具备的情绪表现,职业情商的高低直接决定和影响着其他职业素质的发展,进而影响整个职业生涯发展,因此,职业情商是最重要的职业素质,提高职业情商是个人职业发展的关键。

职场情商是在就职领域中,个人的信心、恒心、毅力、责任感、合作精神等等一系列与人的素质有关的指标的反映程度,是助己成功的一切必需的、适当的非智力因素,包括协同力、沟通力、抗挫力、应变力、自我管理力、持久力等一系列职场提升力。“智商决定是否录用,情商决定是否升迁”已成为决定职业发展的重要信条。目前许多企业在招聘新员工时,也越来越重视考察应聘人员的情商素质,通过心理测试或情商测验等手段来测试应聘者情商的高低。一个人的知识、经验和技能等智力因素固然重要,但是,进入一个单位之后,影响和决定一个人职业发展的关键因素却是情商素质的高低,一个人事业成功与否,通常认为20%取决于智商因素,80%取决于情商因素。

职场情商是一个职业人士不可或缺的素质,是我们在职场获得成功的关键。事业成功与否,是否有较高的智商不是重点,重点在于个人有多高的职场情商。一个智商高而职场情商不高的人,注定不会成功;一个智商不高而职场情商高的人,必定会重写一个人的命运;而一个智商高且职场情商高的人,一定会绽放人生的辉煌。因此,打造职场情商是人们在新世纪不可或缺的必修课。

从情商的一般内涵来看,情商包含五个方面的情绪能力:①了解自己情绪的能力;②控制自己情绪的能力;③自我激励的能力;④了解他人情绪的能力;⑤维系良好人际关系的能力。职业情商更加侧重对自己和他人工作情绪的了解和把握,以及如何处理好职场中的人际关系。

提升职业情商,应注意在以下四个方面不断修炼自己。

1. 心态修炼

了解自己在工作中的情绪是为了控制自己的情绪,保持良好的工作心态。职业情商对职业情绪的要求就是保持积极的工作心态。什么样的工作心态算是积极的呢?积极的工作心态表现在以下几个方面:

(1)工作状态要积极。每天精神饱满地来上班,与同事见面主动打招呼并且展现出愉快的心情。如果上班来谁见了你都是一副无精打采的面孔,说起话来有气无力、没有任何感情色彩,那么你就永远得不到上级的赏识,也不会吸引同事的好感。

(2)工作表现要积极。积极就意味着主动,称职的员工应该在工作表现上做到以下“五个主动”:主动发现问题、主动思考问题、主动解决问题、主动承担责任、主动承担分外之事。可以毫不夸张地说,做到五个主动是职场员工获得高职高薪的五大法宝。

(3)工作态度要积极。积极的工作态度就意味着面对工作中遇到的问题,积极想办法解决问题,而不是千方百计找借口。成功激励大师陈安之说:“成功和借口永远不会住在同一个屋檐下”,遇到问题习惯找借口的人永远不会成功。

(4)工作信念要积极。对工作要有强烈的自信心,相信自己的能力和价值,肯定自己。只有抱着积极的信念工作的人,才会充分挖掘自己的潜能,为自己赢得更多的发展机遇。

2. 思维方式修炼

对工作中消极的情绪要学会掌控。掌控情绪包括掌握情绪和控制情绪两个层次的含义,而不是单纯的自我控制。因为控制情绪说起来容易,往往做起来很难,甚至遇到对自己情绪反应激烈的问题时,根本就忘了控制自己。要驾驭自己的情绪,还必须要从改变思维方式入手改变对周围事物的情绪,以积极的思维方式看待问题,使消极的情绪自动转化为积极的情绪,从而实现自我控制。

在工作方式上要培养积极的思维方式。积极的思维方式就是以开放的心态去处理工作中的人际关系和事情,包括多向思维、反向思维、横向思维、超前思维等。了解他人的情绪需要反向思维,也就是需要逆向思维,逆向思维的情商表现就是换位思考,要站在对方的角度看问题,理解对方的内心感受。在工作中,处理与上级、同事、下级的关系都需要换位思考。比如自己辛辛苦苦去努力完成一件工作,本想得到上级的肯定表扬,不料因为出现一点微小差错却遭到上级的否定或一顿批评,心里就感到不平衡,就会发牢骚;但是站在上级的角度思考,作为上级要的就是下级工作的成果,自己的辛苦没有得到肯定也就没有什么好抱怨的。在别人看来,一个人无论做了多么不可理解的事情,都有他自己的内心起因和动机,只有善于站在对方的角度了解他人的想法,才能建立良好的人际关系,实现互利双赢。

3. 行为修炼

良好的工作心态和思维方式都要体现在工作行为上。对于自己的工作行为,必须要把握以下两条基本的行动准则:

(1)工作行为要以目标为导向。一是要了解公司的目标,二是要制订明确清晰的个人目标,并且使个人目标和公司目标相结合,这样才可以形成职业发展的合力,相互推进,通过配合完成公司目标而实现个人目标,通过达成个人目标而推进公司事业的发展,这是在职场实现个人职业发展的捷径。

在有些情况下,个人的长期目标并不一定总是和眼下服务的公司目标相一致的,但是既然自己在这个公司工作,就要把一切经历转化为有助于个人职业发展的财富,而个人的阶段目标必须符合自己的工作目标。

(2)工作行为要以结果为导向。以结果为导向就是要站在实现结果的角度去思考问题,站在完成结果的角度去衡量自己的工作。以结果为导向既是一种思维方法,又是一种行为习惯。以结果为导向就是要追求积极的结果,积极想办法去实现。如果面对一项工作,个人还没有去做就首先认为自己“办不成”,个人的思维妨碍了自己能力的发挥,那么自己就有可能真的办不成。

4. 习惯修炼

通过心态、思维方式、行为的修炼培养出良好的职业习惯,是提升职业情商和实现职业突破发展的唯一途径。要想成功,就必须有成为成功者的习惯。改变不良习惯的关键,是突破自己的舒适区。一个人形成的习惯就是他的舒适区,要改变不好的习惯就要突破自己的舒适区,要有意识为自己找点别扭,要敢于为自己主动施加点压力,努力突破自己以往的心理舒适区,培养出积极的职业习惯。

培养积极的职业习惯,必须突破以下心理舒适区:

(1)突破情绪舒适区。当个人失去了一次本该属于自己的涨薪机会时,自己就愤愤不平、坐立不安,就想找上级评评理或者“讨个说法”;当下级办了一件错事的时候,自己就忍不住斥责他;当上级批评个人时,自己就很难保持一副笑脸面对。喜怒哀乐是人的情绪对外部刺激的本能反应,但是如果对消极的情绪不加以控制,往往发泄情绪的结局对自己并没有好处。职场中应该绝对避免的几种消极情绪是：抱怨和牢骚、不满和愤怒、怨恨或仇恨、嫉妒、恐惧失败、居功傲视等，这些都是影响个人职业发展的致命要素。

调节自己的情绪有很多方式方法，其中最重要的是，要给自己强化一个意识：在工作场合我的情绪不完全属于我，我必须要控制自己的情绪。

(2)突破沟通舒适区。每个人的性格脾气决定了他与人沟通的方式各不相同，有的人说话快言快语；有的人该表态的时候却沉默寡言；有的人说话爱抢风头，经常不自觉地打断别人的谈话；有的人习惯被动等待上级的工作指示；有的人喜欢遇到问题主动请示和沟通。每个人都习惯以自己的方式与别人沟通。

要实现换位思考，就必须有意识改变自己平时的沟通方式，学会积极倾听对方。良好的工作沟通不一定是说服对方，而是真正理解了对方的想法。即使是争辩，也必须是对事不对人的良性争论，人身攻击和恶语相向是职场人际沟通中最应该避免的。

(3)突破交往舒适区。人们都习惯和自己脾气相投的人交往，所以无论在哪个单位，都存在非正式的组织和团体，这是正常的现象。但是人在职场，必须要和所有组织内的人以及外部的客户打交道，就要学会适应不同性格的人。突破交往舒适区，就是要有意识和不同性格的人打交道，比如要主动找与自己不同性格的人聊聊天。看来很简单的事情，其实职场中大部分的人都难以做到。所以要尝试和不同性格的人交往，这对提升个人的职场情商有很大帮助，可以从根本上改善你的职场人际关系。

职业情商是个人在职业上实现突破发展的关键因素。提高情商的途径与智商不同，智商可以通过学习和积累而得到提高，而提高情商需要的是修炼，既要修习，更要锻炼和磨练，需要长期坚持，通过心态、思维、行为、习惯这四项的修炼，可以极大改进和完善自己的情商素质，从而使自己在工作中如鱼得水，为自己的职业发展创造更多机遇。

第二节　建立合理的知识结构

知识结构是指一个人经过专门学习培训后所拥有的知识体系的构成情况与结合方式。所谓合理的知识结构，就是既有精深的专门知识，又有广博的知识面，具有事业发展实际需要的最合理、最优化的知识体系。

一、建立合理知识结构的意义

由于受到传统的思维方式和教育观念、体制的影响，当前部分大学生形成了在单一专业基础上构造的单向、线型、平面、封闭、低功能的知识结构。其具体表现在：着重专业知识，基础知识薄弱，知识面狭窄，文理分割严重，局限于某一专业领域，缺少一些最基础、必要的理论、知识修养；片面重视外语、计算机等实用技能性知识，热衷于过级考证，忽视了其他专业知识的学习和打好基础；知识体系内部缺乏有机联系，知识庞杂、松散，相互孤立、死板、僵化，缺少系统性和有机联系性；知识的陈旧速率高，信息封闭，知识吸纳力不足，知识更新慢；等等。这种知识结构状况，明显缺乏创新活力，也难以适应时代的发展。

李政道博士说："我是学物理的，不过我不专看物理书，还喜欢看杂七杂八的书。我认为，在年轻的时候，杂七杂八的书多看一些，头脑就能比较灵活。"大学生建立知识结构，一定要尽量防止知识面过窄的现象出现。

合理的知识结构是担任现代社会职业岗位的必要条件，是成长成才的基础。一个人的科学文化水平的高低，知识结构是否合理，决定其在求职择业时的成功率和相应的职位层次。现代社会的职业岗位，所需要的是知识结构合理、能根据当今社会发展和职业的具体要求，将自己所学到的各类知识科学地组合起来的，适应社会要求的人才。因此，大学生要想今后在社会上有所作为，就应该充分认识知识结构在求职择业中的重要作用，自觉地把大学学习同今后的就业紧密地联系起来，根据现代社会的发展需要，塑造自己，发展自己，建立起合理的知识结构，使之适应现代社会就业的要求。

二、现代知识结构的几种模式

人才成长离不开教育，而教育是成才的基础，也是建立现代知识结构的重要途径。从人才成长的规律来看，高等教育是完成人的先天素质和后天育才有机结合的最佳途径。当今学术界对人才的知识结构主要提出了三种模式。

1. 宝塔型知识结构

这种知识结构形如宝塔，包括基本理论基础知识、专业基础知识、专业知识、学科知识、学科前沿知识等。基本理论、基本知识为宝塔型底部，学科前沿知识为高峰塔顶。这种知识结构的特点是强调基本理论、基础知识的宽厚扎实，专业知识的精深，容易把所具备的知识集中于主攻目标上，有利于迅速接通学科前沿。现今我国学校大多是培养这种知识结构的人才。

2. 蜘蛛网型知识结构（复合型人才知识结构）

蜘蛛网型知识结构是以所学的专业知识为中心，与其他专业相近的、有较大相互作用的知识作为网状连接，形如蜘蛛网。这种知识结构，是以自己的专业知识作为一个“中心点”，与其他相近的、作用较大的知识作为网络的“纽结”相互联结，形成一个适应性较大的、能够在较大范围内左右驰骋的知识网。这种蜘蛛网型知识结构的特点是知识广度与深度的统一，这种人才知识结构呈复合型状态。随着社会生产的高速发展，这种知识结构的人才非常受社会用人单位的欢迎，而中国的外资机构尤其重视此类人才。

3. 幕帘型知识结构

这种知识结构是指一个具体的社会组织对其组织成员在知识结构上有一个总的要求，而作为该组织的个体成员，将依其在组织中所处的层次，在知识结构上又存在一些差异。以企业为例，企业对其成员的整体知识结构要求是，具有财会、安全、商业、保险、管理等知识。而对企业中处于不同层次的个人来说，要求掌握上述知识的比例是截然不同的，从而组成各自不同的知识结构。这种知识结构强调个体知识结构与组织整体知识结构的有机结合，它对于求职者的启示是，在求职择业的过程中，不但要注意所选职业类型在整体上对求职者的知识结构的要求，同时还要了解所选职业类型在整体上对求职者的知识层次的要求，了解所选职业岗位在社会组织中的位置及具体层次，以此来调整自己的知识结构，增强就业后的适应性。

三、知识结构的特性

任何事物都有差异性，同时也具有共同的特性。知识结构没有绝对的统一模式，但同样具有共同的特性。

首先，知识结构具有整体性。一切事物都是有机的整体，知识结构与其他事物一样，是一个有机的整体，组成整体的各部分之间，都相互依赖、相互联系、相互作用、相互制约。如果知识结构只有数量的优势，而没有相互协调、配合融通，就很难产生知识结构的整体优势。

其次，知识结构具有异动性。知识结构本身就是发展变化的，它是动态的，而不是静止的，是随着社会的发展而发展变化的。在社会不发达的阶段，知识结构相对而言较为简单，随着社会的进步，科学技术的日新月异，人们根据社会的需要，对知识结构应经常进行调整、充实、提高。如果不更新知识，就难以适应现代社会的要求。

再次，知识结构具有有序性。从一般知识结构的组成来看，是从低到高，从核心到外围的层次。由低到高是指从基础知识到专业技术知识，直至前沿科技知识，要求知识由浅入深地积累，并逐步提高。从核心到外围是指在核心知识确立的情况下，将那些与核心知识有关的知识紧密地联系在一起，构成一个合理的知识结构，突出核心知识的中心作用。否则知识结构杂乱无章，主次不分，发挥不了知识结构的整体作用。

四、不同类型的职业对求职者知识结构的共性要求

1. 宽厚扎实的基础知识

基础知识是知识大树的躯干，是知识结构的根基。大学毕业生无论选择何种职业，也不管要向哪个专业发展，都少不了宽厚扎实的基础知识，就像万丈高楼平地起，全靠基础来支撑。特别是随着科技和经济的高速发展，社会的产业、行业、职业结构调整的速度必然加快，大学毕业生在择业、就业上已不可能再是从一而终，职业岗位随时变动的状况不可避免。要适应这种变化，必须靠扎实宽厚的基础知识。著名数学家苏步青教授曾讲过一段极为深刻的话，“现在的学生一进大学即分系、分专业，由于急于求成、急于专业化，学生仅学到本专业的一些基础知识，只能单打一，将来毕业后适应性很差，只会守住自己的‘小摊子’，换一个方向（更不要说换专业）就晕头转向，不知所措，这怎么能适应四化建设的需要呢？大学教育的根本一点，是要扩大学生的知识面，把基础知识面拓得尽可能宽一点。这样学生就有了后劲。”

2. 广博精深的专业知识

大学毕业生是将要从事专业性较强工作的高级专门人才。专业知识是知识结构的核心部分，也是科技人才知识结构的特色所在。无专业特色，也就不能称其为科技人才。所谓广博精深，是指大学生对自己所要从事专业的知识和技术具有一定的深度，一定的范围，有质和量的要求，对概念体系、理论体系、研究方法、学科历史和现状、国内外最新信息等都要了解和把握。同时，对其专业邻近领域的知识也要有所了解和熟悉，善于将其专业领域与其他相关知识领域紧密联系起来。专博相济，专深博广，这已成为当前人才素质的重要要求。高等学校通过“双学位班”“第二学位”“主辅修制”等方式培养的复合型大学生正成为社会所急需的人才。

3. 大容量的新知识储备

现代各类职业都要求从业者的知识“程度高、内容新、实用强”。“程度高”是指知识层次高，知识面广；“内容新”是指从业者的知识结构中应以反映当今科学技术发展状况的新知识、新信息为主；“实用强”是指从业者的知识在生产、工作中有很强的实用价值。反映上述要求的一个很明显的例子是，目前用人单位普遍要求毕业生具有高学历，能够熟练地运用一门外语和使用计算机。此外，毕业生如能掌握一技之长，诸如书法、绘画、驾驶、公关等，也将增加其求职的成功率。

五、不同类型的职业对求职者知识结构的特殊要求

现代社会职业岗位对求职择业者的知识结构、文化素质的要求越来越高，用人单位为适应

现代社会发展的需要，为在市场经济的激烈竞争中求得生存和发展，就必须合理配置自身企业的人力资源。因此，就知识结构而言，一方面，对知识结构的多样性要求越来越多；另一方面，对知识结构的实用性的要求也越来越强。

1. 对国家机关、事业单位工作人员的知识结构要求

在国家机关担任公务员、在党的机构从事党务工作的人员、在事业单位机关工作的人员，一般根据不同的职业岗位层次，要求具备不同的知识结构。首先，现阶段最低职位的文化水平要求是高中学历以上。随着现代化社会进程加快，对上述人员的文化水平的要求将越来越高。其次，对上述人员还要求有相关的业务知识，主要是与本职岗位有密切关系的业务知识，要掌握有关法律、经济、行政、管理等基础知识。再次，还必须具备适应本职岗位需要的各种能力，如理解能力、判断能力、决断能力、创造能力、开发能力、表现能力、协调能力、涉外能力、指导能力、统率能力、调查研究能力及语言文字表达能力等。

2. 对工程技术人员的知识结构要求

我国现阶段对从事工程技术工作人员的知识标准，主要有：牢固掌握专业基础知识，掌握现代专业知识，有解决极其复杂技术问题的能力，对问题判断能够做到完整的客观性，有系统的思维和抽象概括能力，能够选择最有效的方法和最新的设备、材料来解决问题，能够提出改进材料和设备的方法，有全面、周密的计划和组织能力，有具体分析困难和解决困难的能力等。

3. 对社会科学工作者的知识结构要求

作为一名社会科学工作者，应该有一个比较完善的知识结构体系，无论研究什么学科，都应该具有三个层次的知识结构。一是具有本学科的专门知识，包括本学科的概念体系、理论体系、研究工具、基础资料以及了解本学科的历史演变，研究本学科的现状和它们的发展前景。二是要有相关学科知识，以经济学为例，哲学、政治学、法学、历史学、数学和有关的技术科学，这些都是相关学科。在一个学科中，由于研究的问题不同，相关学科也不一样，如经济学中，研究生产力布局的一定要掌握经济地理知识，而研究货币政策的就不一定要掌握经济地理知识。三是一般知识不一定要求过多，但是必要的知识应该具备，如语法修辞知识、逻辑学知识等。专业知识是从事科学研究的基础，相关知识是专业知识的必要延伸，一般知识决定一个人的知识面。专业知识不牢固，似懂非懂搞研究工作是不行的；相关知识不够，会限制专业知识的延伸和发挥；一般知识太少，难以开阔思路和启迪创造思维。

4. 对经营管理人员的知识结构要求

从事经营管理的人员，其知识结构应该是：能够深刻领会党和国家的各项方针、政策，并能够适应改革开放的经济形势；具备创新意识和精神；有高度的事业心和责任感；是本行业的生产技术骨干，且有比较宽广的知识面；具有较强的综合能力、果断的指挥能力和较强的控制能力；能及时发现问题，善于捕捉信息、交流信息；具有良好的决策能力，较强的公关、社交、谈判能力；处理问题灵活机动、随机应变。

5. 对自然科学研究人员的知识结构要求

从事自然科学研究的人员，其知识结构应该是：有雄厚的基础理论知识和较深的专业知识；有较强的逻辑思维能力和判断能力；善于发现问题，有较强的科研定向能力和创造能力；有较强的表达能力；有较强的计算机应用能力和科技鉴别能力；有较高的外语水平及掌握国外信息的能力。

6. 对军事人才的知识结构要求

军事工作是流血的政治职业，相对于其他行业来说，军事人才的结构有其特殊性。首先是要有高度的政治素质，随时准备以生命和鲜血捍卫祖国的领土安全，反对侵略，保卫和平；其次是要有高度的组织纪律，必须做到有令必行，有禁必止，保持高度的统一，这样才能完成各项战斗任务；再者，由于现代科学技术的高度发展，很多当代的高科技技术都首先运用到军事上，因此军事人才必须要有较高的科学技术知识，这样才能驾驭高科技的军事技术装备。

7. 对财会人员的知识结构要求

随着我国社会主义市场经济制度的逐渐建立和完善，社会对财会人员基本素质的要求越来越高，一般都要求他们既要具备熟练的专业知识，又要有较宽的知识面，熟悉与本职工作有关的政策、规章制度、法律。同时还要有一定的经济学、营销学和采购学等方面的知识，要诚实可靠，不得以权谋私、营私舞弊，并有较强的公关社交能力。

8. 对文艺人才的知识结构要求

从事文学艺术的工作人员，是指从事文学创作、文艺表演、文艺理论研究等方面的专门人才。对这一类人才的知识结构要求是：要有良好的道德品质；用马列主义的世界观和文艺观正确地观察社会、反映社会，全心全意为人民大众创作；以优秀的作品鼓舞人民、教育人民、引导人民。同时还必须具备各种专门文艺表演技能，掌握广博的社会知识、文艺史、文艺理论等，以及具有较丰富的生活阅历。

9. 对涉外工作人员知识结构的要求

涉外工作主要包括对外政治、对外经济、对外科技、对外贸易和对外文化交流与往来。对涉外工作人员的知识结构要求是：较高的政治素质，热爱祖国，掌握外交政策，自觉地维护祖国的利益和尊严，严格遵守外事纪律，保守国家和企业的机密；要有广博的知识，精通古今中外的政治、经济、文化、风土人情、风俗习惯等；精通对外业务；要有较高的外语水平；熟练掌握从事对外政治、对外经济、对外科技、对外贸易、对外文化交流与往来工作的具体涉外业务；在对外交往中，要有较好的礼仪仪表，注意对外礼仪、社交礼节，自我形象要整洁美观、朴素大方、彬彬有礼、落落大方等。

10. 对公关工作人员的知识结构要求

在社会主义市场经济环境下，公关工作越来越引起人们的重视，而且从事此项工作的人员也越来越多。对公关工作人员的知识结构要求主要有：要以自己的人格魅力征服公众，在公关活动中，给人们留下真诚、热情、可信的形象；要靠自己高尚的人格去赢得社会公众的了解、支持和爱戴。公关人员必须把本单位、本企业的形象放在第一位，要善于学习、善于分析判断、善于把握机遇，为领导提供高质量的决策信息；要有广泛的社交能力，干练的办事能力；要善于与各种人员打交道；要能写会说，即既要有较高的文字写作表达能力，又要有较好的口才。

六、建立合理知识结构的原则

要建立一个适合自己发展的最佳的知识结构并不是一件容易的事。因此，在建立自己的知识结构和学习新知识之前，应该掌握一些建立合理的知识结构的原则。

1. 整体性原则

整体性原则体现的是知识内在的逻辑联系和必然性。在建立自己合理的知识结构时，必须从总体上来考虑知识的功能和效应，片面零散的知识、支离破碎的知识不可能提高一个人的认识能力和解决问题的能力。知识的内在结构和体系，由浅入深，由表及里，由个别到一般，这些原理都符合学习知识的过程；而好高骛远、脱离实际地追求博大精深只能是一种幻想。

用整体性原则指导自己建立合理的知识结构，就是从实际出发，结合自己的整体目标，先从宏观上把握对自己发展起决定作用的知识，然后再从知识的内部融会贯通，完整掌握，而不能满足于浅尝辄止或一知半解。一种职业、一个岗位总是对从事它的人提出特定的知识要求，这些知识的本身就是一个个有机的整体，有其自身的规律和价值，越能从整体上把握，它的价值就越大。

2. 相关性原则

相关性原则体现的是知识的相互依赖、相互牵连的内在本质特征。所有的知识都不是孤立和分散的，一个学科、一门知识总是和它相邻的学科和知识有着或多或少、或深或浅的联系，从而构成了知识相互影响、相互促进的互动态势。比如语言学和文学之间，物理学和数学之间，气象学和生物学之间等。建立自己合理的知识结构，必须按照知识互相影响、互相依赖、互相促进的特征去组合、去建设，按照自己的人生目标、工作性质的相关要求学习、掌握知识，而不是按照个人的喜好片面单纯地追求某一方面的知识。

3. 迁移渗透性原则

迁移渗透性原则体现的是知识的相互交叉、相互派生的特征。知识不是孤立分散的，相近相关的知识不仅可以互相促进，而且在一定情况下也可以相互转化和派生。尤其是随着新的科学方法和思维观念的出现，知识之间的相互渗透、相互迁移日益增多，交叉学科、边缘学科大量涌现，马克思预言的自然科学奔向社会科学的洪流已经成为现实，比如数学已经越来越多地渗透到多个学科领域。我们在掌握现有的相关知识的同时，还要善于将已有知识相互渗透，将知识学活，用知识创新知识，使自己的知识结构变为一个不断向外扩张的体系。

4. 动态性原则

动态性原则体现的是知识的发展规律，不能期望建立一个一劳永逸的知识结构。所谓“活到老，学到老”，就是对知识动态性原则最通俗的注释。在信息时代，知识的更新更加频繁，一个人昨天建立的知识结构，如果今天不充实更新，它的价值就会降低。只有用动态性原则要求自己，不断在旧有的知识结构中叠加新的内容，才能更好地把握稍纵即逝的机会。

建立合理知识结构的四个原则，在具体的运用过程中并不是孤立的，而是相互联系、相互作用的，是揭示一个合理知识结构必不可少的四个方面。因此，只有将四个原则结合起来，才能真正起到指导作用。

七、不断调整和完善知识结构

一个人的知识结构并不是一成不变的，随着形势的发展，知识也需要不断地补充和更新。为保持知识结构的最佳状态，将依据某种信息自动地进行调整和控制，即紧紧围绕着选定的目标不断积累并更新自己的知识，以调整和完善自己的知识结构。大量事实证明，一个人在大学阶段所获取的知识仅仅是一生中所需知识的一小部分，而大部分知识都要在日后的工作中根据需要自学而获得。书到用时方恨少，只有到了实际工作中，才会感到自己知识的匮乏。爱因斯坦上大学时，数学成绩并不理想，后来当发现自己因数学基础差而影响到研究工作后，便下苦功学了 7 年数学，调整了自己的知识结构。这就是科技人才本身所具有的一种内在的调节能力。这种能力就是根据客观形势和实际需要的变化，从一个目标转向另一个目标，从而自动地补充、更新知识，以建立最佳的知识结构。

第三节　职业能力培养

大学生就业不仅需要宽博扎实的基础知识和专业知识，同时还必须具备各种各样的能力，一个只有书本知识而无工作所必需的各种能力的人，是不会受到社会欢迎的。

知识和能力是两个不同的概念，各自有着不同的内容，彼此不能画等号。知识是人们对客观事物及规律的认识所作的概括，是从社会实践活动中总结出来的，是头脑中的经验系统，是客观规律在头脑中的反映，它有量的规定性；能力是心理过程的个别特点，它是在实践活动中形成和发展起来并保证活动顺利完成的个性特征的综合，是获取经验的心理发展水平。实践证明，知识掌握和能力发展不一定同步，它们之间存在着差别。

掌握知识是发展能力的基础。学生对基础知识理解得越深刻，掌握得越牢固，相应的技能越熟练，越有利于能力的发展。如果离开掌握知识的活动去谈发展能力，则能力就成为无源之水、无本之木。同时，能力发展速度又是掌握知识的重要前提，能力发展越快，知识掌握得越好。而且掌握知识的最终目的，也在于发展能力。因此，大学生为择业做准备，既要重视知识的积累，也不能忽视能力的培养。

大学生就业所需要的能力有很多种，如适应社会的能力、人际交往能力、组织管理能力、表达能力、动手能力、开拓创新能力、竞争能力、决策能力、沟通协调能力等。下面重点介绍大学毕业生就业所需要的九种基本能力，以便在大学学习期间及今后的工作中能及时调整自己、充实自己、完善自己。

一、适应社会的能力

适应社会，首先需要调整自己的观念，勇敢地面对世界、接纳世界。大学毕业生在走出校门接触社会之前，大都有“海阔凭鱼跃、天高任鸟飞”的豪迈情怀，有在五彩纷呈的社会生活中创造一番业绩的宏大抱负，但当我们在真正的生活激流中奋勇前行时，可能会发现老师在课堂描绘的社会与眼前真正接触的社会相距甚远，许多大学生可能会发现生活中的消极现象完全超乎想象，有些人因此可能会产生不安或不满情绪，并由此想到去改写自己的理想坐标。导致这一情况的主要原因来自于毕业生自身，因为许多大学生对社会的了解是简单或片面的。要改造世界，首先得接纳世界，只有接纳了这个世界，才能站稳脚跟，找到真正改造世界、创造业绩的切入点。当然接纳世界并不是要个人消极等待或向困难屈服，更不是要个人没有任何原则地去苟同消极落后的东西，甚至同流合污，而是需要个人用积极主动的心态去接纳现实，并有勇气和决心去面对生活中的消极现象，张扬主旋律，尽一份当代大学生应尽的责任。

适应社会的能力是一个人综合素质的反映。适应社会能力的强弱与一个人的思想品德、知识技能、活动能力、创造能力、处理人际关系能力以及健康状况等密切相关。一般来说，一个素质比较高、各方面能力比较强、身心健康的大学毕业生进入社会后，能够很快适应环境、适应工作，即使在比较困难的环境中，也能变不利因素为有利因素，通过自己的努力取得好的成绩。

二、人际沟通的能力

有人做过这样的统计，人除了 8 小时的睡眠以外，在其余的 16 小时中，约有 70%的时间都在进行交往、交换信息。著名物理学家李政道说过，他和杨振宁合作研究共同打破宇宙守恒定律的成果，许多就是在吃饭时的交谈中完成的。因此，大学生在搞好学习的同时，应重视培养自己的人际交往能力。培养人际交往能力应注意以下几点：

(1)大胆参与。人际交往能力是人们实践与经验的结晶，是从教科书上学不到的。因此，要培养自己人际交往的能力，十分重要的一点就是要大胆参与。中国几千年的封建文化传统在人们的意识深处积淀了大量消极的思想，诸如“各人自扫门前雪，莫管他人瓦上霜”“鸡犬之声相闻，老死不相往来”等故步自封的“小农意识”。这些意识尽管经历了新潮思想的反复洗礼，但“一心只读圣贤书，两耳不闻窗外事”的现象在当代大学生身上仍不鲜见，这与市场经济对高层次人才的需求是格格不入的。目前各高校的学生社团很多，社会实践机会也不少，大学生应抓住机遇，大胆参与各类实践活动，不断提高自己的沟通能力。

(2)心理相容。心理相容就是宽宏大量。有人把相容与懦弱画上等号，其实二者是有本质区别的。懦弱的人是指胆小怕事，由于本身无力量而怕人欺负的人；而能容人的人则是指具有宽阔胸怀，有自信心，有坚定意志，有远大理想，开朗、豁达，对人谦让的人。心理学证明，自信心越高的人，相容度越强。当然相容并不是不讲原则。能容人的人心中自有主见，原则性也强，他们的相容正是把原则性和灵活性有机地结合起来。

(3)诚实守信。“精诚所至，金石为开”“人无信而不立”，这些古训中深含的道理十分深刻。我们无法设想一个虚伪寡信的人能在人际交往中占据上风。毕业生就业就更需要诚实守信，如果企业的员工言而无信，那么企业的信誉就要大打折扣。因此，毕业生在择业过程中，如果递上一份虚假的证书，涂改一门成绩，即使一时侥幸如愿，最终可能会使他丢失一份本该得到的工作；在处世过程中一次精明的失信，很可能使他一生孤独。

(4)平等互利。人际交往的平等有政治平等、法律平等和人格平等。作为一种能力品质，在这里我们主要强调的是人格平等。人格平等就要尊重他人的自尊心和感情，不干涉他人的私生活，不践踏他人的人身权利。在人际交往中，没有平等待人的观念，就不能与别人建立密切的人际关系。当然，搞好人际关系还要注意把握好互利原则。互利包含物质互利、精神互利、物质-精神互利三个方面。就精神互利而言，一个人在同他人交往时要想得到他人的关心和爱护，就必须考虑他人也有这种需要，因此要互相关心、互相爱护。

三、组织管理的能力

大学生毕业后不可能每个人都能走上领导岗位从事管理工作，但每个人在将来的工作中却都会不同程度地用到组织管理才能，这是现代社会对人才提出的新的要求。近几年我们已经看到这样的现象：大学毕业生中的学生党员和学生干部总是用人单位的首选对象，其重要原因就是因为他们看重毕业生的组织管理能力。

在大学生活中培养自己的组织管理能力应注意以下两点：

第一，要抓住机遇。大学有各种各样的学生干部，大到学生会主席、小到寝室室长，另外还有众多的学生社团等，当“官”的机会应该不算少，但这些“官”手头确实没有什么权，他们以为同学服务为目的，肩负最多的是责任和义务。正由于此，要培养自己的组织管理能力就要注意向别人学习。我们没有机会组织别人，势必有机会接受别人的组织，在这种情况下，千万不要漠然处之，被动应付，要以积极的态度配合别人，并注意揣摩别人的长处。通过组织一场足球赛、举办一次舞会，或寝室之间组织友谊竞赛活动等，都可以锻炼自己的组织管理能力。

第二，要认识到不管是文科还是理工科学生，都需要培养自己的组织管理能力。有些理工科大学生认为培养组织管理能力是文科大学生的事，与己无关，反正自己又不想当官。这种认识是不对的。美国著名的“阿波罗登月计划”耗资300亿美元，历时10年，动员42万人，20 000家公司，120所大学。这样一个庞大的高科技工程显然不可能靠文科类人才组织协调。即使不可能人人都有承担大型项目的机会，但负责一个课题组或当一个企业家等，也都需要具有组织管理能力的人来把群众的积极性调动起来，把大家的智慧发挥出来。《成功之路丛书》一书的作者——美国著名教育家卡耐基，他多年给工程技术人员上课后发现，在工程学界最成功的人，不是对工程学懂得最多的人，而是一个拥有专业知识，加上能够表达他的意念，并善于做人处事、领导和鼓励他人的人。这对我们应是一个有益的启示。

四、表达能力

表达能力是指运用语言文字阐明自己的观点、意见或抒发思想、感情的能力，包括口头表达能力、文字表达能力、数字表达能力、图示表达能力等几种形式。在工作岗位上应用最广泛的是口头表达能力和文字表达能力。

1. 口头表达能力

口头表达能力也就是我们俗话所说的“口才”。一个人“口才”不佳，就像壶里有饺子倒不出来一样，这对自己工作、生活都是非常不利的。大学生在求职过程中首先需要展示的才能就是“会说话”，因为用人单位提出的第一个问题可能就是“为什么要来我们单位应聘，说说你的想法和情况。”如果个人虽有才华却不善于口头表达，那么许多用人单位都会认为这是一个缺陷。

训练口才要把握这样几点：

首先要敢于说话。就是敢在公众面前大大方方地说话，这是练好“口才”的前提。有的人在公众面前不敢说话，主要原因是对自己能不能说好话信心不足，怕说错了话别人讥笑。因此要练好“口才”必须调整好自己的心态，要正确认识自己，别人能说，我也能说，别人会说，只要我努力锻炼自己也能学会说话，而且能说得比别人更好。

其次要有话可说。就是说话时要有丰富的材料和内容，这是练好“口才”的基础。大学生是经过反复筛选最后挑选出来的有知识、有文化的青年群体中的佼佼者，经过大学的系统学习和自己勤奋努力，普遍都具有丰富的知识，关键是在搞好专业学习的同时，还要多读书、多看报，关心国家大事，掌握更多信息，关注大多数人关心的话题，这样才能在与别人谈话时有话可谈，因为一个人不可能永远只和别人谈自己的专业。

再次还要善于谈话。就是如何把话说得更简练、更生动、更有水平，使人爱听，让人信服。这是练好“口才”的关键。这除了学习心理学、辩证法及语法修辞知识等必备的理论知识外，还要学习一些说话、论辩的技巧。古今中外有许多这方面的实例，如晏子使楚，折服了楚王；触龙说赵太后，挽救了国家危亡；墨子止楚攻宋，伸张了正义；诸葛亮舌战群儒，促成了联吴抗曹等。他们之所以取得成功，除了其他原因外，重要的一条就是他们运用了各具特色的论辩技法。如果个人学会了这些技法，就会使自己的“口才”更为出色。

2. 文字表达能力

有人对大学毕业生走上社会以后的文字表达能力的现状作过调查，调查结果是，认为大学生文字能力还可以的只占12.3%，有70.4%的人对大学生的文字能力很不满意。代表性也许尚须进一步验证，但它所反映的问题却足以引起我们大学的关注。《城市季风》一书的作者杨东平对我国科技人才文字现状作过这样的描述，他说："在科学远未普及的中国，科学与文化的分裂似乎比西方更为严重。在李四光、竺可桢、苏步青那一代科学家那里，我们尚可以听到优美的琴声，看到流畅的词章和有功力的书法。此后的科技人员离文学、艺术越来越远，他们的典型形象是废寝忘食、专心致志，甚至不谙世事，他们中很多人缺乏必要的写作能力，辞不达意，文理不通。"这里评述的是科技人员的文字现状，但我们由此首先联想到的却是大学毕业生，因为他们是科技队伍的主要补充队伍。

文字表达能力也是各类高级专门人才应具备的基本素质之一，因为高级专门人才不同于一般的工作人员，他们不仅需要过硬的专业知识，而且需要良好的综合素质，文字表达能力更是其综合素质的重要内涵。我们无法设想一个文字表达能力差的人能在科学研究方面取得很大的成就。对大学毕业生而言，先不谈今后如何撰写工作计划、总结，起草文件乃至于著书立说，单说求职，若递上一份思维混乱、文理欠通、标点不符的求职信，则求职结果必定杳无音信。当然，自荐信可以事先炮制，时间从容，可以反复推敲，也可以请"高手"斧正，但即使侥幸求职过关，也会在今后的职业岗位上因力不从心而慢慢露出"马脚"。这一缺陷对个人今后的发展是非常不利的。

五、动手能力

动手能力是知识转化为物质力量的重要保证，是高级专门人才所必备的一种实践技能。对毕业生而言，无论今后是从事教学、科研工作还是在生产第一线，动手能力的强弱都将直接影响到个人的能量发挥程度。作为一名科技人员，只懂得技术原理是不够的，如缺乏动手能力，那就会影响个人的研究进程和成败。作为一名教师，只有丰富的知识而不能把这些知识准确生动地传授给学生也不行。因此大学生应注意克服重理论轻实践的倾向。大学生在校期间动手能力的培养可从以下几个方面做起：第一，认真完成认识实习、生产实习等各类教学实践环节，理工科学生应注意上好物理、化学等实验课；第二，利用课余时间或寒暑假参加勤工助学，提高自己的动手能力；第三，积极参加各类社会实践活动，如志愿者服务等；第四，通过担任学生干部、参加社团组织等锻炼和提高自己的动手能力。

六、创新能力

创新能力是指人们在社会实践中，通过对客观事物的观察、分析、综合、推理、想象，运用创造性思维，激发出新的灵感，作出新的发明或发现，提出新理论和新方法的能力。美国学者吉尔福特认为，创新是一种心智能力，是流畅、变通和独特的思维特点外显的能力特征。它包括：①发现问题的能力；②对特定问题顺利作出各种反应的能力；③从多种角度进行思考的能力；④产生新的非凡思想的能力；⑤善于发现特定事物的多种使用方法和机制的能力；⑥能弄清事物的内在含义和进行多种意义变换的能力。

江泽民同志在十六大报告中提出："创新是一个民族进步的灵魂，是一个国家兴旺发达的不竭动力，也是一个政党永葆生机的源泉。"在 2006 年 1 月 9 日召开的全国科学技术大会上，党中央国务院站在时代发展的高度，提出了"坚持走中国特色自主创新道路，为建设创新型国家而努力奋斗"的决策。《福布斯》中文版在上海发布 2006 年中国潜力 100 榜，揭露了一个重要趋势：在日益成熟的市场经济中，创新已成为我国中小企业健康快速成长的核心推动力。可见，创新对一个民族和一个国家的重要性。在日趋现代化和科学化的时代里，没有了创新，后果可想而知。从全球发展的趋势看，一个国家的自主创新能力将直接决定该国的未来，中国要真正屹立于世界之林，摆脱贫穷落后的局面，就必须走自主创新之路。

当代的大学生作为未来事业的建设者和接班人，其创新能力的强弱不仅对我国建设创新型国家起着关键性的作用，同时，对个人的职业发展也大有裨益。而令人感到遗憾的是，中国大学生目前的创新能力普遍是处在偏低的状态，大部分大学生缺乏创新观念和创新欲望，这一现状与我国的发展需要格格不入。要培养大学生的创新能力，可以从以下几方面入手：

(1)不畏常规，敢于超越，增强创新意识。创新是真正意义上的超越，是一种敢为人先的胆识。现在的大学生是从应试教育中走过来的。其在小学、中学接受教育大多是老师机械地灌输，学生被动地接受，学习的目的是为了考试，因而许多大学生的悟性、灵感被埋没了，思维被严重地束缚。创新能力的提高应该从增强创新意识开始。

(2)培养自己的发散性思维能力和想象力。发散思维又称创造性思维、求异思维，是沿着不同方向、不同角度、全方位、多层次地寻找解决问题答案的一种思维方式。

想象力并不只是文学家、艺术家的专利，它是从事任何职业的人都需要的。狄德罗就说过，想象是人的一种特质。对需要具备开拓创新能力的当代大学生而言，进一步培养自己的想象力就变得更为重要。爱因斯坦在总结自身经验时指出："想象力概括着世界上的一切，推动着进步，并且是知识进化的源泉"。法国化学家别奈迪克在实验室内发现摔在地上的一个玻璃杯，虽布满裂纹却没有破碎。正是这一件小事触发了他的灵感，使他最终研制出防震安全玻璃。

(3)积累知识，增长才干，做到知识与能力并重。创新需要胆识，也需要知识和才干。没有知识的积累，缺乏必要的才干，开拓创新就无从谈起，一个人的知识和经验积累越多，那他开拓创新的能力就愈加旺盛。因为一个人只有具备丰富的知识与经验，他才能拥有超群的才干，过人的胆识，他才能接受新思想，吸纳新知识，抓住新机遇，创造新成果。

创新不是一种简单的"包装"，它体现的是一种更高层次的能力，需要各种基础能力作保障。要真正地具备较强的创新能力，必须具备很强的综合能力和综合素质，尤其是观察力，分析问题和解决问题的能力，独立思考的能力和学习的能力，这些都要靠不断地思考与学习来获得。因此，在校期间，要加强包括学习能力在内的各种能力的培养，这些能力积累起来，就成了一股不可战胜的力量。

(4)积极参与社会实践，理论联系实际，学以致用。创新的灵感大部分来源于现实生活，而现实生活也是创新最好的材料。当代大学生大多是在温室里生长的花朵，很少参与社会实践，导致动手能力较差，实践能力较弱。参与社会实践特别是参与一些科技创新活动，对大学生创新能力的培养具有不可低估的作用。

中华民族是一个善于创新的民族，从古代的四大发明到"两弹一星"再到今日的载人航天，这些饱含了一代又一代人的心血，激励了一代又一代的人为之奋斗。有了袁隆平的创新，解决了13亿中国人的吃饭问题；有了奇瑞汽车公司的自主创新，实现了中国汽车公司在外国办厂数量为零的突破；有了全体航天工作者的创新，载人飞船才得以遨游太空。当代大学生应该勇于挑起重任，积极响应国家的政策，培养"敢闯敢试敢为天下先"的精神，崇尚探索精神与求实精神，以振兴中华为己任，为建设创新型国家作出自己应有的贡献。

七、竞争能力

每个人都有争强好胜之心，从这个意义上来说，竞争是生物进化法则注入人们身脉的一种本能。到了现代社会，由于市场经济的发展及人们知识和技能的激增与强化，这种本能的潜质在人们身上变成顺利完成某种活动所必备的一种心理特质，因而也成为文明人类所追求的一种能力品质。对当代大学生而言，由于他们在人群中所处的位置不同，因而培养其竞争能力就变得尤为重要。培养竞争能力应该注意以下几点：

(1)要认识到培养竞争能力是自身发展和社会发展的需要。随着毕业生就业的逐步市场化，“双向选择”已成为毕业生落实就业单位所能选择的唯一方式。竞争能力强的大学毕业生被用人单位录用的可能性必然最大。对用人单位而言，为使自己的产品占有市场，他们也面临巨大的竞争压力，因而他们渴求具有较强竞争力的人才。

(2)竞争是实力的展示。拥有知识，掌握比较多的技能，善于把握时机，敢于展示，才能表现为竞争能力。择业过程中，我们经常看到这样的情况，在学历相同的毕业生中，如果某一个毕业生有较强的外语能力，或较强的计算机能力，或较强的写作能力，或较强的公关能力，等等，往往会引起用人单位特殊的兴趣。因此培养竞争能力的重要前提是提高自己的综合实力，而不仅仅是一种争强好胜的抽象意识。

(3)要意识到竞争是人格的考验。竞争的目的是为了使人们在危机感中不断寻找拼搏前进的制高点，让每个人的才能得到充分的发挥，从而使人类的精神和物质财富得到空前的丰富。违背这一目的的行为不是真正的竞争，充其量只能是对社会财富、他人利益掠夺的权术，是人格和道德的堕落。因此我们说竞争是对人格的考验。竞争是激活社会机体的活跃细胞，它带来进步的活力，使胜利者继续前进，失败者奋起直追，对强者是鼓励，对弱者是鞭策，其结果是“你我他”的共同发展。

另外，还要注意在竞争中保持健康的心态。竞争是众多的人在追求同一个目标，不能达到目标的可能是大多数。要认识到这是一种正常的现象，要重整旗鼓，寻找新的目标继续前进。要知道成功有先后，胜利有迟早，只要目标合乎客观实际，加上自己顽强的努力，人人都会成功。

八、决策能力

决策能力是在面临多项选择时，及时、果断作出最佳选择的一种能力。它可以使个人少走弯路，少犯错误，以较少的付出获取较大的成功。人的一生往往会遇到许多重大的选择，优柔寡断而错失良机同草率决断而抓芝麻丢西瓜一样，都会给整个人生带来莫大的影响。因此大学生在校学习期间，应有意识地培养自己的决策能力。培养决策能力应注意以下几点：

(1)克服从众心理。从众心理是指个体对社会的认识和态度常常受到群体对社会的认识和态度的左右。从众行为者的意识深处考虑的是自己的行为能否为大众所接受，追寻的是一种安全感。从众行为者认为群体的规范、他人的行为是正确的时候，就会表现出遵从；当他认为群体的规范、他人的行为并不合适，而自己又没有勇气反抗时，就会被动地表现为依从。从众心理重的人容易接受暗示，他们依赖性强，无主见，人云亦云，容易迷信权威和名人。决策能力强的人，能摆脱从众心理的束缚，做到思想解放、冲破世俗，不拘常规、大胆探索，因此他们能独具慧眼，发现一般人不能发现的人才，捕捉到更多的成功机遇。

(2)增强自信心。拥有自信心是具有决策能力者明显的心理特征。没有自信就很难决策。增强自信心首先要有迎难而上的胆量。英国前首相丘吉尔曾说过,“一个人绝对不可在遇到危险的威胁时,背过身去试图逃避。若是这样做,只会使危险加倍。但是如果立刻面对它毫不退缩,危险便会减半。绝不要逃避任何事物,绝不!”其次要变被动思维为积极思维。“凡事预则立,不预则废”,平时善动脑筋,关键时自然敢作决定。再次要培养自己的责任感和义务感,走出个人的小天地,只有这样,个人的自信才能坚实可靠。另外,平时交往时,注意选择那些有自信心、敢作敢为的人,这样,必然会受到积极的影响。

(3)决策勿求十全十美,注意把握大局。做事务求十全十美,不想有任何挫折或失误,那只能作茧自缚。如能识大体,把握大局,权衡出利弊得失,当机立断,就能尽快实现自己的理想目标。

九、沟通能力

沟通是我们生活的主要部分,是我们所做的事情中必不可少的部分。微软中国研究院院长李开复博士说:“如果说电话是让一个人和一个人沟通,电视是一个电视台可以跟世界上每一个人沟通,那么随着信息时代的来临,因特网,则是世界上每一个人和每一个人都可以沟通。所以这个时代已经是一个沟通的时代,可见沟通是特别重要的。”沟通能力是现代企业对毕业生提出的新的能力要求。现代社会的进步和科学技术的发展,要求每个出色的社会成员必须具备较强的沟通能力,因为作为单个的人已不可能再像过去那样独立地完成任何一个具有社会意义的工作或研究课题。SGI视屏电脑科技有限公司人力资源部经理曹光荣也曾说:“你要让别人了解你,同时你也要了解别人。润滑剂是一种很平常的物质,但如果缺了它,世界上设计再精良的机器也不可能正常运转。对公司来讲,沟通也同样重要,每个人都有不同的文化背景,都有自己的社会经验、自己的能力、自己的性格和不同的做事方式,同时我们每个人的能力都是有限的,这就需要你去和别人沟通。做任何事情都需要别人提供支持和帮助。如何让别人了解你的想法、你的困难并乐意为你提供帮助,同样需要你的沟通技巧。”在信息社会里,任何单位都需要具有沟通才能的人才。

(1)沟通需要自信。缺乏自信的沟通必然是失败的沟通,自信不是自傲。当个人需要和别人沟通时,首先必须想到在人格上双方是平等的,尽管对方的职位可能比较高,权力比较大,个人可能会受到“人微言轻”的待遇,但必须给自己有一个积极健康的定位,那就是“我们彼此是平等的”。充满自信的人必然给企业带来更多的收益。

(2)沟通需要技巧。沟通的技巧之一就是要掌握心理学的互惠关系定律,即你对我友善,我对你也友善;如果你不友好,我尽可能友好地对待你。种瓜得瓜,种豆得豆;你对别人粗鲁,别人对你也粗鲁;你对别人礼貌,别人对你也礼貌;你尊敬别人,别人也尊敬你。行为孕育着行为。沟通的技巧之二是要能够以对方的立场来看待处理问题,但这并不意味着必须同意对方的观点。事实上,个人可能完全不同意对方的观点,但是自己能够从对方的视角来理解人,这在一定程度上能帮助双方减少交流中的抵抗和防御心理,有助于对方听取自己想要说的内容。沟通的技巧之三是在矛盾和冲突中寻找共同点。成功的管理者认为,最重要的沟通技巧是解决冲突的技巧,尤其是使冲突双方或团体都满意的处理冲突的能力和共同解决问题的方法。

第六章 大学生择业心理

第一节 树立正确的择业观

一、择业观的内涵及其形成

择业是每个大学生都要面对的问题。所谓择业，是指个人根据自己的意愿和社会的需要主动选择自己所从事的工作的过程。择业观则是指一个人对职业选择的目的、意义所持有的比较稳定的看法和态度，是一个人的人生观、价值观在择业问题上的综合反映。择业观正确与否将直接影响到毕业生能否正确认识自我、成功就业、适应社会和人生价值的实现，也在一定程度上影响到国家经济和社会的持续发展。

(一)择业观的形成及特点

择业观不是先天固有的，而是一个社会的、历史的范畴，它是一定历史条件下的产物，是随着社会经济的发展而变化的，是人们的人生观、价值观在择业活动中的具体反映。对大学毕业生而言，择业观与毕业生自身利益和日常生活最为密切，是大学生价值观体系的一个组成部分。其形成有两个前提条件：需要和自我意识。需要是形成择业观的客观前提，自我意识是择业观形成的主观条件。大学生的择业观就是在就业需要的驱动下，在自我意识的引导下，在择业活动过程中形成的。

择业观的形成是一个复杂的过程。概括地说，一方面通过社会舆论和学校教育管理等方式，有目的、有计划地引导大学生树立正确的择业观，使个人价值观和社会价值观协调一致；另一方面，则通过文化传播、家庭和社区活动等形式，把社会的价值观在潜移默化中渗透给每个大学生，促使他们择业观的形成和发展。如在择业过程中，毕业生择业受周围人特别是它所属的青年群体的观点和行为的直接熏染；家庭成员对职业的认识和评价也直接影响大学生的择业观。另外，电视网络等传播媒体也在不知不觉中影响毕业生的择业观。

大学生个人价值观在择业观形成过程中的作用是不可否认的。大学生对未来职业的认识、评价和价值体验一旦为实践所证实，被他人或社会认可，就会在他的头脑中强化，成为一种较为固定的看法和态度，就形成了择业观。

在市场经济条件下，当代大学生的择业观发生了深刻的变化，主要特点有以下几个方面：

(1)改革开放和社会主义市场经济的确立是大学生择业观转变的现实基础。在计划经济体制下，大学生的就业模式是国家统包统配，毕业生没有选择的自由。改革开放以来，随着市场经济的发展，我国的劳动人事制度在逐步改革，国有企业实行全员劳动合同制，国家机关实行公务员制。与之相适应，毕业就业制度也作了相应调整，从“一个萝卜一个坑”到在国家方针政策指导下的双向选择，这个变化，突出了毕业生在择业中的主体地位和作用，也把毕业生推到了市场面前，促使毕业生改变以往等着国家分配单位的就业观念，增加自主择业意识、竞争意识和风险意识。

(2)社会经济的发展对当代大学生择业观的转变和形成起着导向作用。由于第一、第二产业比重的下降，第三产业比重的增加，促使从业人员的分布格局发生变化，从业人员由第一、第二产业向第三产业转移，形成劳动力的流动。社会经济的发展，高新技术的采用，促使一些职业向综合方向发展，加大了劳动力全面流动的力度。因此，毕业生原有的从一而终的就业观念受到严峻的挑战和猛烈的冲击。产业结构的调整也必然促使某些行业和职业发生变化。一些行业因管理不善、生产能力过剩、产品技术含量低等问题，造成经济增长的停滞和萎缩，从而导致就业非常困难。而另外一些行业得到迅速发展，成为新的经济增长点，劳动力需求量迅速增加。同时，由于市场经济的作用，一些地区、行业、职业之间的收入差距逐渐拉开，各类职业的经济和社会地位也发生了变化，原来社会地位高的，其经济收入不一定高；相反，现在经济收入高的，其社会地位不一定高。这些变化，促使大学生择业由单纯追求职业的社会地位和声望向实际转化，即由“社会价值型”转变为“经济价值型”，把物质利益、福利待遇放到了相当重要的地位。

(3)国家和社会的需要对大学生择业观的转变形成起着支配作用。当代大学生应该认识到自己的成长道路上充满了党的阳光和雨露，是祖国和人民哺育了自己，所以应对社会有所贡献，在接受高等教育的同时肩负着建设祖国的义务。这种社会责任感制约着毕业生的择业动机，规范着毕业生的价值取向。当代毕业生注重个人才能的发挥与个人价值的实现，这是社会发展的时代特点。但大学生不能只强调个人价值而忽视社会发展，不能只向社会索取而忽视对社会的贡献。应该认识到，没有个人的创造与贡献，就没有社会的生存、发展和进步，也就没有大学生的成长和成熟。个人的价值最终决定于社会的价值，社会价值是个人价值的归宿。没有社会价值，也就没有个人价值可言，社会对个人的满足只能从个人对社会的贡献中去理解。大学生也应该认识到树立高尚的社会责任感，自觉服从社会的需要，为社会服务是当代大学生的义务。因此，毕业生在择业时，既要考虑个人才智的发挥，也要考虑国家的需要，到国家需要的地方去，充分发挥自己的创造性，在实践中实现自己的理想。

(4)人才市场的形成加速了大学生择业观的转变。人才市场的形成，对人力资源起着调节和配置的作用。大学毕业生可以通过人才市场选择能发挥自己能力、特长和有发展前途的用人单位。用人单位也可以挑选符合工种需要和技术要求的毕业生。这一新的就业模式也冲击着毕业生“统包统配”“从一而终”的观念，为毕业生选择新的就业岗位提供了机会，为毕业生发挥更大的能力、实现更大的价值提供了可能。同时，人才市场的形成，使毕业生择业过程中的自主意识、竞争意识得到了加强，新的择业观由此逐渐形成。

(二)择业观形成中应注意处理好三个关系

择业观是具体化的人生观、价值观，说到底，是每个有劳动能力的人对人生的基本态度。每个大学生从学校走向社会，从学校生活步入职业生活，这无疑是对其人生态度的一次考验。为此，要着重处理好以下三个关系：

(1)事业与谋生的关系。就业作为人们谋生的手段，是人类社会的普遍现象。但是，就业绝不仅仅是为了谋生，而应该把自己从事的职业融入到祖国的事业、所在地区的事业、所在单位的事业中去，激发努力工作的热情，奠定就业的扎实基础。

(2)奉献与索取的关系。大学生就业要通过自己的劳动获取一定的报酬。但是，社会要发展，人人都有对社会作奉献的责任。从这个意义上讲，在就业岗位上的劳动可以衡量个人对人民、对社会创造的价值和贡献的大小。所以，大学生要处理好奉献与索取的关系，并逐步形成自己的就业观。

(3)发展与眼前的关系。大学生走向社会，总期望有一个高起点，这是可以理解的。但是，现实中没有那么多理想的用人单位。为此，不能把眼睛仅仅盯在眼前，而要对未来充满信心。

择业观对大学生择业具有导向和动力作用，支配着对择业目标的期望、定位和选择，支配着择业主体的择业行为。因此，正确的择业观能够指导大学生对职业进行正确的评价、准确的定位、合理的选择。反之，不正确的择业观将使大学生对择业产生过高或过低的期望，影响准确定位和合理的选择。

一般来说，择业观形成以后，就会在较长的时间内发挥其导向和动力作用，左右着大学生的择业思想和择业行为，具有相对稳定性，但择业观亦是社会现象的反映，必然随着社会的变化而变化，折射出时代的变迁。

二、大学生择业观的现状

(一)择业观念日趋成熟

个人利益与社会利益、国家利益相统一的价值观，也即利与义相统一的价值观为广大学生所认同。但当代大学生所理解的“义”，不是只讲奉献不求索取的纯利他主义，更不是金钱至上的拜金主义，而是以主体意识、公民意识逐渐增强为基础，以自主、自由、平等交换为实质内容的新的价值观。并没有丧失社会责任感。在择业时既希望发挥个人才能，获取较高的经济收入，又期望兼顾国家和社会的需要。

(二)择业动机突出自我发展

在择业动机方面，主要突出个人才能的发挥，其次是经济利益的实现。发挥个人才能成为大学生择业时考虑的首要因素。大学生在择业时，并不是一味追求物质利益，而是更注重个人才能的发挥与特长的施展，追求自我价值的实现，追求长远的人生发展目标。但在注意个人才能发挥的同时，也希望获得较高的经济收入。

单位的发展前景成为大学生择业时考虑的第二个重要因素。在择业时，除了考虑自我价值和经济利益的实现外，还注重单位的发展前景，因为单位发展前景如何，直接影响着个人才能的施展。

(三)择业目标趋高不下

在择业目标方面，趋向于高薪水、高地位、高层次的工作，回避待遇低、地位低、层次低的工作。在就业地域方面，多数大学生向往大中城市，尤其是沿海的中心城市，因为这些地区的经济发展水平较高，发展前景较好，施展个人才能的机会多。部分学生认为小城镇特别是山区，社会经济发展相对落后，思想观念比较保守，缺乏发挥自己才能的环境和待遇，因而不愿下基层。

在单位选择上，其重心逐渐转向非公有制企业。随着国有企业的改革，行政机关公务员制度的实施，人事代理制度的逐步完善，国有单位对毕业生的吸纳能力有所下降，而非公有制企业对毕业生的吸纳能力明显提高，迫使毕业生选择单位的重心，逐渐由国有企业转向非国有企业。但仍有部分学生以选择工作比较轻松、稳定，竞争不是很激烈的单位为主。

在职业选择上，大部分毕业生愿意从事与自己所学专业相关的工作，以发挥自己的专业优势，但更愿意从事高层次的管理工作和高收入的工作，不愿意到艰苦行业去工作。这种择业目标往往给择业造成障碍，影响其顺利就业。

（四）择业的多向性与不稳定性

总体来讲，当代大学生择业观的主流是好的，但不容忽视的是，在某种功利思想的驱动下，大学生择业呈现出多向性和不稳定性，表现为“鱼”与“熊掌”两者兼得的愿望，这山望着那山高的趋向和多向性地进行求职与应聘。

择业对于大学生来说是一次实现人生价值的选择。学生从学校步入社会，往往存在以下矛盾：对就业岗位和就业环境不适应产生的心理矛盾，个人职业期望与社会现实的矛盾，个人理想与市场制约的矛盾等。由于这些矛盾，择业时难免会产生多变性，具体表现在：有些人酷爱自己的专业，然而又怕过艰苦的生活，择业时茫然无措；有些人意识到基层和艰苦行业需要人才，能够锻炼自己，但又怕基层条件差，埋没了自己的才能，择业时举棋不定；还有的人不顾自己的专业特长，把待遇高、福利好的单位作为择业目标，但同时又想实现自己的价值与抱负，在择业时犹豫不决。例如，有部分毕业生同时和多个用人单位进行联系，今天认为这个单位待遇不错，比较符合自己的理想，明天又觉得那个单位有利于自己的发展，在多个单位之间难以取舍。甚至还有极少数毕业生，到离学校时才匆忙选定单位，可到单位报到后又后悔。还有一部分学生已和某单位成达就业意向，但迟迟不肯签约，还要继续寻找新单位，总希望能找到更好的单位，最后因拖延时间而失去了机会。因此，大学生择业的多向性与不稳定性，一方面对自身的就业不利，择业时左顾右盼，当断不断，必定错失良机；另一方面对用人单位不利，毕业生在择业时反反复复，随意违约，延误了用人单位对人才的挑选。

三、树立正确的择业观

大学生择业既要符合自己的职业理想，更要符合社会的实际需要。职业是社会分工的结果，职业生活是社会生活的组成部分，个人的选择必须和社会的需要结合起来。大学生必须树立正确的择业观。

（一）树立勇于面对竞争的观念

社会主义市场经济最显著的特点之一是竞争。没有竞争，整个市场就失去了活力，经济就不能很好地发展，社会也就难以前进。竞争可以发挥人们的自立、自强、自主的精神，调动人内在的潜能，增强工作和社会活动的能力，因此，竞争意识是现代人必备的素质之一。大学生就业市场同样存在着激烈的竞争。首先体现公平，有利于选择人才；其次提供竞争平台，有利于人尽其才，优胜劣汰。同时克服了旧的人事管理体制的弊端，使大学生在就业中由被动变为主动，调动了个人的积极性。面对就业竞争的现实，大学生应当摆脱被动依赖、消极等待的现状，敢于竞争，树立“爱拼才会赢”的观念，做好多方面的竞争准备。

(1)要树立强烈的竞争意识。全国每年都有几百万的大学毕业生在短短几个月的时间内集中实现就业，这对每个毕业生来说都存在一定的压力。如果没有强烈的竞争意识，不把外在的压力转化为动力，没有主动竞争的意识和积极参与应聘的行动，显然是难以顺利就业的。人才市场上的供求关系总会存在这样或那样的一些不平衡之处，同一职业岗位往往会有较多的择业者期望获得，择业者要想实现自己的期望目标唯有竞争。

(2)要培养雄厚的竞争实力。大学生要想在就业竞争中获得成功，仅有竞争意识是远远不够的，还必须具备雄厚的竞争实力。竞争实力是综合素质的体现，包括思想品德素质、专业素质、文化素质、身心素质等等。竞争实力是在大学生活过程中逐渐培养和塑造起来的结果。在公开、公正的竞争原则下，竞争实力就是个人实现择业目标的基础。

(3)要遵守正确的竞争原则。就业竞争是现实的，有时也是无情的，竞争应当符合道德规范、法律规范的要求。竞争应当坚持公开、公正、公平的原则，而不是尔虞我诈、相互诋毁、弄虚作假、瞒天过海。大学生在就业面前，要保持自己的人格尊严，诚实守信，凭自身的竞争实力并运用恰当的竞争技巧去赢得用人单位的青睐。

(4)要保持良好的竞争心态。有竞争就有风险，参与竞争就难免要受到挫折。对于就业竞争中的大学生来说，尤其要注意提高遭受挫折后的心理承受能力，把挫折看成是锻炼意志、增强能力的好机会。大学生要保持良好的竞争心态，主动摆脱受挫折后的颓丧情绪，认真分析失败的原因，调整自己的心态和择业目标，鼓足勇气，争取新的机会。绝不能因此而灰心丧气，一蹶不振。

(二)树立正确对待待业的观念

随着毕业生就业制度的改革，部分毕业生不能及时落实就业单位，出现短期待业的现象已成为不可避免的现实。

少数毕业生的短期待业，首先是择业性的待业。出现这种现象的主要原因有：①少数毕业生就业期望值居高不下，在择业时，不但要求工作单位地区好，而且效益也要好，导致一些所谓好单位和好地区，虽人满为患却仍趋之若鹜；一些条件相对较差的单位和地区，虽求才若渴却少有人问津。这使得有些毕业生错失良机，造成待业。②有些毕业生对自己要求不严，学习态度不端正，学习动力不足，认为学习好坏一个样，不珍惜在校的学习机会，学业不佳，甚至不能毕业，这类毕业生在竞争中必遭淘汰。③有些毕业生各方面都比较优秀，但缺乏一定的就业技巧和能力，不及时主动推销自己，暂时失去机会。有的毕业生比较优秀，但经校方多次推荐仍不能落实单位，原因就是他本人在就业时被动地接受推荐，而不懂得如何适当推销自己。④原有接受毕业生的主渠道——国有企业，正在进行改革，其吸纳能力明显减弱，而部分毕业生的就业观念还没有及时转变，仍抱定只有去国有企事业单位才算就业的观点，这使得就业的路越走越窄。

其次是结构性待业。出现这种现象的原因有：①人才要求高层次化，即社会对毕业生的需求层次提高，质量要求提高，数量减少。许多用人单位只愿接收研究生、本科生，对专科生的需求不多，于是专科生就业就相对较为困难。②部分专业设置不科学，专业口径过窄。有的专业方向单一，与当前社会要求一专多能的复合型人才不符。如果学生本人不主动完善自己的知识结构，培养自己的综合素质，这也将造成毕业生就业困难。③学校招生与毕业生就业未能很好地结合起来，学科之间、专业之间的发展不平衡，部分专业如文史哲等专业供应量明显高于需求量，因而造成这些专业学生的就业困难。

双向选择的就业模式，增加了大学生和用人单位的选择自主权，同时也难免出现毕业生想去的单位进不去，用人单位想要的毕业生要不来的现象。因此，每年全国几百多万毕业生，其中有少数毕业生一时落实不到岗位是很正常的现象。不管何种原因造成的暂时性的待业，我们都应正确对待。

(三)树立先就业后择业的观念

在计划经济条件下，一次就业定终身的观念，在经历了历史的积淀后便形成了社会具有普遍性的就业心理。而当代社会为人们提供了独立发展的空间，市场优化配置资源的方式是合理流动，市场经济配置人力资源的特征是流动。资金、商品要流动，人力资源也同样要流动。大学生不必急于在短时间内找一个固定的"铁饭碗"，要学会在流动中求生存求发展。随着人事代理制度的不断完善，为毕业生的流动就业创造了条件。近年来，一部分毕业生不再强求找一个固定的就业单位，而是毕业时将户口迁回生源地，把档案托管在工作地的人才交流中心，在哪里找到岗位就在哪里就业。因此，大学生要树立不断进取的职业流动观念，并学会在流动中发现机会、抓住机会、把握机会。

(四)树立自主创业的观念

自主创业是指毕业生不参加传统意义上的就业，通过采取单干、合伙等方式创办公司或其他企事业单位，从事技术开发、科技服务以及其他经营活动来创造就业岗位，并依法获得劳动报酬的就业方式。自主创业给最具创造能力和活力的大学生提供了就业的新途径。诚然，自主创业具有一定的风险，但是，随着我国政治、经济、文化和高等教育制度的不断改革，自主创业将是一个必然趋势。国家提倡发展私营经济，鼓励自主创业，大学生应该成为自主创业、努力创造就业岗位的领头羊。

(五)树立到基层去、到农村去的观念

农村是广阔的天地，我国农村人口占全国人口的70%以上，中国的现代化建设离不开农村的现代化，"科教兴国"的战略包括"科教兴农"。改革开放以来，我国农村的社会、经济、文化发生了翻天覆地的变化，创造了大量的就业机会，迫切需要大量优秀毕业生投身农村的广阔天地，传播星火科技，带领农民致富，发展农村经济。同时，农村广阔的天地也为大学毕业生施展才华、实现理想创造了条件。如果毕业生只是留在城市就业，那么，就业的路子就会越走越窄。从现实和发展上看中国高等教育大众化，要求毕业生不能仅在城市就业。农村的经济与社会发展了，也需要并能容纳更多的高校毕业生就业。具有创业精神和创业技能的高校毕业生，到农村求职，更有可能成为新的工作岗位的创造者。选聘高校毕业生到农村任职是党中央的一项重大决策。从2008年开始，用5年时间选聘10万名高校毕业生到农村任职，这是贯彻落实党的十七大精神，为社会主义新农村培养骨干力量的重要举措，为广大毕业生到农村去、到基层去建功立业、成长成才提供了新的机遇。

(六)树立发挥专业所长的观念

专业对口，更容易发挥专业所长。在大学生就业市场里，常会看到不少毕业生为了各种各样的原因盲目放弃专业，比如说，只要能留在大城市，让我干什么都行；盲目追求热门职业而忽视专业特点。在一家公司办公室做文秘工作的小何感慨地说："想当初为了留京，放弃自己喜欢的专业，现在真是后悔莫及。现在想要转回原来的专业，谈何容易啊！"他告诫师弟师妹们，在就业选择岗位时，一定要慎重考虑，现在科技发展使知识更新周期大大缩短，在某些专业，如果改行，一两年后想回流再重操本业是相当困难的。专业知识是一个人知识结构的主干，是知识体系的主体，而专长则是知识结构的支干，是知识体系的外延。知识结构主干决定了就业的适用范围，虽然我们不提倡绝对的专业对口，但应考虑所掌握主体知识的适应性及所具专长的扩展面。因此，毕业生在择业时首先要考虑所学的专业，根据专业特点谋求职业，以做到专业特点与职业要求相匹配，发挥专业优势。想放弃专业的毕业生应该权衡利弊。目光短浅，只顾眼前而不考虑自己的专业特长和自己的专业爱好，这是不可取的。

四、大学生职业期望值及其调节

所谓职业期望，是指个体对某种职业的渴求和向往。人类社会自从有了职业，人们就有了职业期望，只不过原始的职业期望只是一种自下而上的需要。随着社会的发展，职业不断分化，核心职业不断产生，人们的职业期望也随之不断发生变化。由于社会政治、经济、文化以及家庭对人的影响不尽相同，人的思维方式、知识素养、价值观念等存在差异，因此不同的人有不同的职业期望。在大学生的职业选择中，其职业期望也各不相同，呈现出多元化的态势。有的毕业生向往有一份能实现自我价值的职业，凭自身条件干一番事业；有的毕业生则希望有一份能发挥自身素质优势的职业，并在此岗位上为社会、国家作出自己的贡献；等等。那么，什么样的职业期望才是合理的，才是符合社会需要的？大学生应该怎样把握自己的择业期望值？这正是我们要讨论的问题。

（一）职业期望分类

在现代社会中，职业是多种多样的，人们的职业期望也不尽相同。按照发生过程，职业期望可分为自然性职业期望和社会性职业期望；按照所指向的对象，职业期望可分为物质性职业期望和精神性职业期望；按照实现的程度，职业期望还可分为合理性职业期望和不合理性职业期望等。

1. 自然性职业期望和社会性职业期望

在职业选择中，如果个人对职业的要求只是为了谋求维持自己的生存及延续后代的条件，而没有其他的向往，那么，这种职业期望就是自然性职业期望，是一种较低层次的职业期望。人是大自然的产物，决定了他永远不能摆脱自然界的制约。没有任何自然性的要求，个体就不能生存和延续后代。所以，自然性职业期望是保障人类生存的基本要求。社会性职业期望是在社会职业活动中形成的对人类文化的期盼，对政治生活和交往活动的追求，如对成就的渴望、对文化生活的向往、对社会肯定的追求等。在现代生活中，人们所处的社会环境和经济地位不同，并且随着社会的发展和文化的进步，人们的自然性职业期望越来越少，而社会性职业期望则越来越强烈。从一定意义上讲，当人的社会性职业期望得不到满足时，虽然人的生存条件不会受到太大的影响，但会使人产生一种不愉快的感觉。比如在十年动乱中，许多科学家被迫去当清洁工，许多高级管理人才被迫去当门卫，实际上是剥夺了他们的社会性职业期望，显然是非常痛苦的。

根据我国目前的人才管理体制，大学毕业生的社会性职业期望一般都会得到满足。毕业生就业政策中所谓的专业对口、学用一致、人尽其才等原则，为广大毕业生实现其社会性职业期望提供了可能；社会主义市场经济条件下的人才合理流动，以及人才市场的发育和完善，更为广大毕业生的职业追求提供了充分的社会条件。因此，广大毕业生要正确认识这一点，在职业选择中眼光不能只盯在生活条件上，要把成就事业、施展才华、为社会多做贡献作为自己最高层次的职业追求。

2. 物质性职业期望和精神性职业期望

物质性职业期望主要表现为人们对职业活动中物质文化的向往，包括工资待遇、生活条件以及生活环境等，是人最基本、最重要的需求，也是其他一切需要的基础。人的精神性职业期望，主要表现为人们对职业活动中文化方面的向往，比如文化环境、学习条件以及对美的追求等。现代职业活动给人们的物质性职业期望和精神性职业期望都提供了实现的可能，因为在职业活动中，人们在物质欲望得到满足的同时，也为精神、文化欲望提供了必要的条件和环境，而且职业活动本身就是一种精神享受。在人们共同的职业活动中，会促进朋友之间、同事之间的情感交流，使人产生满意感和归宿感，并且职业活动的结果又会使人产生一种成就感。通过职业活动个人会感到自己的力量和智慧，从而使个人的精神更加充实。由此可见，物质性职业期望和精神性职业期望的实现是相辅相成的，只要抱定了为社会、为人类贡献自己聪明才智的决心，并在职业岗位上勤奋工作、不断进取，则无论职业岗位如何，个人都能从中得到物质和精神上的满足。所以，当代大学生应以中华民族的大业为己任，在祖国经济建设的任何职业岗位上，都能施展自己的才干，为国家、为人民作出自己应有的贡献。

3. 合理性职业期望与不合理性职业期望

职业期望是复杂多样的，但在现实生活中，并不是所有人的职业期望都能变成现实。一个人的职业期望能否变成现实，主要看其是否建立在合理的基础上。比如在就业过程中，也许每个人都希望自己有一份既轻松愉快，待遇条件又好，还不怎么费劲就能成就一番事业的职业。很显然，这种职业期望是不能实现的。也许不少大学毕业生都希望从事设计、研究工作，或者希望到沿海开放城市寻求一份满意的职业，殊不知，任何一个职业的选择，都受到社会需求、自身素质以及其他社会因素的制约。另外，个人的职业期望又是发展变化的，它随着社会生产力的发展而发展，随着社会职业结构的变化而变化。比如在太空飞行器还未诞生之前，就不会产生当一名宇航员的职业欲望，即使有也难以实现。由此可见，人们在职业选择过程中，应实事求是地对自己的职业期望有一个客观科学的分析，分清哪些是合理的，是能够实现的，应该努力追求的；哪些是不合理的，是实现不了的，应该放弃的。这就要求每一位大学毕业生，应以自己的专业所长、个人素质优势以及客观的社会需求为基础，确立自己合理的职业期望。

(二)正确把握择业期望值

所谓择业期望值，是指一个人要获得的职业岗位对其在物质和精神上的需求的满足程度。比如工资收入、福利待遇如何，工作环境、工作条件怎样，能否受到尊重和器重，能力特长和抱负能否得以施展，等等。

在大学毕业生就业过程中，每一个人都希望能获得一份能更多、更好地满足自己物质生活和精神生活需求的职业。但是必须看到，这种期望变为现实，要受到自身条件和客观因素的制约。一个人的择业目标能否实现，除了个人素质、专业、社会需求、机遇等条件外，还要受自己对择业期望值高低选择的影响。所以，当大学生根据自身条件和社会需求确定了自己的择业目标之后，如何把握择业期望值，就成为关系到择业目标能否实现的关键性问题。如果把握不好，就难免走入误区。

1. 正确把握择业期望值，必须克服几种错误的思想倾向

(1)图虚荣的思想。由于虚荣心作怪，一些毕业生在选择职业时，不顾客观条件的限制，一心只想找一份让别人羡慕的职业，至于自己能否胜任，是否适合自己，能不能有所发展，都不考虑，其结果要么因超越现实而无法实现，要么在工作岗位上因无法施展才干而业绩平平。

(2)图享受的思想。优越的待遇和条件往往对大学生最具诱惑力，但也是最容易使毕业生择业失败的误区之一。随着市场经济的发展，一种职业的社会声望越来越多地与经济收入状况联系到一起，这一社会现实反映在一些大学生的就业选择的热点上。客观地讲，一些毕业生希望有一个较好的工作环境，这种职业期望不能说是错的，问题是有部分毕业生对这类单位的职业活动特点知之甚少，而对其收入和生活条件期望过高。这就意味着即使他们能如愿以偿得到这份职业，但对如何进入职业角色，如何实现自己的抱负，还在未知之列。甚至有部分毕业生只重金钱，图实惠，只要生活条件好，不惜放弃自己的专业和抱负。这种只图一时实惠和享受，而不考虑国家需要和个人发展的思想倾向，是非常不可取的。

(3)图安逸的思想。害怕艰苦，不愿到生产建设第一线和艰苦地区工作，这也是导致部分毕业生择业出现偏差的重要原因。有几分耕耘，便有几分收获。人生犹如一个竞技场，不付出艰苦的劳动，便无法得到社会的承认。事实上，即使在环境较好的职业岗位上，只图安逸、享受是不行的，因为任何一个单位的良好条件，都来自于该单位良好的经济效益，而良好的经济效益则来自全体员工的勤奋工作。因此，图安逸享受显然是行不通的。

2. 正确把握择业期望值，在方法上应注意两点

(1)要防止偏离正确的择业目标。正确择业目标的确立要从自身素质和社会需要来考虑，而择业期望值的确立也应如此。大学生在确立自己的择业期望值的过程中，如果偏离自己的兴趣、专业特长和实际能力去选择，就失去了自己的优势，从而偏离自己的择业目标。还有的毕业生明明在某一方面素质不太好，却要选那些对这方面素质要求较高的单位或岗位；也有的毕业生明明在某一方面素质较好，却轻易地放弃了对有可能发展自己这方面素质的单位或岗位的选择，这不仅不利于自身的发展和成长，而且对国家和人民的利益也是不利的。

(2)防止期望值过高。有的毕业生在择业过程中，不顾自身条件的限制，眼睛死盯着“好单位”，宁愿呆在“上面”无所事事，也不愿到“下面”较适合自己的地方去施展才华。实践表明，择业期望值过高最容易使人陷入两种困境：一种是期望值超出现实太多而使个人在择业时屡屡失败；另一种是即使侥幸获胜，也会因自身能力不及、工作无法胜任而处于被动困境之中。

合适的择业期望值不是一下子就能确立的，通常采取“分步达标”和自我调整的办法，不断调整择业的期望值，使其达到最佳。所谓“分步达标”，即先确立一个总的期望值，再将总的期望值分解成几个阶段性目标，然后逐步付诸实施。在实际过程中，如果发现自己所选择的阶段期望值过高，就把它移作下一个阶段的期望目标。所谓自我调整法，就是把职业期望按其主次分成不同的层次，首先满足主要的需求，然后根据自己的实际情况和客观条件的变化，依次进行必要的调整，直到个人意愿和社会需求二者相吻合为止。

第二节 大学生择业心理准备

择业是大学生人生道路上的一次重大选择，将会遇到一些矛盾和困惑，在这次选择中每个人都要接受心理素质的检验。因此，大学生了解心理素质的有关问题，进而培养自己良好的心理素质对于自身的健康成长和顺利迈向社会都是非常必要的。

一、大学生择业心理

（一）心理素质及其对大学生择业的影响

1.心理素质的含义及标准

心理素质是指人在认知、情绪、情感、意志、性格、自我意识、价值观及社会交往与适应能力等方面的素养。它是在环境的熏陶下，个体经过长期的修养、逐步内化出的一种心理结果。心理素质与心理健康既有联系又有区别，心理素质是指人的心理品质，而心理健康则是指一个人积极适应环境的能力或状态。良好的心理素质是使心理保持健康的重要基础，而健康的心理状态又是培养良好心理素质的基本条件，二者互为因果关系。心理素质的水平直接影响着人的自身发展、人的活动效率及人对各种环境变化的反应。

2.良好心理素质的标志

（1）智力正常。这是良好心理素质的基本条件，是保证人们有效地进行认识活动并间接地适应环境的心理特点的有机综合。其主要因素包括观察力、记忆力、想象力、思维能力、注意力和创造力。

（2）情绪稳定。情绪反应适度，积极乐观。无论成功或失败，都能适时自我调整情绪，正确支配自己的情感与行动，对周围环境和外界刺激作出合适的反应。特别是身处逆境时，能发掘生活的光明面，增强自信心；受到挫折或失败时，不气馁、不灰心，能控制自己的情绪，调整自己的心境，及时摆脱消极情绪的困扰，避免情绪的大起大落，保持情绪稳定向上。

（3）意志健全。意志是实现人的活动目标过程中的心理素质。意志健全表现为：行为目的明确而合理，自觉性高；意志顽强，能自觉克服前进道路中的各种困难和挫折，不达目的不罢休；善于冷静客观地分析情况，处事果断；自制力好，忍受力强，能有效地控制自己。

（4）人格统一。人格统一的主要表现是：性格乐观开朗；有较强的自我意识，能比较正确地认识和评价自我，并有效地支配自己的行为；有积极的价值取向；人格结构中无明显的冲突与分裂现象。

（5）人际关系和谐。人际关系和谐主要表现在：乐于与人交往，在心理上能够接纳大多数人，积极主动地广交朋友；在与人交往中能够保持独立而完整的人格，不依赖别人，也不驾驭别人，不卑不亢，言行举止与自己所扮演的社会角色相符；严于律己，宽以待人，正直诚实，乐于助人，与人相处和谐愉快，使人有安全感。

3.心理素质对大学生择业的影响

（1）对确立择业目标的影响。择业是大学生走向社会、服务社会的需要。择业中的首要问题是确立择业目标。心理素质对确立择业目标起着重要作用。它决定求职者能否客观正确地分析自我、认识自我，如所学专业、思想修养、能力特长、兴趣爱好等；能否客观正确地分析用人单位需要和社会需要;能否将个人利益与国家利益,个人理想与社会需要有机结合起来;能否在择业的坐标中找到自己准确的位置。

(2)对择业过程的影响。择业是选择与被选择的过程,是大学生施展才华、叩开职业大门的过程,也是用人单位评判、筛选大学生的过程。大学生在择业中,将会遇到自荐、面试、笔试、竞争等一系列的考验,也将会遇到专业与爱好、专业与效益、专业与地域、地域与家庭之间的一些矛盾。能否顺利地接受这些考验,能否果断地处理这些矛盾,心理素质起着重要的作用。良好的心理素质,可使人在面对考验和矛盾时,做到镇静自如、乐观向上、不怕挫折、勇于创新、缜密考虑、果断决策。面对择业无论成功与否,都能及时进行情绪的自我调整,正确支配自己的感情和行动,能对外界刺激作出符合社会行为规范的反应。特别是在不成功时,更能有效地克制自己,调整自己的心境,尽快摆脱消极情绪的影响,避免情绪过度波动,以便及时总结经验,另辟蹊径。

(3)对实现择业目标的影响。良好的心理素质对择业目标的实现起着促进和保障作用,可使求职者充分发挥自己的聪明才智,挖掘自己的潜力,综合自己的优势,扬长避短,不懈努力,从而找到最能施展自己才华、实现人生抱负的舞台。

4. *大学生如何具备良好的心理素质*

心理素质既然对大学生择业、职业适应、职业成就具有重要的影响,大学生理应具备良好的心理素质。和其他社会成员相比,大学生是接受过系统、正规的高等教育的群体,应该具备比其他青年群体更为优良的心理素质。大学教育是专业活动能力与系统全面的综合素质双重结合的培养过程。因此,具备良好的心理素质应该是大学生培养教育过程中的重要发展目标之一。就大学生自身来讲,应从以下几个方面入手,努力培养良好的心理素质:

(1)掌握知识,开发智力。知识是人类在社会实践中积累起来的经验,是前人与他人运用自己的智力认识世界的成果,也是后人开发智力的养料。掌握知识,用社会需要的知识丰富自己,这样才能见多识广、高瞻远瞩,才能有助于提高心理素质水平。

大学是人生最宝贵的求知阶段,要用丰富的、全面的、先进的知识武装自己,大学生应注意以下几个方面知识的学习。首先是要搞好专业知识与技能的学习,把自己培养成社会需要的专门人才。其次要加强系统、综合知识的学习,特别是要注重人文知识、外语知识、计算机知识的学习,拓宽自己的知识面,使自己能够适应21世纪科学技术的发展。当代大学生即将面对的是一个高科技、高速度发展的信息社会,一方面知识正迅速更新,另一方面知识呈现出高度综合的发展趋势,过于狭窄的知识面将无法应付未来社会的知识要求。同时,要加强社会实践知识的学习,在实践中汲取营养,使自己所学的知识能够在社会实践中得到检验和运用。

智力和知识密不可分。智力是通过学习活动在掌握知识技能的基础上发展起来的,但它反过来影响知识技能的掌握。智力的一个主要表现就是学习知识、运用知识的能力,不学习知识,就不可能有智力的发展。人的智力就是通过对知识的加工表现出来的,也是在加工的过程中发展完善的。作为一名大学生,不仅要掌握尽可能多的知识,更重要的是应该掌握用于创造更多、更新知识的能力。因此,大学生不仅是学习了很多知识的人,而且更主要的是有能力创造更多知识的人。

(2)培养优良的非智力因素。非智力因素是心理素质的重要组成部分,它主要指个体的情绪、意志、人格等因素。非智力因素与成就关系密切,与创造能力关系密切,并在成就与创造活动中起着重要作用。特别是受过高等教育的大学生,理应成为具有优良非智力因素的优秀人才。

要具有优良的非智力因素，应努力做到：

第一，培养良好的兴趣。兴趣是指一个人经常趋于认识、掌握某种事物，力求参与某项活动，并且有积极情绪色彩的心理倾向。大学生培养良好的兴趣，首先要提高自觉性。充分认识到兴趣是爱好的基础、是人才成长的起点，对于人的创造活动和工作研究具有入门作用。其次，增强兴趣的广度。广泛的兴趣促使人们接触和注意更多的事物，积累更多的知识。再次，培养中心兴趣。中心兴趣能够促使人们获得深邃知识，发展某个方面的特殊才能，使活动富有创造性；能够保持兴趣的稳定性与持久性，使精力专注，持之以恒，在事业上有所建树。

第二，培养良好的情绪情感。情绪是人的自然需要是否得到满足而产生的一种体验。情感则是人的社会需要是否得到满足而产生的一种体验。情绪具有较大的暂时性和情境性，情感则比较稳定持久。按照强度和持续时间，情绪状态可分为激情、心境和热情等形态。高级情感可分为理智感、道德感和美感。

大学生要培养良好的情绪情感，必须充分认识自身情绪情感的特点，善于控制和调整消极情绪情感，有明确的奋斗目标，树立正确的人生态度；要有豁达的胸怀，善于正确认识自己，正确对待别人；加强意志的锻炼和优良性格的培养，提高适应环境的能力；敞开心扉，经常与别人交流思想，理解别人；要理智地对待一切，用社会的准则规范自己；热爱生活，热爱社会，在社会实践中不断磨炼自己的情绪和情感。

第三，培养良好的意志。意志是人出自一定动机，自觉确定目的并支配和调节自己的行动，克服困难达到目的的心理过程。受意志支配的行动，称为意志行动。意志行动具有三个特点：一是人的意志行动有明确的目的性，二是人的意志行动是与克服困难相联系的，三是意志行动是以随意动作为基础的。

大学生培养自己的意志，就要在培养意志的四个品质上下工夫。一是培养意志的自觉性，二是培养意志的果断性，三是培养意志的自制性；四是培养意志的坚韧性。

第四，培养良好的性格。性格是人格中最重要的心理特征之一，它是一个人处事待物方面所表现出来的比较稳定的对现实的态度和与之相适应的习惯化的行动方式。恩格斯曾指出："人物的性格不仅表现在他做什么，而且表现在他怎样做。""做什么"反映人对现实的态度。"怎样做"反映人的行为方式。

大学生要培养良好的性格，必须努力提高培养良好性格的自觉性，充分认识到良好的性格对于人的正确思考、理智处事待物有很大作用。要积极参加集体生活，善于向周围的同学学习，特别是向那些性格自信自强、正直坦率、谦虚谨慎、敢于开展批评与自我批评、敢于追求真理的同学学习。要善于听取意见，积极参加集体生活，在实践中防止和克服怯懦、自卑、孤僻、狭隘、忧郁、狂躁等不良性格。

第五，培养正确的价值观。价值观属于人格中的核心内容。大学生价值目标的正确与追求在很大程度上影响着其活动的方向和途径。大学生要十分重视自身价值观的培养和发展，将价值走向与自身成才联系起来，与崇高的人生目标联系起来；注意价值观走向确立中科学的批判性，防止盲目从众，盲目趋新，盲目选择；追求主体价值取向的稳定性以及正确的价值观。

(二)大学生择业心态

(1)理想与现实的矛盾。人的一生，总是在不断地追求。大学生的择业追求更为突出，大学生活使大学生知识的羽翼日渐丰满，雄心勃勃，准备干一番事业。然而，由于大学生涉世尚浅，接触社会少，理想往往脱离现实，想干点大事，有诸多艰难；想尽快有点起色，又不那么容易。大学时的热门专业，到毕业时变冷了，原来的“短线”专业又变成了“长线”专业了。

(2)自我意识和驾驭自我的矛盾。大学生的自我意识随着年龄的增长、知识的积累而不断增长。但在择业中，由于大学生人生经历简单而且顺利，往往不能客观地分析和评价自我，多数大学生对自己的评价偏高，择业时清高自傲，期望值过高，不能把握自我。少数学生自我评价过低，择业时妄自菲薄，缺乏自我驾驭的能力。

(3)渴望竞争，但缺乏竞争的勇气。就业制度的改革，为大学生择业提供了平等的竞争环境，大多数毕业生希望凭借自己的能力迈向社会第一步，迎接新的挑战。竞争给大学生提供了新的机遇，许多学生也想在这个充满竞争的时代展示自己的才华，但当竞争和机遇来临之时，又有相当多的大学生顾虑重重，缺乏勇气，虽有强烈参与竞争的意识，但却对竞争缺乏信心。

(4)只图实惠，忽略其他因素。有的大学生在择业时，首先考虑的是单位效益。例如，工资多少，奖金如何，有无住房，至于这个单位是否与自己的专业对口，自己的能力、兴趣、性格是否符合岗位的要求则排在其后。关键是能否挣钱，“前途前途，有钱就图”。这种功利化的择业标准，使相当多的大学生败下职场。

(5)不切实际的盲目攀比。有些大学生在择业时，往往不考虑个人因素是否符合某种职业的需求，自己的择业期望随着其他同学的提高而改变，互相攀比，已落实了工作单位的同学，一听别人选择了比自己知名度高、效益好的单位心理就不平衡，有的同学索性解除了已确定的协议，又重新回到选择职业的队伍中。这种互相攀比、见异思迁的择业心态，不利于择业选择。

二、择业心理障碍

择业是一个有计划、有目的的心理过程。大学生在择业时应主动培养良好的心理素质，把择业过程的心理压力降到最低点，及时克服在择业过程中经常出现的心理障碍，以健康的心理应对充满竞争的就业市场。下面是几种常见的择业心理障碍。

1. 焦虑

焦虑是由心理冲突或挫折而引起的，是一种复杂情绪的反应。其主要表现为恐惧、不安、忧虑及某些生理反应。一般的焦急、忧虑，人皆有之，是正常的。适度的焦虑，使人产生一种压力感，迫使人积极努力；过度的焦虑，则会干扰人的正常活动，易导致较严重的心理障碍或疾病。

大学毕业前夕，一部分学生心理表现为过度焦虑。有关研究表明，引起毕业生焦虑的问题主要是：自己的理想能否实现？能否找到一个适合自己专业特长又环境优越的单位？用人单位能否选中自己？屡屡被用人单位拒之门外怎么办？自己看中的单位，父母、恋人不赞同怎么办？选择单位失误，造成“千古恨”怎么办？到单位后不能胜任工作怎么办？等等。尤其是一些长线专业，或来自偏远地区，或性格内向，或心理有缺陷，或成绩不佳的大学生以及女大学生，表现出更多的忧虑。这使大学生毕业时精神上负担沉重，紧张烦躁，心神不宁，萎靡不振；学习上得过且过，穷于应付；生活中意志消沉，长吁短叹。有些学生在屡遭挫折之后，甚至产生了恐惧感，一提择业心里就紧张。

在大学生择业中焦虑心理的一种特别表现就是急躁。在职业未最终确定以前，大学毕业生普遍都有急躁心理。他们恨时间过得太慢，怨用人单位优柔寡断；他们希望谈判桌前就一锤定音,希望无须经过周折就能如愿以偿。急躁心理还反映在选择单位上,在对用人单位信息掌握较少或不完全了解用人单位的工作性质的情况下,他们就匆匆签约,而一旦发现未能如愿,又后悔莫及。尤其是在规定的期限内未落实单位的一些学生,心里更为急躁。急躁是一种不良心境,和冷静是对立的。急躁时,缺乏自我控制,过于急躁,会导致事倍功半甚至事与愿违。大学生在择业中的这种急躁心理,常使他们忧心忡忡、烦躁不安。

2. 自卑

一些大学生低估了自己,总是自惭形秽,自己看不起自己。在求职择业中,他们往往缺乏自信心,缺乏勇气,不敢竞争。这种现象多见于自我发展意识不健全的大学生、部分女大学生以及性格内向或有生理缺陷的大学生。在屡遭挫折之后,一些大学生容易产生强烈的自卑心理,胆小、畏惧,觉得事事不如人。

自卑是一种缺乏自尊心、自信心的表现,自卑常和怯懦、依赖等心理交织在一起。它使一些学生悲观失望、忧郁孤僻、不思进取,阻碍了学生自身聪明才智的正常发挥。过度自卑,还会产生精神不振、消极厌世、沮丧、失望、孤寂、脆弱等心理现象,久而久之还可能导致自卑型问题人格的形成。

3. 怯懦

怯懦是一种胆小、懦弱的性格特征。有些大学生在求职择业过程中过于怯懦。在面试时不是面红耳赤,就是语无伦次、张口结舌、支支吾吾、答非所问。辛辛苦苦准备的"台词"、腹稿,一急之下,忘得一干二净。有的谨小慎微,深怕一句话说错、一个问题回答不好会影响自己在用人单位代表心目中的形象,以至于不敢说话,该表达的未表达。这些学生渴望公平,但在机遇到来时却手忙脚乱,局促不安;他们盼望竞争,然而在机遇面前却未能充分发挥自己的才能,在"自我推销"中败下阵来。这种怯懦心理也多见于一些女生和性格内向或抑郁气质类型的大学生。

大学毕业生多是第一次面临"自我推销"的场面,由于缺乏经验,心里紧张是可以理解的,但如果过分紧张或异常胆怯、谨小慎微,就会影响水平的正常发挥。这对于大学生达到择业目的是非常不利的。

4. 孤傲

一部分学生对自己估价过高,自以为高人一等,非常自傲;或认为自己已学习了很多的知识,各方面条件也不错,不会没有好的归宿,哪个单位录用自己是其荣幸;或认为现实太落后,英雄无用武之地。在择业中,这些大学生好高骛远,期望值过高,看不上这个单位,瞧不起那种职业,觉得没有自己满意的。孤傲心理是缺乏客观的自我分析和自我评价的表现。一旦有了这种心理,很容易脱离实际,以幻想代替现实,使自己的择业目标和现实产生极大的反差。倘若未能如愿,则情绪会一落千丈,从而产生孤独、失落、烦躁、抑郁等心理现象。

5. 冷漠

当一些大学生因在择业中受到挫折而感到无能为力、失去信心时,会出现不思进取、情绪低落、情感淡漠、意志麻木等反应。他们自认为看破红尘,决计听天由命,任凭自然发落。冷漠是遇到挫折后的一种消极的心理反应,是逃避现实、缺乏斗志的表现。这种心理是与就业的竞争机制不相适应的。

三、择业心理障碍的调适

大学生在求职择业中,不可避免地会遇到困难、挫折和冲突。这些挫折和冲突常常会引起各种心理问题。这些问题特别是其中那些心理障碍，既不利于择业，也不利于身体健康，甚至还会影响整个人生。解决大学生心理问题的根本对策，是帮助大学生学会自我调适。自我调适是指个体运用一定的原理和方法，主要是心理学的原理和方法，促使自己的心理和行为获得积极改变的过程。自我调适的作用，就在于帮助大学生在遇到挫折和冲突时，能客观地分析自我与现实，有效地排除心理障碍，从而使自己保持一种稳定而积极的心态，达到如愿择业的目的。因此，引导大学生积极有效地进行心理调适是十分必要的。

(一)提高大学生自我调适的自觉性

对立统一规律是宇宙的根本规律，也是心理发展变化的一般规律。人的心理活动总是处于不平衡—平衡—新的不平衡—新的平衡的螺旋式发展过程。人的根本特点就在于能够通过自我调节和控制，去改善自己的心境，寻求最佳途径实现自己的目标。

大学生应当意识到，人生是一个不断发展变化的历程，也是个人对环境不断适应的历程，社会对个人会提出新的更高的要求，以致使个人感到难以适应。此时，如果个人能够主动自觉地改变自己或改变环境，使个人与环境保持协调，就可以渡过难关，顺利进入下一个新的人生阶段。相反，如果个人不能调适自己以符合环境的要求或不能克服环境的某些限制，就会无法通过难关，在发展的道路上出现滞留现象。滞留的时间越长，适应的困难越大，不仅影响自己的现在，还会影响自己的一生；不仅影响择业效果，而且危及身心健康。

面临毕业的大学生自然会考虑到社会给自己提供了哪些职业位置，有多少选择的机会和可能；同时也会想到如何认识自己、调整自己，使个人作出最佳选择并尽快适应职业活动。前者属于社会就业环境问题，在很大程度上不以个人意志为转移；后者则是心理问题，属于个人可以掌握的部分。认识环境、把握自己、寻找一个心理出路，乃是最积极可行的途径。

在日常生活中，人们的通病是在实现自己的目标过程中，常常不去认真了解、分析自己可掌握的那一部分因素，却企图主宰自己不可能驾驭的那一部分因素。不少大学生在择业过程中也容易犯此类通病。

总之，在求职择业过程中，大学生应当充分认识心理调适的作用，提高自我调适的自觉性，尽量通过自身的努力使自己保持一种良好的心态，以利于合理择业、顺利就业和健康成长。

(二)学习运用心理调节的方法进行自我调适

1. 认识和评价自我的方法

大学生进行自我调适，首先要正确认识和评价自我，这是进行自我调适的基础。因为只有正确地认识和评价自我，才能找到自我调适的立足点。认识和评价自我的方法很多，主要有：

(1)自我反省。自我反省就是面对各种矛盾和冲突，首先能冷静地、理智地思考自我，认识自我，评价自我，找到自我的确切位置。面对择业，大学生除了要客观地分析就业环境外，最主要的是要正确地认识自我和评价自我，应当明确自己的专业发展方向是什么，自己的爱好特点是什么，自己的性格气质是什么，自己最适合干什么工作，自己的优势和劣势是什么，等等。只有通过理智、冷静的自我思考，才能对自己有一个客观评价，使自己在择业过程中处于积极主动的位置。

(2)社会比较。人不可能脱离社会而存在，要正确地认识和评价自我，离不开社会。大学生要正确地认识和评价自我，首先，要将自己与社会上其他人作比较，特别是要与自己条件、地位类似的人比较来认识自己，而不是孤立地认识自己。其次，要通过社会上其他人对自己的态度来认识自己；通过对自己参加社会活动结果的分析来评价和认识自己，即在客观上寻找评价的参照尺度来认识自己。如果一个人对自己的评价与他所获得的各种比较信息基本一致，那就基本可以认为他的自我认识发展比较好，比较客观；如果不一致，差距太大甚至相反，那就表明他的自我认识发展不好，不够客观，缺乏自知之明。

(3)心理测验。心理测验是心理测量的一种工具和手段，是根据一定的法则对人的行为用数字或图线加以确定的方法。心理测验的方法很多，主要包括四个方面：第一，智力测验；第二，人格测验；第三，神经心理测验；第四，能力测验。有关的心理学著作中对心理测验的方法都有详细的介绍，大学生可以根据自己的需要选择使用。要注意的问题是一定要选择心理学专家编制的标准化的测验表，最好能在专家的指导下使用。

2. 自我调适的方法

(1)自我转化法。有些时候，不良情绪是不易控制的。这时，可以采取迂回的办法，把自己的情感和精力转移到其他活动中去。如学习一种知识技能，参加有兴趣的活动，利用假日郊游，接受大自然的熏陶，等等，使自己没有时间和可能沉浸在不良情绪中，以求得心理平衡，保护自己。

(2)自我适度宣泄法。因挫折造成焦虑和紧张时，消除不良情绪最简单的方法莫过于“宣泄”。切忌把不良心情强压于心底。忧虑隐藏得越久，受到的伤害就越大。较妥善的方法是向朋友、老师倾诉，一吐为快，甚至也可以在亲友面前痛哭一场，求得安慰、疏导、同情。也可以去打球、爬山、参加大运动量的活动，宣泄情绪。但是，宣泄一定要注意场合、身份、气氛，注意适度，而且应是无破坏性的。

(3)自我慰藉法。自我慰藉法就是自我安慰法，实质是自我辩解。人不可能事事皆顺心、处处是英雄。择业中遇到困难和挫折，已尽了主观努力仍无法改变时，可说服自己适当让步，不必苛求，找一个自己可以接受的理由让自己保持内心的安宁，承认并接受现实，以求得解脱。

(4)松弛练习法。松弛练习法也叫放松练习，是一种通过练习学会在心理上和躯体上放松的方法。放松训练可帮助人们减轻或消除各种不良的身心反应，如焦虑、恐惧、紧张、心理冲突、入睡困难、血压增高、头痛等症状，且见效迅速。大学生择业中如遇类似心理反应，可在有关人员指导下尝试进行放松练习。

(5)理性情绪法。有学者认为，人有理性和非理性两种信念，在这些信念指引下的认识方式会左右人的情绪。人的不良情绪的产生根源来自人的非理性观念，反之亦然。要消除人的不良情绪，就要设法将人的非理性观念转化为理性观念。例如有的学生在择业中受了挫折而变得消沉苦闷或怨天尤人，其原因在于他原本认为“大学生就业应当是顺利的”“我的择业应当很理想”“我过去事事顺利，这次也不应例外”等等。正是这些观念作怪，才导致或加剧了他们的不良情绪。如果将这些想法加以纠正，则不良情绪一定能得到克服。大学生在运用理性情绪法时，应首先分析自己有哪些不良情绪，从中分析、综合、抽象、概括出相应的非理性观念，并对其进行挑战、质疑和辩论，同时对比两种观念状态下个人的内心感受，鼓励自己向理性观念方面转化，从而有助于排除不良情绪。

自我调适的方法还有很多，如自我重塑法、环境调节法、广交朋友法、自我暗示法、幽默疗法等。这些都是应变的一些方法，但最主要的还是要树立远大的理想，树立正确的人生观、价值观，平时就注意培养良好的品质，磨练坚强的意志，充分接触社会，多方面体验生活，培养乐观豁达的生活态度。只有这样,才能在择业的重要关头,始终保持积极向上的精神状态和健康的心理,不至于在困难面前退缩。

第三节 树立健康的择业心理

一、建立自信

自信,是求职成功的心理基础;缺乏自信,常常是性格软弱和事业不能成功的主要原因,也是推荐自我的最大心理障碍。

一般来说,缺乏自信的人多是勤于反思而敏感多疑的人,自尊心很强,但不懂得如何积极地获取自尊,为了追求一种使自尊心不受到伤害的安全感,为了不在别人面前暴露自己的弱点,不敢坦率地介绍自己,不敢大胆地推荐自己,实际上这正是低估自己的表现。而被人轻视,也常常是由于自己的自卑和退避造成的。在求职过程中,有的大学毕业生希望给对方留下好的印象,但又总是怀疑自己的能力,不相信自己能够做到,所以,只要置身于陌生人面前,便会产生不知所措的惊慌。面对当今激烈竞争的人才市场,充满自信、敢于竞争者就能够掌握求职成功的主动权,缺乏自信、唯唯诺诺的人,就会成为竞争中的失败者。建立自信心的前提是要看到自己的长处、优势,认识到别人也不一定什么都好,自己也不是什么都不如人。不要把招聘者看得过于神秘。从心理学上讲,求职者在面谈时心理上处于劣势,往往把招聘者看得过高,好像他们能洞悉自己内心一切似的。其实,并不是每个招聘者都是学识渊博、难以对付。招聘者同求职者一样,都是普普通通的人,了解了这一点也就不会有畏惧感了。其次,不要老想着自己的缺点,每个人都有自己的缺点和不足,也有自己的优点和特长。多想想自己的优点和特长,即使有缺点,对这一工作来说也可能是优点。通过这样的暗示作用,可增加自信,消除紧张。可以肯定地说,坚定、自信是求职成功的基础。

二、正视现实

正视现实是大学生择业必备的健康心态之一。正视现实包括两方面的内容,即正视社会和正视自身。

1. 正视社会

人是社会之人,是现实之人,无论正视与否,现实都是客观存在的。积极的心态是正视社会,适应现实;消极的心态是脱离现实,逃避社会。

现实是客观的,既有有利于自己的一面,也有不利于自己的一面。随着社会主义市场经济的推进,社会越来越尊重知识、尊重人才。社会将会尽可能地为大学生择业提供合适的环境,这将有利于大学生的发展与成才。

我国目前生产力还比较落后,社会为大学生提供的工作岗位不可能人人满意。供需形势也不平衡,西部地区、边远地区、艰苦行业、基层和第一线急需人才。国家通过宏观调控控制人才流向,需要部分大学生到西部地区、重点行业和艰苦地方去工作。另外,我国的毕业生就业市场还不规范,还需进一步改善,不正之风还有可乘之机,用人单位的自主权扩大以后,对大学生的要求更加严格。

这些都是客观现实,大学生应该面对这些现实,一切从实际出发,处理好理想与现实的关系。那种脱离社会、脱离现实、好高骛远、凭空臆想的做法都是不正确的,逃避社会、回避现实的想法更是不可取的。

2. 正视自身

常言道:知人为聪,知己为明;知人不易,知己更难。一个不能正确认识自己的人,又怎么能把主观愿望和客观条件有机地结合起来,从而选择实际的目标呢?正视自身,首先要对自己有充分的认识,如思想表现、专业学习状况、各种能力、身心素质等。对自己有充分的认识,有助于将主观愿望与客观实际结合起来。这里需要指出的是,对自身个性心理特征充分的客观的认识,在择业时有着重要的参考作用。

三、敢于竞争

竞争是市场经济的基本特征。人们常把当今时代称为竞争时代,大到国与国之间的对抗,小到人与人之间的竞赛,高到太空间的航天器的较量,低到海底核潜艇的角逐。竞争冲击着人们的事业和生活,冲击着人们的意识和思想。

(1)增强意识、敢于竞争。任何强者都是一定时代的强者,任何想做时代强者的人,必须置身于时代的洪流中。当今时代,竞争机制已经渗入社会各个领域和人生整个过程。在人的一生中,几乎从幼儿园起,家长就希望自己的孩子能进入一个好的幼儿园,得到良好的启蒙教育。学习生活一开始,同学之间便开始了学习成绩的竞赛,人人都希望得到好的成绩,升入好的中学和大学。在大学阶段,竞争更为激烈,评三好学生、优秀毕业生,评奖学金,推荐研究生等,无一不和竞争联系到一起。不少青年学生对社会生活中的人身依附现象甚为愤慨不满,但是,由于社会上存在的问题和社会心理的传统影响,大学生自身的竞争意识在过去并没有得到真正的强化,面对竞争的挑战仍显得手足无措。深化改革的今天,对大学生强化竞争意识提出了迫切的要求,也提供了客观的环境,为了迎接新的挑战,强化竞争意识是大学生就业前最基本的心理准备。

(2)掌握原则、善于竞争。要想在就业选择中取得成功,仅仅敢于竞争还不够,还必须善于竞争。善于竞争体现在具有良好的心理素质、实力和良好的竞技状态上。成功者必须在这些方面具有优势,并善于利用外部条件和自己内在的潜能,选择最佳的切入角度进行竞争。要取得竞争胜利,就需要实力,这是竞争的资本。试想,一个没有能力的人要取胜是很难的。因此,欲取胜者先得练好“内功”。良好的竞技状态也是在竞争中获胜的重要因素,它主要包括意志上的培养和锻炼、注意力的适时集中、克服焦虑和波动,以及控制情绪等。

在就业竞争中,应注意期望值要适当。期望值越高越会产生“负暗示”的作用,使心理压力加大,注意力难以集中,造成焦虑,影响正常水平的发挥。

(3)要遵守竞争的原则。第一,平等竞争。平等原则是指任何人都要在相同的条件、同样的机会中进行竞争。它突出地表现为社会平等、条件平等。只有在平等原则前提下开展竞争,其结果才是公平合理的。第二,公开竞争。要使竞争平等,就必须公开竞争。只有做到公开竞争,才能保证竞争的平等性。参加这种竞争,除本身的素质外,还要有语言辩论才能,这样才能充分表现自己的能力,取得评判者的满意。第三,合法竞争。竞争不仅要公开、平等,而且要合法。参与就业竞争,必须遵守一定的道德规范和法律规范。假如个人在竞争中假报学历、业务成果和简历等,或夸大自己的成绩优点,这都属于不正当的竞争,即使可能侥幸过关,早晚也会败露,弄得身败名裂。

四、不怕挫折

挫折是指个人在从事有目的的活动过程中，遇到的干扰和障碍，致使动机不能实现时的情绪状态。遇到挫折，要认真分析失败的原因——是主观努力不够还是客观要求太高？是客观条件苛刻，还是主观条件不具备？只有认真分析，才能心中有数，才能更好地调节心理。遇到挫折，要保持健康的心理。有人说，挫折是试金石。心理健康的人，勇于向挫折挑战，百折不挠；心理不健康的人，知难而退，甚至精神崩溃、行为失常。

大学毕业生在择业时，应该保持健康稳定的心理，采取积极的态度。遇到挫折，不要消极退缩。当然，从根本上说，一个人战胜挫折的能力绝不是一时的努力所能奏效的，它还有赖于大学生主动经受一些磨砺，增加一些挫折经历，不断增强自身修养，学会科学地分析事物。

五、谦虚谨慎

谦虚谨慎，彬彬有礼，落落大方的举止是求职成功的要素之一。对于求职的大学生而言，谦虚谨慎应体现在以下几个方面：

(1)举止谨慎。首先，无论做什么，还是说什么，都不能毛毛草草、大大咧咧，而应稳稳当当、快而不慌、忙而不乱，行为举止有分寸、有分量。其次，要坐有坐相，站有站相。姿势不得体、不雅观，也是对他人的不尊重。再次，言谈举止要适度，幽默而不庸俗，坦率而不鲁莽，大方而不做作。

(2)尊重他人。每一个人的愿望都是希望自己能够受到别人的重视和尊敬，当你尊重别人的时候，别人也会尊重你，这是心理互酬规律所决定的。所以你希望别人怎样对待你，你就首先要怎样对待别人。当求职者满足于对方受尊敬的需要，对方往往会产生一种报答的心理，接纳你。根据这个道理，毕业生在求职的过程中，对人要主动热情，不要摆架子，不要因为自己有学历、有文凭就高人一等，无论对年长者还是年轻人，是熟人还是陌生人，是男士还是女士，都要一样礼貌周全。

(3)谦虚。谦虚是一种美德，也会使对方产生好感。因为没有人喜欢自吹自擂、自高自大、目中无人的人。在求职中，有些求职者唯恐对方不录用自己而一味地吹嘘、炫耀自己博学多才，甚至贬低别人，抬高自己。这样会让对方感到锋芒毕露、令人生畏，使人敬而远之或给人造成夸夸其谈、华而不实的感觉，这都不会给人留下好的印象。当然求职者在求职过程中也不能过度谦虚，过度谦虚也会丧失机会。

过分谦虚和虚假的谦虚都会在求职中丧失机会。有的人不能正确理解谦虚的含义，当对方实事求是地赞扬自己时，矢口否认，甚至进行一番自我贬低的介绍；当对方问起有什么特长、优点、经验时，为了“谦虚”而不好意思说，或者轻描淡写，或者干脆否认，这怎么能让对方接受自己呢？用人单位用的是有用的人，有能力的人，既然自己什么都不行，用人单位自然也就放弃了。谦虚不是自我否定，而是实事求是、恰如其分地表现自己。

第七章 成功择业

大学毕业生要成功择业，求职信息是毕业生求职择业的前提，求职材料是成功择业的必备条件，面试、笔试是成功择业的关键环节。

第一节 求职信息

求职信息又称就业信息，是指所有能够为择业者提供就业岗位或就业机会的信息。包括就业政策、就业机构、劳动力供求状况、经济发展形势与趋势、国家发展规划、劳动用工制度、人事制度等。

就业信息不仅是大学生职业选择的前提，而且也贯穿于职业决策的全过程。在这个过程中，无论从职业目标的确定、求职计划的设计，还是决策方案的选择，就业信息的搜集和处理都是不可缺少的部分。信息的可靠性、准确性、及时性、全面性，决定着择业决策中个人思维的深度和广度，决定着决策的科学性以及大学生对决策的满意度。可以说，择业决策的过程实质上是一个与择业有关的信息搜集、处理、转换的过程，就业信息关系着择业的成败。谁及时掌握大量可靠的就业信息，谁就能目光敏锐、行动果断，获得求职的主动权。如果信息缺乏或者信息错误，就会行动迟缓乃至错失良机。就业信息在大学生求职过程中有着举足轻重的作用，它贯穿于职业决策的始末。

一、求职信息的特征、内容和作用

1. 求职信息的特征

求职信息作为信息的一种形式，一般具备以下特征：

(1)真实性。求职信息的真实性是指就业信息的发布者、来源渠道和信息的内容是真实的、合法的和可信的。由于信息的来源渠道不同，传递方式不一，大量信息扑面而来，难免造成信息的失真。在当前人才市场尚不十分健全的情况下，虚假信息或不准确的信息层出不穷，造成有的毕业生贻误求职的最佳时机。因此毕业生务必冷静分析，增强判断求职信息真实性的能力。

(2)时效性。信息的一个很重要的特性就是时效性，即信息都有时间要求，在规定时间内是有效的，过了一定时间，就失去了它的意义和作用。因此毕业生在收集、整理、处理求职信息时一定要注意信息的有效时间，争取及早对信息作出应有的反应，而不致使重要的求职信息在自己手上成为“明日黄花”。“机不可失，时不再来”这句话用在毕业生求职择业上也是具有现实意义的。

(3)准确性。求职信息必须能够真实、全面、准确地反映招聘单位的意图，不能含糊其辞、模棱两可，否则容易对求职者造成误导，产生错觉。因此要从简单的求职信息中认真琢磨，仔细体会，对于一些不是十分清楚的求职信息要及时与用人单位取得联系或请教别人，搞清用人单位的准确信息，以免与所求职业相差太远，甚至上当受骗。如果求职信息不准确，也会使求职者白白浪费许多精力、财力，贻误时机。

(4)针对性。随着社会分工的进一步细化，用人单位所要求人才的层次、专业、能力等方面千差万别、五花八门。求职信息本身必须能够说明它所适用的对象，以及该对象所应具备的具体条件，否则就会让每个人都产生自己都能适合、都能胜任的错觉。因此，必须注意求职信息的针对性，不能盲目追求当今都看好的职业。对适合自己的信息一定要予以重视，对不适合自己的求职信息也一定要果断地摒弃，减少求职择业的盲目性和盲从性。

2. 求职信息的内容

(1)当年国家和各地方、各部门以及学校针对毕业生就业的一些政策、规定，它是毕业生求职择业的前提和基础。所以一定要仔细学习、领会这些信息的主要内容，为择业提供政策依据。

(2)了解本校、本专业毕业生在社会上的需求状况，并依据其受欢迎程度及时调整择业期望值，做到有的放矢。

(3)求职信息要有具体的内容。如用人单位的情况就包括：

1)用人单位需求人才数量和具体要求；

2)用人单位的性质及在行业中、地区中的地位以及发展前景；

3)用人单位的发展历史以及目前的硬件设施、发展规模、经济效益、职工收入状况及其他福利待遇；

4)用人单位的管理体制，岗位设置，技术人员、管理人员、职工培训机会，个人发展前景等情况；

5)用人单位人事管理制度、人才使用情况。

6)用人单位的地理环境、文化生活、办公条件等；

7)用人单位的联系方式，如通信地址、联系电话、邮政编码、联系人、传真、E-mail 等。

(4)随着知识经济的到来，世界经济全球化的发展进程加快，毕业生到“三资”企业工作的人数逐年增多，“三资”企业对毕业生的吸引力越来越大，它将成为毕业生求职择业的一个重要渠道。所以了解、掌握“三资”企业的需求信息将利于广大毕业生的求职择业。

(5)随着“考研热”的逐年升温，许多毕业生选择了考研的道路。从长远看，这是一条极有前途的道路，对毕业生充满诱惑力和吸引力。因此有关考研的一些信息(如报考院校、专业、导师情况、报考人数等)对于许多毕业生也显得十分必要。

(6)对于毕业生求职择业有利的其他信息，如重要的社会关系、本地区毕业生的供需情况、男女生比例等。

3. 求职信息的作用

信息的价值在于会用则有，不会用则无，因此，要学会综合分析，深入思考，善于发现并利用信息的价值。在社会主义市场经济条件下，信息是一种重要资源。当今社会是一个信息社会，一个人拥有信息量的多少，往往成为决定事业成功与否的关键。

(1)就业信息是职业选择的基本前提。随着毕业生就业工作的进一步市场化，用人单位择人与毕业生择业的自主权已得到进一步强化，通过政府职能部门配置人才智力资源已经成为人们在教科书上加以点评的历史。当然对用人单位和毕业生来说，在其各自自主权得以加强的同时,也要有危机感。对毕业生而言,如果不占有准确可靠的需求信息,就无法稳妥地把握自主择业的主动权。

(2)就业信息是择业决策的重要依据。要想使自己的择业决策更具有科学性,毕业生必须要及时了解并掌握国家大的就业方针,各地方及各行业的就业政策,自己所属院校的就业细则,有关的就业机构、具体职责等,当然,更为主要的还是用人单位的需求信息。在这些信息的占有量上如果存在缺陷,毕业生决策的科学性、准确性就要大打折扣。

(3)就业信息是顺利就业的可靠保证。如果说个人依据所占有的就业信息量经过筛选比较、科学决策,使自己最后瞄准了一个或几个相对确定的目标,那么最终所要面临的就是求职面试了,现在几乎所有的单位对将要接纳的大学毕业生都有面试的要求。对毕业生而言,要想顺利通过面试关,就必须对用人单位的情况有一定程度的了解,这是对就业信息深度的要求。如果在单位面试过程中只能抽象地表明一个求职的意愿,而对企业的经营方式、产品结构、市场行情及以往的历史和今后发展一无所知,那么关于自己面试的结果就根本用不着主考官正面告诉你了。由于涉及就业成败的因素是多方面的,把握就业信息的深度,并不必然地决定个人就能被录取,如果是因为其他方面的原因被淘汰,那个人就必须及时地作出其他选择,当然新的选择依然需要就业信息。

(4)就业信息是调节职业生涯目标的参考。大学生在校期间,通过对就业信息的了解,对当前国家的政治经济状况、就业形势、就业政策、就业机构、人才供求情况以及用人单位对人才素质的要求等信息的了解、掌握、分析和研究,就能明了未来能从事的某些具体职业的类型和特点、岗位的能力标准和要求,客观上就促使学生更好地认识到学习对社会的意义和对个人的意义,使学生明确学习目的,增强学习的积极性和主动性。人是生活在现实社会中的,现实存在的职业信息,告诉了我们社会经济生活的真实面貌。这可以帮助人们从实际出发看待个人的发展方向,调整个人的职业、专业学习内容,从而有利于合理地塑造职业自我。因此,就业信息对于在校学生制订职业生涯方向,对于求职者确定选择目的,对于已经就业者重新认识职业或者调整职业目标,都有着重要的作用。

纵观历年来的毕业生就业情况,凡是求职择业比较顺利,对就业单位感到满意的毕业生,绝大多数拥有一定数量的求职信息;反之,对就业态度不积极,未掌握必要求职信息的毕业生,求职择业就会面临诸多困难。所以,毕业生在就业过程中,一定要高度重视求职信息的作用。

二、获取信息的渠道

随着高校毕业生就业制度改革步伐的加快,毕业生选择职业的自主权将逐步扩大。在这种情况下,毕业生要想选择到理想的职业,就必须积极主动地设法掌握足够的用人信息,做好求职的信息准备。

在信息准备的过程中,应该力求做到“早”“广”“实”“准”。所谓“早”,就是收集信息要及时,要早做准备,不能事到临头再去抱佛脚。所谓“广”,就是信息量不能太窄,要广泛收集各个方面、不同层次的用人信息。所谓“实”,就是收集的信息要具体,用人单位的地点、环境、人员构成、生活待遇、发展前景、使用意图、联系电话等各方面信息掌握得越详细越好。所谓“准”,就是要做到信息准确无误。一方面,用人单位需要的是什么层次、什么专业的人才,在生源、性别、相貌、外语水平等方面有些什么特殊要求,都要搞准;另一方面,因为求职信息也和商品信息一样,具有很强的时效性,个人所了解的信息是不是过期的信息,对方是否已经物色到合适的人选，这些都要了解清楚，以避免盲目性。

随着大学生就业模式的改变、就业市场的形成与完善以及就业中介机构、计算机网络的闪亮登场，传统的和新兴的就业信息发布渠道不断涌现。采集就业信息主要有以下几种渠道：

（一）利用互联网收集就业信息

利用互联网收集就业信息是目前大学生运用最多、最广泛的一种就业信息收集方式。网上求职的特点是信息流量大，更新快，用人单位和求职者交流便捷迅速。网上人才交流代表着人才市场的未来和方向。无论国外还是国内，越来越多的公司开始依靠因特网招聘，并获得了成功。

1. 互联网上求职的优势

（1）从互联网上可以直接了解当年教育部，有关省市、部门的毕业生就业政策。

（2）互联网可以提供在线就业指导，帮助个人进行求职，并提供择业技巧。

（3）可以进行网上求职。毕业生可以通过就业热线进行网上自荐，用人单位可以通过就业热线进行网上招聘。

（4）可以进行就业心理测试及辅导。通过对毕业生进行心理测试和数据分析，指导毕业生结合自身特点进行职业选择。

（5）可以了解就业站点信息。就业热线既有大量的人才市场的链接，同时还有大量的招聘、高校毕业生就业站点链接及用人单位的站点链接。

（6）就业热线还提供成功人士介绍，搜索引擎，软件下载，综合站点及其他特色站点推荐，部分学生个人主页推荐，热点新闻报道，免费电子邮件和英文、繁体网页自动翻译成中文简体网页等服务。

（7）信息反馈速度快，包括 E-mail、联系电话、传真等，比一般交流方式速度快得多。

2. 利用互联网获取求职信息的方法

（1）求职者可以利用有效时间发 E-mail，给所中意的单位多发几次，最好每封求职信都要针对不同的用人单位精心设计，以表明对该公司的尊重。不妨在求职信中简短评价公司及其顾客的状况，让对方觉得自己能很快胜任新职位，而不是让人觉得自己只是从招聘广告上才知道该公司的名字。赢得单位的好感，才会从众多的求职信中脱颖而出，为自己提供更多的机会。

（2）可以将自己的简历放到各个就业网站的数据库里，让工作来找自己。

（3）可以考虑制作一个个人主页，把自己的网址告诉用人单位或让用人单位很容易注意到自己，这将会有更好的效果。

（二）学校毕业生就业指导机构发布的就业信息

学校的毕业生就业指导机构是专门从事毕业生就业工作的机构，是毕业生获取求职信息的主要渠道。学校毕业生就业指导中心，同上级主管部门和有关用人单位保持着广泛而密切的联系，而且经过多年的工作实践及常年合作联系，已形成网络或稳定的关系。在每年毕业生就业阶段，学校毕业生就业指导中心会有针对性并及时地向各个用人单位发布毕业生资源信息函，而且还会采用电话联系及参加各种信息交流活动等方式征集、利用大量的需求信息。同时，这些机构一般在每年 11 月份至次年的 3 月份专门组织各种形式的毕业生就业洽谈会等，在毕业生和用人单位之间架起一座信息桥，从而可以获得许多需求信息。这些信息数量大，针对性、准确性、可靠性都比较强，同时学校还会将搜集的需求信息加以整理、公布，这是毕业生求职的最主要的信息源。

(三)传播媒体发布的就业信息

传播媒介不仅信息传播速度快，而且涉及面广，传播也很及时。许多用人单位通过新闻媒介，如广播、电视、报纸、杂志、电话等，介绍企业现状、发展前景及人才需求，从而成为一个巨大的信息源。特别是主管毕业生就业的部门创办的《中国大学生就业》杂志以及各高校的就业专题报刊、杂志等，都在大学生求职择业的过程中发布大量的用人单位需求信息和招聘信息。各地的《人才市场报》、各个城市的报纸等也都开辟了人才需求信息及招聘广告栏目。只要经常阅读，从中必会得到感兴趣的或有用的信息。

(四)各类就业市场提供的就业信息

毕业生就业市场的格局和模式早已为大家所熟悉，然而不少人跑了多次都空手而归，因此被视为畏途。其实就业市场的信息量是很大的，只要个人把握好机会，将会大有收获。

就业市场拥有大量的职业需求信息，这些信息主要包括：岗位空缺信息，职业供求分析以及预测信息，最新的劳动就业政策法规，职业培训信息，其他就业市场信息。

值得注意的是，人才市场有针对性，有些是针对社会有经验的，有些是以招聘应届高校毕业生为主的，毕业生赶赴人才市场一定要作一些了解，不可盲目赶场。

(五)利用社会关系挖掘就业信息

个人的接触面总是有限的，拓宽社交范围会得到许多有价值的信息。要善于利用他人来帮助自己找工作，而找工作是光明正大的事，只要处理得当，自己会惊喜地发现，亲友们甚至陌生人是多么愿意帮助自己。关键在于需要正确处理各种关系。一般来说，社会关系主要包括：①家庭和亲戚；②父辈的同学、同事及朋友，包括邻居和熟人；③以前或现在的老师；④校友；⑤其他求职者。

老师能够利用老同学、自己的学生、科研伙伴、协作单位等关系，获得针对性强的信息，这些信息经过老师筛选可靠性较强，而且与毕业生的就业意向和所学专业较为吻合，对于毕业生求职择业是十分有利的。

校友是近似于老师的非正式求职信息的提供者，其提供的信息最大的特点是比较接近本校、本专业，尤其是近几年毕业的校友有求职择业的切身体会，有对求职信息获取、处理、应用的经验，他们提供的信息比一般纯粹的求职信息更有参考价值、利用价值。毕业生还可充分利用实习、社会实践、校友回校等机会与校友多接触，用巧妙的方法适时介绍自己，以得到其帮助和指导。

(六)利用社会实践和毕业实习主动收集信息

毕业生在求职择业过程中有一个很大的障碍就是供求双方缺乏了解，而毕业生在校期间所从事的社会实践和毕业实习等活动，是毕业生了解用人单位，并让用人单位了解自己的很好途径。大学生寒暑假的社会实践活动单位、毕业实习单位等一般都是专业对口单位，在过去交往的过程中，个人和单位相互之间已经取得一定的了解，如果说实习单位有意招人，很可能个人就是其要考虑的第一个对象。通过实习落实就业单位的毕业生每年都有不少。毕业生在参加社会实践和毕业实习时，应该力求做到与选择就业单位和确立就业意向相挂钩，注意了解所去的行业各方面的情况，并且在社会实践和毕业实习过程中有突出的表现。如果个人各方面表现非常突出，社会实践和毕业实习极有可能成为自己择业成功的难得机遇。

(七)个人直接搜集就业信息

个人搜集是指求职者广泛收集自己专业和谋职范围内用人单位的信息资料并加以研究利用。个人搜集是一种不通过任何中介的直接求职方法。

(1)上门搜集。有关研究表明，漫无目的地随便把个人简历邮寄给用人单位，这种方法成功率最低。但是，直接上门，叩响每个感兴趣的工厂或公司的门，无论他们是否有空缺职位，询问他们是否想要雇用一名像自己这样的职员，问他们是否有自己完全能胜任的职位，这种方法的成功率将成倍地提高。如果自己对某单位感兴趣，就去找在这个单位工作或供职的亲友，向他们直接了解该企业的详细情况。如果没有这样的亲友，就查阅电话号码簿，找出感兴趣的工作领域条目，然后抄录企业全称、地址、邮编、电话、负责人姓名等。最好亲自走访一下(当然对那些明确表示谢绝来电、来访的单位，就不必选用这种方法)，这样既可节省时间，又能尽快得到确切的信息，还能通过实地考察，对用人单位的地理环境等外部条件有清晰的认识，以待决策时参考。

(2)采取发函、电话咨询等方式搜集。即用此方式询问用人单位人事部门有无近期招聘信息。发函时附上一张回函邮票更好，以显示个人求职的诚心和求职的急切心情。

三、就业信息的处理

(一)就业信息的采集

就业信息采集的过程中，不仅要注意量的积累，而且要注意质的提高。采集信息时应注意以下几点：

(1)利用就业信息的动态性。采集信息在时间上要注意其动态性，宜早不宜迟。谁获得信息越早，谁就越主动。而且就业信息的时效性特别强，在一个好的信息面前，如果优柔寡断，犹豫不决，就可能被别人抢先一步。

(2)认识就业信息的广泛性。采集信息在内容上要注意广泛性，在空间上要注意全面性。要广取博收，通过各种渠道广泛、全面地搜集信息，不能只注意自己最想去的地区和最向往的单位的信息，而对其他地区和单位的信息弃置不顾。凡是可供就业选择的信息都要注意搜集，然后加以分类整理，只有这样，才能为职业选择提供更广泛的范围。

(3)把握就业信息的准确性。在信息质量上要力求准确无误，准确无误的信息才有价值。搜集信息时，不仅要对用人单位的地址、环境、生活待遇、发展前景、联系电话、邮政编码、联系人等准确掌握，同时对用人单位及应聘岗位的工作概况也要有所了解，以避免求职的盲目性。

(二)信息筛选的原则与步骤

求职信息的筛选过程实际上是一个求职决策过程，这是择业的关键所在。求职者在广泛搜集求职信息的基础上，要结合自己的实际情况，依据国家、地区的政策和法规，对获取的原始信息进行有目的、有针对性的分析、归纳、整理和选择。

1. 信息筛选的原则

由于信息的来源和获取的方式不同，内容必然虚实兼有，互有矛盾。因此，对收集到的信息进行去粗取精、去伪存真的整理、筛选，是使用信息的前提。

(1)发挥优势和学以致用的原则。即在筛选求职信息时，要尽量做到发挥所长，学以致用。这样可以避免人才资源的浪费。

(2)面对现实、理论联系实际的原则。在使用求职信息时，无论个人的愿望如何美好，在实际操作时则要面对现实。不能图虚荣，爱面子，好高骛远，而要量力而行，量“能”择业，量“才”定位。即把所有的求职信息都对照衡量一下，看是否适合于自己，尤其要选择适合自己性格、气质和有利于发挥特长的单位和具体岗位。

(3)在政策范围内择业的原则。使用就业信息时，要把个人意愿和国家需要结合起来，并根据社会需要与自己的能力、愿望作出职业选择。

(4)辩证分析原则。即用辩证唯物主义方法论来分析信息，用历史的、发展的、变化的眼光研究、处理信息的实际利用价值。

(5)综合比较原则。即把所有的信息放在一起，从各方面比较各自的利弊和优劣。

(6)善于开拓原则。即将那些具有潜在价值的信息，进行深入思考，加以引证，充分利用。正如人们常说的那样，信息的价值会用则有，不会用则无。

(7)早作抉择原则。信息有很强的时效性，及时用之是财富，过期不用等于无。这是因为较好的职业总会吸引许多求职择业者，而录用指标是有限的。如果迟延抉择，不及时反馈信息，往往会错失良机。

2. 信息筛选的步骤

(1)鉴别获取的信息。由于所获取的信息不一定都全面、准确，因此要对信息进行严格的鉴别和判断，并加以澄清和剔除，使之更好地为自己的求职择业服务。鉴别信息，首先要确定信息的可靠程度，对于不可靠和心里不踏实的信息要通过各种信息渠道和知情人士去打听；其次，要鉴别信息的内容是否齐全，特别是发现自己所想知道的细节没有或者不清楚时，要抓紧时间进行一番实际考察或通过其他渠道了解，还可以在应聘时向主聘人提出。总之，要等信息基本准确之后再作决定。

(2)按照自我标准，将信息排序。在信息加工之前，先给自己草拟一个职业选择提纲，确定择业标准；再按照标准进行初选，即去粗取精，去伪存真；然后进行细选，把较符合自己的信息选出来；最后进行精选，决定两个以上的信息作为应用信息。对应用信息，也要排序，有主次之分。

(3)反馈信息。将已排序的信息，按从高到低的顺序反馈给用人单位，表示自己愿意去该单位的诚意。反馈信息可以定一个，也可以是两个以上(在时间紧迫时这样做，但同时接到两个以上单位的接收意见时，对不去的单位必须及时反馈意见，并表示道歉)。信息一旦反馈后，应多与用人单位联系，以随时听候答复。

3. 信息筛选应注意的问题

(1)从众行为。即缺乏主见，人云亦云，别人说哪里好就往哪里跑，别人往哪里走，就往哪里凑。

(2)轻信行为。即一味盲从,认为亲友告诉的信息就一定可靠,报刊上的信息就是百分之百的准确,因而未进行筛选就作选择。

(3)模棱两可,举棋不定。即陷入大量信息的旋涡中不能自拔,在眼花缭乱的信息面前,左思右想,犹犹豫豫,拿不定主意,其结果往往是"竹篮打水一场空"。

(4)急于求成。有的毕业生由于缺乏社会经验,真正到了人才市场,就心慌意乱。有的自感择业条件不如人,怕落空,找不到单位,因而一旦抓住信息,不经深思熟虑,就匆忙作决定;有的不慎重,在没有广泛收集信息时便作决定,而当获取新的信息后,便又要推翻已作的决定。

(三)就业信息的使用

大学毕业生在了解了求职信息的筛选原则和方法、步骤后,还应尽快使用信息,这不仅因为求职信息的有效期限往往比较短,最长不过几个月,而且所有的信息对全国各高校的毕业生都是公开的,一旦自己的动作慢了,别的毕业生往往就会捷足先登,用人单位招聘够需要的人数就不可能再要了,尤其在企业定岗定员的今天,更是不会轻易多要人的。所以毕业生在使用信息时,既不能盲闯,也不能拖拉。

信息的运用大体上有三种途径:

一是及时运用有价值的信息去选择适合于自己的工作。每个人都要善于应用信息,根据职业的要求与自己具备的条件,两方面对照以后,选择适合于自己的最佳岗位。我们收集和筛选信息的最终目的,就是为了能择其有用者用之。

二是根据筛选出来的职业信息的要求,发现自己的不足,调节自己的智能结构,提高自己的工作能力,弥补原来的不足。如发现自己哪方面的课程、知识不足,就主动去学习,或发现自己哪方面的技能欠缺,就赶快去参加必要的训练,去主动学习和掌握那方面的技能。

三是及时输出对他人有用的信息。有些信息对自己不一定有用,可是对他人十分有用,遇到这种情况,千万不要抓住这些信息不放手。迟迟不输出对他人有用的信息,是一种极大的浪费,是不足取的。其实,个人能主动说出对他人有用的信息,不仅是对他人的帮助,而且他人的顺利就业也使自己减少了一个竞争者。同时,这样做还增加了与他人交流信息的机会,说不定自己也会从别人手中获得对自己十分有益的信息。

第二节 求职材料

求职材料是广大毕业生用来和单位取得联系最常用的办法之一。在求职择业过程中,自荐材料有着举足轻重的作用,是"敲门砖",推荐、面试、录用都离不开它,求职材料的好坏直接影响着就业。

一、求职材料的准备

(一)求职材料的内容

求职材料内容主要包括:求职信、学校推荐表、个人简历、附件(证书复印件等)等。

求职信是一种介绍性、自荐性的信件，它通过表述求职意向和对自身特点的概述，引起对方的重视和兴趣。

个人简历是自己生活、学习、工作、经历、成绩的概括，其真正目的是为了让用人单位全面了解自己，从而为自己创造面试的机会，最终达到就业的目的。

学校推荐表一般包括本人及家庭基本情况，在校期间学习成绩和奖惩情况，自我鉴定，组织意见等部分。学校推荐表在求职材料中有举足轻重的地位，是必要的一环。可以说这是一个官方的认证，具有权威性，用人单位对此有较高信任度。把它放在自荐材料中，可加大自荐材料的可信度及自荐力度。

附件即指能证实自荐材料中所列的各方面情况的原始证明材料，它也是证明自荐材料的真实性和自荐人各种能力的有力佐证。附件主要包括：

(1)毕业生所在系的鉴定材料(一定要概括、全面、准确，最好不要超过800字)。

(2)学习成绩单，计算机水平、外语水平标志，如四、六级英语考试合格证书或反映外语水平的译文、译著等。

(3)荣誉证书，如大学期间被评为优秀团员、优秀团干部、优秀学生、优秀学生干部的证书以及在校期间所获得的各种奖励、社会实践活动积极分子、积极参加文体活动所获得的奖励和证书等。

(4)成果证明材料，如获得的发明专利证书或正在申请的专利材料，在报刊杂志上发表的文章、论文，出版的专著或读物，有一定价值的调查报告，以及参与并完成教师科研工作的证明材料等。

(5)足以证明自己具备某方面素质和能力的资格证书或其他材料。

(6)学生证、身份证的复印件等辅助材料。

以上各种材料应装订成册，有封面，有目录，既美观又整齐，使人感到条理分明，内容充实。其他材料的使用方法，根据自荐的方式而有所不同。如果面见招聘者或亲自上门去推荐自己，材料可以准备充足一些，凡能反映自己各方面能力的材料尽可能带齐全，而且最好是原件。若采取寄送自荐材料的方式，则应选择最具代表性的其他材料，而且要根据各单位的不同情况有针对性地取舍，并且最好寄复印件，便于邮寄，以免丢失。

(二)求职材料的特点

(1)客观性。自荐材料必须要以事实为基础，以能够顺利就业为目的。

(2)创造性。自荐材料从形式到内容，材料的结构和组织取舍，完全可以发挥自荐者的创造性思维和丰富的想象力。一些用人单位常常被这些创造性很强的自荐材料所吸引，决定进行面试录用。但创造性并不等同于求新求异，要切忌把材料搞得花里胡哨，哗众取宠，要把握好创造性和求实的尺度。

(3)独特性。正因为自己编撰求职材料是一项创造性的工作，所以它也最能充分展示择业者的个性特征，使求职材料具有他人不可取代的独特性。

(4)全面性。要针对应聘对象，取舍得当，突出重点，结构合理，条理清晰，让用人单位能够一目了然，印象深刻，促使对方早下录用的决心。切勿为求全面，讲究面面俱到，反而显得啰唆。而应在全面中体现灵活性和针对性，怎么有利于就业就怎么调整。

(三)求职材料的设计

1. 编写求职材料的要领

(1)目标明确。组织和编写自荐材料的大目标和大方向就是为了就业，凡有利于就业的各种材料、各种组织编写方法都可以加以运用。

(2)针对性强。即编写自荐材料时，应根据大致的就业意向，根据应聘的行业、职业或单位特点进行材料的合理组织、安排和撰写。要做到有针对性，就须做到知己知彼，根据不同情况写出最适宜的自荐材料。

(3)客观实用。即实事求是，摆正位置，在编写自荐材料的过程中采取客观真实的思想态度。可以说，自荐材料的真实性是一个择业者的生命线，一旦用人单位发现自荐材料有假，轻者失去理想的就业机会，重者可能会影响自己的人生。另外，在文体上，自荐材料应是实用文书写作中的说明文一类，其目的就是为了就业，切不可为过分追求文笔超脱、言辞华丽而舍本逐末。

2. 求职材料的包装

把求职材料根据不同的应聘目标编写完后，就要进行包装，即完成封面(主题)设计和求职材料的装订工作。封面的设计是丰富的，但其基本原则是美观、大方、醒目、整洁。封面设计要有一个主题(标题)，而一个好的主题往往能够一下子把用人单位抓住，促使招聘者想进一步了解求职材料的具体内容。封面的设计风格与自荐材料内部主体内容风格要一致，具有统一性、整体性。同时封面设计中最好体现出择业者的姓名、专业、年级、学校等基础内容。在自荐材料的装订中最好采用 A4 标准纸，用计算机打印，不要用繁体字(有特殊要求除外)，装帧不要太华丽，保持整洁明快。

(四)求职材料的投寄

投寄自荐材料一般有两种方式，一是直接递交，另一种是间接递交(包括转交或以信函、电子邮件等方式投寄等)。无论采取哪种形式，都要求准确、便利、快捷，要在用人单位规定的投寄时间内寄到。

投寄求职材料首先要明确投递对象，做到有的放矢；其次要逐一检查求职材料，不要有遗漏与错误，特别是材料内容是否与投递对象一致，千万不要出现张冠李戴的现象，这样是对用人单位的不尊重；再次要注明双方联系办法。如果以信函方式投递，就要把投递地址写清楚。接收方若是具体人，则要把姓名写清楚、写正确。同时，职位称谓，单位的地址、名称不要写简称。此外，在求职材料的明显位置必须要有联系办法，以方便用人单位与自荐人联系。还有，信封要用标准信封，在信封上也可写上联系办法。注意上述几点后，再经过确认，就可以把一份精心编制的求职材料投寄出去了。

二、求职信

求职信是一种介绍性、自我推荐的信件，它通过表述求职意向和对自身能力的概述，引起对方的重视和兴趣。一般来说，打开自荐材料，首先看到的便是求职信。正是有了求职信，阅读者才会对自己的简历所写的经历与业绩感兴趣。所以，求职信无论在文体上还是内容上都必须给阅读者留下好印象。

(一)求职信的格式

求职信是寄给求职单位的,事关重大,因而它既和书信有相同之处,又有不同之处。一般来说,求职信是属于书信范畴,所以其基本格式应当符合书信的基本要求。它主要包括标题、称呼、正文、结尾、署名、日期、附件等7个方面内容。

(1)标题。标题是求职信的标志和称谓,要求醒目、简洁、庄雅。要用醒目字体在信纸上标注“求职信”或“自荐信”三个字,显得大方美观。

(2)称呼。求职信的称呼往往比一般书信的称呼正规一些,在实际书写时要区别对待:如果写给国家机关、事业单位的人事处领导,用“尊敬的××处长(科长等)”称呼;如果求职三资企业,则用“尊敬的××董事长(总经理)先生”;如果是写给其他类企业厂长的,则可以称之为“尊敬的××厂长(或经理)”;如果写给大学校长或人事处的求职信,则称之为“尊敬的××教授(或校长、老师等)”。不要使用“××老前辈”“××师傅”“叔叔”“师兄”等不正规的称呼。当然,有些求职信,也可以不写姓名,如“尊敬的负责同志”“尊敬的董事长先生”等。

(3)正文。这是求职信的中心部分,其形式多种多样,一般要求说明求职信息的来源,应聘岗位,本人基本情况等内容。

(4)结尾。一般应写明希望对方给予答复,并盼望能有机会参加面试及简短的表示敬意、祝愿之类的祝词,如“祝贵公司兴旺发达”“顺祝安康”“深表谢意”等,也可以用“此致敬礼”之类的通用词。

(5)署名。应注意与信首的“称呼”相一致,一般都在署名前加上一些“您诚恳的××”“您信赖的××”“您忠实的××”之类的词语,也可以写成“您的学生××”,还可以什么都不写,直接签上自己的姓名。

(6)日期。一般写在署名右下方,最好用阿拉伯数字写,并写上年、月、日。

(7)附件。求职信一般都要求同时寄一些有效证件,如外语等级证书、计算机等级证书、获奖证书的复印件以及简历、近期照片等。最好有附件目录,这样既方便招聘单位的审核,同时也给对方留下一个“有条不紊、很负责任、办事周到”的好印象。

(二)求职信的内容

求职信的内容主要包括四个方面的内容:

(1)说明本人基本情况和求职信息的来源。

(2)说明应聘岗位和能胜任本岗位工作的各种能力。

(3)介绍自己的潜力。

(4)表示希望得到答复面试的机会。

求职信开始之前,首先要用“您好”之类的问候语,如果知道信件最终将送到谁的手里,信的开头可直接尊称,视对方的身份而定,如尊敬的××先生(或女士)。

在第一段里,可以简单地叙述一下写求职信的理由,扼要说明一下个人是怎样知道招聘信息的,何时注意到该公司,如果公司中有人为自己推荐过其职位,可巧妙地将此事写入求职信中,但千万不要给人以自我炫耀的印象。

第二段,应阐明个人对单位或职位感兴趣的原因,以及个人有价值的背景情况和满足招聘要求的能力。这一段落是核心部分，通常用一段或两段来写。这些内容要有说服力，说明自己怎样适合这个职位，更重要的是表明自己能给公司什么，如果公司录用自己，自己能为公司作出什么贡献。这部分的写作与个人简历是相辅相成的，要说明自己的个人能力，但又不能把简历内容全写进去，只选最能代表自己长处、技能和业绩的项目，同时注意不要单纯写自己的长处和技能，而是要着重说明这些长处和技能能给该公司带来什么益处。

最后一段，要写出个人对招聘单位的希望，委婉地提出面试的要求，因此在这一段里最好向招聘者说明“何时”“何地”“怎样”与自己联系，当然联系办法越简单越好。

结束时，通常是标准式的，不能一味地阿谀奉承，但可以写得灵活一点，如“致以友好的问候”，也可采用“此致敬礼！”最后的署名要亲自签名，不要忘了写上日期。“附件”也不应遗落，在求职信的左下角写上“附件”注明申请人提供的材料目录。

（三）求职信的写作技巧

1. 态度真诚，摆正位置

美国前总统肯尼迪曾经说过：“各位美国人，你们国家并不向你们索取什么，但请你们扪心自问，你们能为自己的国家做些什么？”写求职信时，要写什么内容，想想这句名言，首先应该想公司要我来干什么？或者换句话说，不应该写自己需要什么，获得该职对自己有什么好处，而应该写自己能为公司做些什么。有了这样的态度，才能摆正位置。另外在写求职信时，要诚恳礼貌，切忌自吹自擂，炫耀浮夸。虚弱怯懦、缺乏自信也是不可取的。

2. 整体美观，言简意赅

求职信字体的整洁美观很容易引起用人单位对求职者的好感，相反，如果字迹潦草，龙飞凤舞，则会给用人单位留下不好的印象。现在有很大一部分毕业生的求职信都用计算机打印出来，但如果自己的毛笔或钢笔字写得很好，建议个人用手工工整整地书写，这样能给人以亲切之感，同时也向用人单位展示了自己的特长。不管手写还是打印，都应注意言简意赅。一般而言，求职信以 A4 的纸张一页为宜。如果确实有内容，则不宜超过两页，或者作为附件或面谈时再说。求职信当然不能太短，太短则显得没诚意，说不清问题，自然难以引起注意；而求职信太长不但会浪费阅读者时间，也会引起反感。所以在写求职信时应打草稿，反复推敲：意思是否清楚，用词是否得当，内容是否简练、完美等。

3. 富于个性，有的放矢

求职信的重要目的是力求吸引对方，引起对方兴趣。所以求职者在开头应尽量避免许多客套话、空话，要以一句简朴的“您好”直接切入主题，如“从光明日报得到贵单位招聘人才的信息”，这也能使单位主管感到单位名声在外，广告费没白花，无形中增加了好感。要不就用一两句富于新意的话吸引阅读者。比如一位在外地求学的毕业生给家乡所在单位写求职信时用“请接受一名家乡籍在外求学的学子对您的问候！”一下子就拉近了与用人单位的距离。求职信的核心部分是自己胜任工作的条件，这并非多多益善，而是要有针对性，有的放矢。所以在动笔之前要着眼于现实，对应聘单位情况要有所了解，以事实与成绩恰如其分、有针对性地介绍和突出自己的特长。求职信与应聘单位要能够一一对应。目前有许多毕业生一稿多投，本来想“普遍撒网，重点打捞”，结果却石沉大海，杳无音信。所以，建议如用计算机打印求职信，可多准备几份，根据不同单位选择内容，如“三资”企业，最好中、英文都有，既可自荐又显示出外语水平。在内容上，如应聘的是科研人员，却大言自己生性活泼，爱动爱跳，介绍这些与专业职位不相干的特长不但不能起好的作用，反而适得其反；如果要从事营销或管理工作，最好要突出在校实践活动，突出组织协调能力和自信心，这样才能投其所好，察其所需，供其所求，显现个性，赢得胜机。

4. 以情动人，以诚感人

语言有情，会更有助于交流思想、传递信息、感动对方，写求职信要注意这一点。那么怎样做到以"情"动人呢？关键在于摸透对方的心理，然后根据自己与对方的关系采取相应的对策。如果求职单位在自己的家乡，就可以充分表达为建设家乡而贡献自己聪明才智的志向；如果求职单位在贫困地区，就要充分表达为改变贫困地区面貌而奋斗的决心；如果求职单位是教学单位，就要充分表达献身教育事业的理想……总之，要设法引起对方的共鸣，或者得到对方的赞许。这样，个人就有可能收到意想不到的效果。在注重以情动人的同时，还要以"诚"感人，以"诚"取信，即要态度诚恳、诚实，言出肺腑，内容实事求是，言而可信，优点要突出，缺点不隐瞒，恭敬而不拍马，自信而不自大。只有"诚"才能取信于人，得到用人单位的重视。

5. 用词恰当，谦虚诚恳

有些求职信虽然文理通顺、字迹工整，但对方看起来内心总有些不悦，甚至反感。最常见的问题是：一是为对方限定时间，如"本人于某月某日要赴外地实习，敬请贵经理某月某日前复信为盼"，表面上看，文字相当客气，可是客气之中，却为对方限定时间，容易使人反感。二是为对方规定义务，如"本人谨以最诚挚的心情，应聘贵公司的业务员，盼望获得公司的尊重和考虑。"这样的说法似乎是说：如果不录用我，就是对我的不尊重。这样的语句，对方是难以接受的。三是以上压下的口气，如"贵公司总经理某某先生要我直接写信给您。"或"某长很关心我的求职问题，特让我写信找你。"收信人看后可能会这样想："既然总经理（某长）有意，你还写信给我干什么，真是多此一举。"随后把信撕成碎片，往废纸篓一扔了事。四是"吊"起来，如"现有几家公司欲聘我，所以请你们速答复我。"这样用别的单位来压招聘的这家公司，往往是激怒对方，将自己的来信直接扔进垃圾箱。所以类似上述容易引起反感的话千万不能写，还是以老老实实、谦虚谨慎的态度去求职为好。

（四）求职信范例

例 1

尊敬的×××处长：

您好！

我是一名在籍本科大学生，将于 2008 年 7 月毕业参加工作（详细资料和简介附后）。我一直关注贵单位的信息，终于从学校招聘专栏中得知贵单位今年的招聘计划。我很愿意到贵单位工作，为其兴盛繁荣尽微薄之力。现附寄一份本人简历请审阅，恳切希望您能给予答复！

一份耕耘，一份收获，数年寒窗不敢说硕果累累，但我积极掌握一定的专业知识和组织管理知识，并且主动与实践相结合，积累实际经验。我知道贵单位有着团结一致的精神，有着朝气蓬勃的生机，我愿意化作一块闪亮的煤炭，投入到这个蒸蒸日上的集体大熔炉中，贡献自己的力量！

若贵单位愿意接收，我将不求安逸的环境，继续发扬自己吃苦耐劳和勤奋踏实的优良作风，努力工作，也愿意服从您的安排和调动，以良好的团队精神在贵单位的大家庭中实现我的个人价值和社会价值的完美统一！我将深切地感谢和珍惜您给我的这个机会！

我期待着在寒假能有一次面谈的机会，盼望能接到贵单位的答复信！

顺祝您工作顺利！

诚祝贵单位一切如意，万事亨通！

愿成为您部下的×××

×××年×××月

例 2

Your Name
Your Address
Date

Name of Company
Address of Company

Dear Sir/Madam,

I am very happy to apply for the position of secretary which you advertised in The Japan Times of December 20, 2000.

I have been working as a secretary at Sophia University. I am in charge of overseeing the day-to-day functions of the department, in addition to performing secretarial duties for the professors. Because I am the only secretary in the department , it has been necessary for me to work quickly and efficiently and to be flexible in my daily work. The Professors value my work and my ability to meet deadlines.

Although I am happy now , I feel that my promotion prospects are limited here , and I would like to move to a more challenging job . Therefore, I enrolled in the ALC "Career-Up" Program to improve my secretarial abilities, and expand my knowledge of international office procedures. Now, I am ready to begin working as a bilingual secretary in an international company like yours, and I believe I can be a great help to your firm.

The enclosed resume gives further details of my qualifications, and I would appreciate it if you could give me an opportunity to have an interview. I look forward to receiving your call at XXXX-XXXX(home) or please use the enclosed postcard. Thank you very much for your consideration.

Sincerely yours,

××××××××

Enclosure

三、求职材料的作用

(1)自我评估，作出择业取向。在编写自荐材料的过程中，毕业生逐渐清楚了自己的实际情况，能对自身的情况作出全面的分析和评价，明确自己的专长和爱好，把职业的要求和自己的个性特征、实际才能结合起来，理性思考，作出明智的择业取向。

(2)宣传接洽,通往成功就业的阶梯。通过自荐材料,用人单位不仅可以了解自己的个人简历,而且了解自己的知识能力以及特长、爱好,并能够争取到一次面试机会。

(3)是用人单位选择人才的重要依据。求职材料是用人单位面试的出发点及面试后作出取舍的主要依据,也是用人单位办理录用人才手续的重要依据。

再好的求职材料,也要会使用。不会使用,则影响自荐效果。如何使用,这就需要根据实际情况而定。例如,在招聘会上,求职人员很多,难以与用人单位的招聘人员交谈,则可先把求职材料提供给用人单位,从而为自己争取到面试的机会。求职材料最好亲自呈递,这样做会加深用人单位对自己的印象。同时,呈递材料时,还要多准备几份,这样既表示自己对每个人的尊重,又无疑为他们在共同商议是否录用自己时提供方便。如果无法亲自呈递,或想"广种薄收"等,就采取邮寄的方式。这样做既可大面积进行,也比较隐蔽,但邮寄不易引起用人单位的注意和重视。为了避免这种做法的不利,可将自荐材料直接寄给主管人,使他感觉到自己很在乎该单位,从而留下一个深刻的印象。

第三节 面 试

面试即当面测试,是用人单位对应聘者进行选拔而采取的诸多方式中的一种,也是应聘者求职成功的第一步。

一般来说,用人单位面试的主要目的是:考核求职者的动机与工作期望;考核求职者仪表、性格、知识、能力、经验等;考核笔试中难以获得的其他信息。

在整个应聘过程中,面试无疑是最具有决定性意义的一环。同时,面试也是求职者全面展示自身素质、能力、品质的最好时机。面试发挥出色,可以弥补先前笔试或是其他条件如学历、专业上的一些不足。在应聘的几个环节中,面试也是难度最大的,尤其是对于应届毕业生来说,由于缺乏经验,面试常常成为一道难过的坎,有很多毕业生顺利通过了简历关、笔试关,最后却在面试中铩羽而归。因此,要重视学习面试的基本知识。

一、面试的类型

面试有很多形式,依据面试的内容与要求,大致可以分为以下几种:

(1)问题式面试。由招聘者按照事先拟订的提纲对求职者进行发问,请予回答。其目的在于观察求职者在特殊环境中的表现,考核其知识与业务,判断其解决问题的能力,从而获得有关求职者的第一手资料。

(2)压力式面试。由招聘者有意识地对求职者施加压力,就某一问题或某一事件作一连串的发问,详细具体且追根问底,直至无以对答。此方式主要观察求职者在特殊压力下的反应、思维敏捷程度及应变能力。

(3)随意(或自由)式面试。即招聘者与求职者海阔天空、漫无边际地进行交谈,气氛轻松活跃,无拘无束,招聘者与求职者自由发表言论,各抒己见。此方式的目的为:于闲聊中观察应试者的谈吐、举止、知识、能力、气质和风度,对其作全方位的综合素质考察。

(4)情景(或虚拟)式面试。由招聘者事先设定一个情景,提出一个问题或一项计划,请求职者进入角色模拟完成,其目的在于考核其分析问题、解决问题的能力。

(5)综合(全方位)式面试。招聘者通过多种方式考察求职者的综合能力和素质,如用外语与其交谈，要求即时作文，或即席演讲，或要求写一段文字，甚至操作一下计算机，等等，以考察其外语水平，文字能力，书法及口才表达等各方面的能力。

以上是根据面试种类所作的大致划分，在实际面试过程中，招聘者可能采取一种或同时采取几种面试方式，也可能就某一方面的问题对求职者进行更广泛、更深刻的考察，其目的在于能够选拔出优秀的应聘者。

面试的方式就目前而言，包括：①集体面试，即很多求职者在一起进行的面试。就招聘者来讲，这样可以在专业、地域及其他各方面都有较大的选择余地。②个体面试，即用人单位对求职者单独进行的面试。③随机面试，即采用非正规的、随意性的面试方式，这样可以考核出求职者的真实情况。

二、面试的基本内容

1. 一般性提问

(1)关于求职动机：

——为什么选择我们公司？

——对在公司工作的预期(工作条件、目标薪酬等)如何？

目的在于：考察求职者的求职动机，判断求职者的工作期望和公司实际条件是否一致。

(2)关于仪表与性格：

——面试全过程进行有意识的观察。

目的在于：考察求职者的穿着、举止、礼貌、动作、习惯和性格特点等。

(3)关于人格品行：

——你择业考虑的主要问题是什么？

——个人未来职业生涯的预期如何？

——如何理解幸福的人生和成功的事业？

目的在于：了解个人价值观、抱负、生活理念等。

(4)关于敬业精神：

——谈一件你的经历中最值得自豪的事情，你是如何获得成功的？

——你的职业态度是什么？

目的在于：考察以往的业绩、职业态度、责任感、进取精神、开拓精神等。

(5)关于专业知识、特长经验：

——简单描述一下你的受教育经历(包括学校教育和工作中的培训)。

——如何使你的工作对公司更有价值？

目的在于：从专业的角度了解求职者特长及知识的深度与广度，判断其是否具备岗位所需的专业知识和专业技能。

(6)关于自知力和自控力：

——你最大的优点是什么？最大的缺点是什么？

——如何发挥优点和克服缺点？

——你遇到最大压力时的处理方法是什么？

目的在于：考察求职者能否客观地进行自我评价和自我剖析。

(7)关于表达能力：

——观察面谈过程中的口头表达的准确性，发音的准确性。

——观察体态语，语言感染力、音量、音调、节奏。

目的在于：考察求职者的语言组织和表达能力。

(8)关于未来发展能力：

——如果工作需要实行计算机自动化办公，你认为你能适应吗？

——假设公司未来几年获得高速发展，你将如何适应工作环境的变化？

目的在于：考核求职者的知识面，自我学习能力，身体状况，对未来的预期等。

根据一般性问题，为避免面试过程中思考时间有限而仓促应对，有针对性地准备答案很有必要。准备答题应遵循以下原则：①回答问题把握重点；②叙述力求具体；③回答紧扣内容；④尽可能表现自我特色。

面试中可能遇到其他一些问题，求职者只要本着诚实守信的态度回答，都可以取得主试人的好感。

2. 压力式提问

当招聘者想了解你如何处理压力时，尤其是他们提出一连串颇难对付的问题时，你就会遇到这种充满压力的面试。一位求职者描述面试经历时说："面试官不停提问，很专注，听得很仔细。我也一直处于戒备状态，受尽折磨，直到最后才稍有松懈。"

招聘者用这种方式想看看求职者在压力下是否变得沮丧、戒备，从而捕捉到你的疏漏，这时千万不要让它们挫伤自己的锐气。如果自己觉得问题来得太快，不能很好回答，那么做一次深呼吸，笑一笑，说："我可以一次只回答一个问题吗？我想那样我会答得好些。"

3. 假设性提问

当招聘者想了解求职者处理问题的能力时常用这个方法。这会帮助他们知道求职者过去的表现及推测求职者将来的表现。通常会虚拟某种情况，看求职者将怎样处理。

——如果你负责的一件工作不能按期完成，你会怎么做？

——如果你必须和一个很难相处的人共同完成一项工作，你会怎么办？

——如果你最要好的同学告诉你，在考试时他严重违反校纪（未被任何人发现），你怎么办？

回答这类问题要有针对性。例如，关于不能按期完成工作的问题，招聘者想知道的是：

(1)你怎么处理它；

(2)你会用什么策略；

(3)你是不是足智多谋；

(4)你是否想增加人手；

(5)你是否能走捷径而不损害工作。

具体问题具体分析是一个不错的方法。求职者可以给出一个遇到过的相似情况的例子，告诉招聘者自己是怎么完美画上句号的。

4. 随机式提问

招聘者有时还要看看求职者在日常情况下和关键时刻的表现，看看求职者在处理将要遇到的问题时是否有涵养、有技巧。

例如，一位应聘高级管理职位的求职者回忆公司邀请他到一家餐厅就餐的情况："吃完饭，服务员来买单，他们一个个地出去了，我坐着等他们回来，但他们没有回来。我以为这是一个玩笑，但经理说他们都已经走了。于是我对服务员说一定是误会了，但我会结账的。”后来他才知道这是公司和服务员事先安排好的，想看看在这种情况下求职者怎样冷静得体地代表公司处理此事。

这类面试，要求求职者时刻小心谨慎，当然求职者也可以事先做些准备。例如，列出可能遇到的各种日常问题，列出可能遇到的紧急情况；回顾过去在处理日常工作和紧急情况时所使用的技巧。

以上列述了一些应对面试的方法，在实际面试中，求职者应该审时度势地加以运用。

5. 面试中该问些什么

面试过程中的主动提问应表现一种“我能为对方做什么”的态度。表达的问题应该与公司和工作的责任有关。有洞察力的招聘者会注意到求职者期待与他建立一种互相满意的关系。提问可以包括：

(1)这份工作的详细情况怎样？

(2)这份工作的责任是什么？

(3)这个职位的期望值是什么？

(4)我会面对什么样的问题？

(5)将来有什么就职与培训计划？

(6)对表现忠诚和能力强的雇员提供什么样的高级培训计划？

(7)公司的长远目标是什么？员工应怎样配合以达到目标？

三、面试准备

1. 面试前进行有效准备

(1)充分了解应聘单位。对用人单位的性质、地址、业务范围、经营业绩、发展前景、对应聘岗位职务及所需的专业知识和技能等要有一个全面的了解。单位的性质不同，对求职者面试的侧重点不同。一位资深人力资源专家说：“面试时，我们都会问求职者对我们公司了解多少，如果他能很详细地回答出我们公司的历史、现状、主要产品，我们会很高兴，会认为他很重视我们公司，对我们公司也有信心。”同时还应该通过熟人、朋友或有关部门了解当天对自己进行面试的考官的有关情况及面试的方式、过程，以及面试时间安排，索取可能提供给自己的任何说明材料。

(2)使自己的能力与用人单位工作的要求相符合。“知己知彼，百战不殆”。求职者面试前应对自己的能力、特长、个性、兴趣、爱好、长短处、人生目标、择业倾向有清醒的认识。认真阅读自己所收集到的所有信息并牢记它们。尽量使自己的能力与工作要求相适应。参加面试时，通过显示自己对知识的掌握和理解来表达个人希望进入这一职业工作的愿望。

(3)模拟可能询问应聘者的问题。面试前不经过角色模拟，便无法达到最佳的效果。一些负责招聘的人事主管提出，求职者应当乐意提问题，这样招聘者才能知道求职者的水准及想了解的问题。

(4)对可能遇到的问题进行准备。这项准备有助于认清自己真正的想法，有助于在面试的现场能够清晰地自我表达。

(5)练习处理对自己面试不利的事情。即使曾有一些不愉快的受挫经历,即使自己曾经犯过错,也可作为一段可供学习的经验加以陈述。务必用积极的事情抵消消极的事情,最好不要说有损自己形象的话。

2.进行自我认知

要自信地应对面试,首先要对自己有清楚的认识。

(1)写出几件自己认为可以称得上成功的事情,并逐一分析这些成就,列出自己最主要的几项技能。

(2)同一件事情,各人有各人截然不同的处理方式,这取决于每个人不同的个性。为弄清自己的个性,可以通过分析成就,用一些形容词来归纳自己的性格。

(3)确定与自己的个性、兴趣相符的工作环境。工作环境不仅指具体的环境,更重要的是工作单位的文化背景。一位求职者到一家由几个工程师开设的公司面试,她说:"那里给人的感觉就像军队,棕色的地毯、黄色的屏风、陈旧的家具……我不会在那里工作的。"

3.心理准备

面试就好比是一场考试,既在测试每个人的能力,也在测试每个人的心理素质和临场发挥能力。因此,要成功面试,首先要充满信心。"海阔凭鱼跃,天高任鸟飞"。保持良好的状态,快乐的心情,会大有好处。其次,要抓住招聘者的心。招聘者可能会先评价一个求职者的衣着、外表、仪态及行为举止,也可能会对求职者的专业知识、口才、谈话技巧作整体性的考核,还可能会从面谈中了解求职者的性格及人际关系,并从谈话过程中了解求职者的情绪状况、人格成熟度、工作理想、抱负及上进心。

4.业务知识准备

与应聘岗位相关的专业知识、业务技能等要熟知,备上一份求职材料,供招聘者查阅参考。准备当天可能用到的个人资料或作品,携带相关证件,以便在面试过程中进一步向招聘者提供有关自己的相关资料。

5.体能、仪表准备

面试期间要保证充分的睡眠和愉快的心情,以保持良好的精神状态。面试前还应注意修饰自己的仪表,适宜的装扮容易给招聘者留下良好的印象,同时也是一种礼貌的行为。面试时的着装应该注意以下几点:

首先,着装必须整洁。无论如何,招聘者不会将一个不修边幅、邋遢不洁的应试者作为首选。整洁意味着自己重视这份工作,重视这个单位,也重视自己今后代表的企业形象。整洁并不要求过分的花费,却能赢得招聘者的好感。因此一定要挑选洗得干净、熨烫平整挺括的衣服。

其次,着装应当简单大方。面试不是约会,尽可能抛弃各种装饰。如果工作的专业性强或职务较高,在色彩上也应慎重。譬如,自己穿着闪光的彩色短T恤和拖地的扎染牛仔裤去应聘一份管理工作,也许自己的能力真的合适,但服饰却不禁让招聘者在心里打上大大的问号,成功的希望也就很渺茫了。总之,着装要协调统一,并与所申请的职位相符。

再次,气质美是个人的综合表现。求职者在求职应聘中要力求通过仪表、举止、谈吐形象,充分显示自身所具有的气质特征。

另外，头发的整齐清洁也是非常重要的。

四、面试技巧

1. 答问技巧

(1)把握重点、条理清楚。一般情况下回答问题要结论在先，议论在后，先将中心意思表达清楚，然后再作叙述。

(2)讲清原委，避免抽象。招聘者提问是想了解求职者的具体情况，切不可简单地仅以“是”或“否”作答，有的需要解释原因，有的则需要说明程度。

(3)确认提问，切忌答非所问。面试中，招聘者提出的问题过大，以致不知从何答起，或求职者对问题的意思不明白是常有的事。“你问的是不是这样一个问题……”将问题复述一遍，确认其内容，才会有的放矢，不致南辕北辙、答非所问。

(4)讲完事实以后适时沉默。保持最佳状态，好好思考自己的回答。

(5)冷静对待，宠辱不惊。招聘者中不乏刁钻古怪之人，可能故意挑衅，令人难堪。这不是“不怀好意”，而是一种战术提问，让求职者不明其意。故意提出不礼貌或令人难堪的问题，其意在于“重创”求职者，以考察求职者的“适应性”和“应变性”。求职者若反唇相讥，恶语相对，就大错特错了。

(6)要知之为知之，不知为不知。面试中常会遇到一些不熟悉、曾经熟悉现在忘了或根本不懂的问题。面对这种情况，回避问题是失策，牵强附会更是拙劣，诚恳坦率地承认自己的不足之处，反倒会赢得招聘者的信任和好感。

2. 发问技巧

面试时若招聘者问自己有没有问题，个人可以适当提一些问题，并且应该把提问的重点放在招聘者的需求以及自己如何能满足这些需求上。通过提问的方式进行自我推销是十分有效的，所提问题必须是紧扣工作任务、紧扣职责的。

个人可以询问诸如以下的问题：应聘职位所涉及的责任以及所面临的挑战；在这一职位上应该取得怎样的成果；该职位与所属部门的关系以及部门与公司的关系；该职位具有代表性的工作任务是什么。当然也要注意不要问一些通过事先了解能够获得的有关公司的信息，这会让人对自己的面试目的是否明确表示怀疑。

3. 谈话技巧

(1)谈话应顺其自然。不要误解话题，不要过于固执，不要独占话题，不要插话，不要说奉承话，不要浪费口舌。

(2)留意对方反应。交谈中很重要的一点是把握谈话的气氛和时机，这就需要随时注意观察对方的反应。如果对方的眼神或表情显示对自己所涉及的某个话题已失去了兴趣，应该尽快找一两句话将话题收住。

(3)有良好的语言习惯。不仅是表达流利，用词得当，同样重要的还有说话方式。

1)发音清晰。有些人个别音素发音不准，如果是影响讲话整体质量的，应少用或不用含有这个音素的字或词。

2)语调得体。得体的语调应该是起伏而不夸张，自然而不做作。

3)声音自然。音调不高不低，不失自我，不仅听来真切自然，而且有利于缓解紧张情绪。

4)音量适中。音量以保持听者能听清为宜。

5)语速适宜。要根据内容的重要程度、难易度及对方注意力情况调节语速和节奏。

此外还要警惕容易破坏语言意境的现象：过分使用语气词和口头语。这不仅有碍于人们的连贯理解，还容易引人生厌。

4. 交谈心态

作为应届毕业生初次参加招聘，如何摆正自己的心态在很大程度上关系着招聘的成败。

(1)展示真实的自己。面试时切忌伪装和掩饰，一定要展现自己的真实实力和真正的性格。有些毕业生在面试时故意把自己塑造一番，比如明明很内向、不善言谈，面试时却拼命表现得很外向、健谈。这样既不自然，很难逃过有经验的招聘者的眼睛，也不利于自身发展。即便是通过了面试，人力资源部门往往会根据面试时的表现安排适合的职位，这对个人的职业生涯也是有害的。

(2)以平等的心态面对招聘者。面试时如果能够以平等的心态对待招聘者，就能够避免紧张情绪。特别是在回答案例分析问题时，一定要抱着我是在和招聘者一起讨论这个问题的心态，而不是觉得他在考自己，这样就可能作出很多精彩的论述。

(3)态度要坦诚。招聘者一般都认为做人优于做事，所以，面试时求职者一定要诚实地回答问题。一位企业的人事主管说，以前曾经面试过一个女孩，面试时她说自己有男友，进入公司后又说没有男友。问她原因，她说曾在一些书里看到，如果说有男朋友就会给人稳重、有责任感的印象。实际上这样做非常不好，面试时的欺骗行为是不利于以后发展的。

5. 交谈原则

应聘者与招聘者交谈应该把握以下“四个度”的原则：

(1)体现高度，在交谈中展示自己的水平。一方面是政治思想水平和强烈的敬业精神，另一方面是专业水平。对问题回答不能满足于“知其然”，还要答出“所以然”。

(2)增强信度，在交谈中展示自己的真诚。首先，态度要诚，交谈时不要心不在焉；其次，表达要准，少用“可能”“也许”“大概”等模棱两可的词语；再者，内容要实，尤其对于自己的优缺点要一分为二，实事求是。

(3)表现风度，在交谈中展示自己的气质。一方面要体现自身的外在美，另一方面更要体现内在气质。言语是一个人内在气质、涵养的外在体现，要注意用自己的语言魅力展示自己。

(4)保持热度，在交谈中展示自己的热情。要注意做到：主动问候，精神饱满，悉心聆听。

6. 结束面试

(1)适时告辞。面试不是闲聊，也不是谈判。从某种意义上讲，面试是陌生人之间的沟通。谈话时间的长短要视面试内容而定。招聘者认为该结束面试时，往往会说一些暗示的话语：

——我很感激你对我们公司这项工作的关注。

——谢谢你对我们招聘工作的关心，我们作出决定就会立即通知你。

——你的情况我们已经了解了。你知道，在作出最后决定之前我们还要面试几位申请人。

求职者听了诸如此类的暗示语之后，就应该主动告辞。

(2)礼貌再见。面试结束时的礼节也是公司考察录用的一个砝码。成功方法在于，首先不要在招聘者结束谈话前表现出浮躁不安、急欲离去的样子。其次，告辞时应感谢对方花时间同自己面谈。走时，如果有秘书或接待员接待过自己或招待过自己的话，也应向他们致谢告辞。据报载，一位毕业生来到深圳求职，面试时一番锋芒毕露的自我介绍，结束时抛下声“再见”，连握手也免了，拂袖扬长而去。接待他的招聘者苦笑着摇头：如果说有个性、有锋芒可以容忍的话，那么连基本礼节都不懂的人则“用不起”，也无法与之合作。

7. 面试禁忌

一忌好高骛远，不切实际。找一份理想的职业是每个求职者的愿望，无可厚非，但美好的愿望应根植于自身素质和客观现实之上。审时度势，准确定位是求职成功的关键所在。眼高手低，这山望着那山高是求职之大忌。

二忌妄自菲薄，患得患失。招聘单位所聘岗位和专业很可能与自己所学专业或原从事职业不同，这时切不可把自己禁锢于原有小天地中守株待兔。只有增强自信，勇于挑战和跨越自我，及时调整自我心态，适应周围环境，才能到达成功的彼岸。

三忌盲目应试，缺乏准备。要分清单位的性质和对求职者的要求，切不可以应聘企业、公司的准备去进行公务员或教育岗位的面试。

四忌不拘小节，举止失当。面试对求职者来说是至为重要的一环，现在将面试过程容易出现的细节问题作一归纳，以期引起求职者注意。① 迟到；② 过分拘谨、紧张；③ 态度生硬，过分悲观；④ 被动回答，无话可说；⑤ 精神猥琐，懒散；⑥ 滔滔不绝，炫耀口才；⑦ 答非所问；⑧ 言语粗鲁；⑨ 打断别人说话，急于表现自己；⑩ 衣冠不整，过分打扮；⑪ 过分卖弄才干；⑫ 语言枯燥，故作幽默；⑬ 贬责他人，借以显示自己；⑭ 对待遇斤斤计较。

第八章　大学生就业权益与法律保障

随着大学毕业生人数逐年增加，大学生就业形势日益严峻，对大学生就业权益进行保护的呼声也越来越高。作为一个庞大的就业群体，大学生的就业权益保护问题正在受到社会更加广泛的关注。所谓大学毕业生的就业权益，是指大学生在求职择业过程中依法享有的权利和必须履行的义务。作为就业活动主体的大学毕业生，在就业过程中必须要和用人单位签订就业协议和劳动合同。因此，加强在校大学生的就业权益教育，使大学生了解在就业过程中所享有的权利和义务，熟悉国家的就业政策和法律法规，掌握签订就业协议和劳动合同的原则，增强大学生的就业权利意识，使他们能够在求职、就业过程中运用法律维护自己的正当权利，正确履行自己的法定义务，已经成为各高校和大学生都要面对的一个重要问题。

第一节　大学生的就业权益

普通高校毕业生就业制度改革正逐步走向市场化、法制化，高校毕业生在其整个求职择业过程中应增强法律意识，自觉遵守市场规则，并运用法律武器保护自己的合法权益。毕业生的就业权益主要体现在毕业生与用人单位见面进行双向选择、签订就业协议、就业报到、签订劳动合同等环节中。

一、大学毕业生就业的权利

权利是指国家法律、法规和政策对某种行为的许可和保障。为了维护大学毕业生就业的合法权益，我国在《宪法》《劳动合同法》《就业促进法》《高等教育法》《普通高校毕业生就业工作暂行规定》中，都明确规定了大学毕业生应当享有的权利。这些权利主要有：

(1)获取信息权。获取信息权包括：一是大学毕业生有权了解、获取就业信息，任何单位或个人不得隐瞒或是欺骗。其中包括就业工作的程序，时间安排，政府、学校的政策，用人单位的各种需求信息，还有大学生自己的各种资料、档案等。大学毕业生的获取信息权要求信息公开，即所有用人信息向全体毕业生公开；要求信息及时，毕业生获取的信息必须是及时有效的；要求信息全面，毕业生有权获得准确、全面的就业信息。二是大学毕业生有权知道就业管理机构的工作原则、纪律、过程等。就业管理工作的透明化有助于杜绝工作人员不合法甚至违法的行为，防止暗箱操作，提高工作效率。毕业生也能够根据这些程序调整自己的择业方法，这对市场的规范化也有巨大的帮助。三是大学毕业生有权全面、真实地了解用人单位的使用意图、工作环境、劳动报酬和发展前景等各方面的情况；用人单位则有义务向毕业生和培养单位如实介绍本单位的情况，并提供有关资料。

(2)自主选择权。根据国家规定，大学毕业生在国家就业方针、政策指导下享有自主选择职业的权利。中共中央和国务院于 1993 年颁布的《中国教育改革和发展纲要》中，就提出了我国高校毕业生就业制度改革的目标模式,即实行少数毕业生由国家安排就业,多数由学生“自主择业”的就业制度。在现阶段,高校毕业生只要符合国家的就业方针、政策,就可以自主地选择用人单位,学校、其他单位和个人均不得干涉。任何将个体意志强加给毕业生的行为都是侵犯毕业生自主择业权的行为。

(3)公平待遇权。公平待遇权包括:一是大学毕业生享有被学校公正、平等推荐的权利。学校向用人单位推荐毕业生时,应根据毕业生的实际情况如实向用人单位推荐,不能故意贬低或随意拔高毕业生在校的实际表现,应做到公平、公正,给每一位毕业生推荐的机会平等,不能厚此薄彼。二是大学毕业生享有被用人单位公平录用的权利。用人单位在录用毕业生时,应坚持择优标准,真正体现优生先录、学以致用、尊重知识、尊重人才。应做到公开、公正、公平,不得性别歧视,不得民族歧视,男女同学之间、不同民族之间应一视同仁,在工资方面贯彻同工同酬的原则。三是大学毕业生享有公平竞争的权利。公平竞争是市场体制存在和运行的必要条件,毕业生作为就业主体,都有公平参与竞争的权利。这里的公平是指竞争机会平等、竞争起点平等。竞争主体要自觉遵守毕业生就业的法律、法规和政策,抵制非法竞争和不正当竞争,规范竞争主体的行为。公平竞争是“自主择业”的前提,是大学毕业生在择业过程中的一项基本权利。

(4)享受就业指导权。《高等教育法》规定,高等学校应当为毕业生提供就业指导和服务,《普通高等学校毕业生就业工作暂行规定》中明确指出,高等学校的一个主要职责就是对毕业生开展毕业教育和就业指导工作。教育部《关于进一步加强普通高等学校毕业生就业指导服务机构及队伍建设的几点意见》中强调:“高校必须建立并健全毕业生就业指导服务机构,在办公条件、人员等方面给予充分保证。”高校应成立专门机构,安排专职人员对毕业生就业进行指导,引导毕业生根据国家、社会需要,结合个人实际情况进行择业。大学生应该很好地利用自己的这项权利,从学校专门机构接受就业指导,通过接受就业指导,根据自身特点和社会职业需要,准确定位,顺利择业。

(5)协商签约权。协商签约权包括:一是与用人单位平等协商签订就业协议。《中华人民共和国合同法》规定:“合同当事人的法律地位平等,一方不得将自己的意志强加给另一方。”因此,一旦用人单位同意接受该毕业生,毕业生就有权利与用人单位平等协商签订就业协议。用人单位必须按照协议接受毕业生,并妥善安排毕业生的工作,提供相应的工作和生活条件。二是与用人单位平等协商签订劳动合同。大学毕业生到用人单位报到后,双方将产生由《中华人民共和国劳动法》所规定的劳动法律关系,毕业生应在就业协议的基础上,及时与用人单位订立劳动合同。劳动合同是大学毕业生就业协议的延伸。《中华人民共和国劳动合同法》规定:“订立劳动合同,应当遵循合法、公平、平等自愿、协商一致、诚实信用的原则。依法订立的劳动合同具有约束力,用人单位与劳动者应当履行劳动合同约定的义务。”因此,一旦毕业生到用人单位报到后,有权与用人单位平等协商签订劳动合同,并有权要求用人单位按照《劳动法》的规定提供各种劳动保障。

(6)追究违约权。大学毕业生与用人单位签订就业协议,是双方遵循平等自愿、协商一致的原则而达成的,双方均有遵守的义务。如果用人单位不能按照就业协议的约定而履行协议,毕业生有要求追究用人单位违约责任的权利。

二、大学毕业生就业的义务

义务是法律、法规和政策规定的主体所承担的一种责任。大学毕业生就业的义务是指毕业生在就业活动中应对国家、社会、单位所承担的责任。每个毕业生在求职活动中必须以高度负责的精神，对国家、社会、单位、家庭尽到应尽的责任。在就业过程中，大学毕业生在享有法律、法规和有关政策规定的权利的同时，也应当履行自己的义务。这些义务主要有：

(1)责任义务。大学毕业生是国家培养的高等专业技术人才，国家、社会以及家庭为其成长和发展提供了相对于其他青年群体所无法比拟的优越条件，花费了大量的财力、人力。按照“得之于社会，还之于社会，报之于社会”的原则，毕业生理应积极地、有责任地依托自己的职业行为，主动把自己所学的知识报效于国家、社会和家庭，承担起自己应尽的责任。在择业过程中，当个人意愿与就业政策发生矛盾时，当个人的兴趣、爱好、特长与国家的需要发生矛盾时，要从国家、社会的需要出发，服务于国家、社会，把个人的愿望和祖国的需要有机结合和统一起来。

(2)诚实义务。大学毕业生应向用人单位提供真实的自荐材料。自荐材料不是一般的应用性材料，是毕业生择业的一种手段，是毕业生为使用人单位了解自己、认识自己、赏识自己、接纳自己而撰写的一种材料。毕业生向用人单位提供的自荐材料应全面和实事求是，不能弄虚作假，要实事求是地向用人单位介绍自己的情况，对优点不夸大，对缺点不回避，对过失不隐瞒。

(3)守信义务。大学毕业生要认真履行就业协议。毕业生与用人单位签订的就业协议实际上是一种有关就业意向的承诺，表明毕业生愿意在毕业之后到用人单位就业，用人单位愿意接受毕业生，这种协议一旦签订，是具有一定的法律效力的，即在通常情况下，毕业生将不得选择其他单位，用人单位也不能用其他人取代该毕业生。讲信誉是对毕业生就业道德的基本要求之一。毕业生必须增强信用意识，自觉履行遵守协议的义务。如果违约，必须承担违约所带来的相应责任。

三、大学毕业生就业权益的保护

由于大学毕业生就业市场还不够规范，有的用人单位也往往从自我利益出发，侵犯毕业生的合法权益。知法守法护法是对每一个公民的基本要求，大学毕业生在就业过程中，如发生个人合法权益受到侵犯，应勇敢地拿起法律武器保护自己的权益。对自身权益实施保护主要通过以下途径：

1. 通过毕业生就业主管部门保护自己的合法权益

当自己的合法权益受到侵害时，毕业生应主动向毕业生就业主管部门举报。毕业生就业主管部门有责任维护毕业生的合法权益，不仅要通过制定相应的规范来确定毕业生的权益，还要对侵犯毕业生权益的行为进行抵制和处理。

2. 通过学校保护自己的合法权益

学校对毕业生权益的保护最为直接。学校可通过制定各项措施来规范毕业生就业推荐，对于用人单位在录用毕业生过程中的不公平、不公正行为，有权予以抵制，以维护毕业生公平受录用的权利。对于用人单位与毕业生签订不符合有关规定的就业协议，学校有权不予同意；未经学校同意的就业协议不发生法律效力，不作为编制就业计划的依据。

3. 毕业生的自我保护

毕业生权益保护的一个重要方面就是毕业生自我保护，毕业生自我保护体现在四方面。

(1)毕业生应了解目前国家关于毕业生就业的有关方针、政策和规范以及它们之间的关系，熟悉毕业生在就业过程中的权利和义务，这是毕业生权益自我保护的前提。如果在就业过程中因为所谓的公司规定或部门规定与国家政策法规有抵触，侵犯了自己的权益，则可以依据法律法规，维护自己的合法权益。

(2)毕业生应自觉遵循有关就业规范，接受其制约，保证自己的就业行为不违反就业规范，不侵犯其他毕业生的合法权益，这也是对自身权益有效保护的最好形式。毕业生如有下列情形之一，由学校报地方就业主管部门批准后不再负责其就业，一般情况下，其户口关系和档案转至家庭所在地，按社会待业人员处理：①自派遣之日起，无正当理由超过三个月不去就业单位报到的；②坚持个人无理要求而被用人单位退回的；③其他违反毕业生就业规定的。

(3)用人单位接收毕业生的过程当中，毕业生也应对自身权益进行自我保护。如按照国家规定，毕业生在报到后应享受正常的福利待遇，如养老金、公积金等；对某些工作岗位的特殊体质要求，用人单位应在与毕业生双向选择时就明确，否则不得以单位体检不合格为由(比如，仅仅由于肝功能表面抗原阳性等)，将学生退回学校；另外正常的人才流动也应根据国家和当地的有关人才流动规定，不应受到限制；报到后毕业生发生疾病不能坚持正常工作的，则按单位在职人员有关规定处理，不能退回学校等。毕业生应对自己的权利有正确认识。

(4)预防侵害自身合法权益行为的发生。毕业生在就业求职过程中应本着“诚实、信用、平等”的原则，以自身实力参与竞争。同时，要有风险意识，对于有些用人单位招聘人员时，使用夸大待遇条件等做法要有提防戒备心理，预防侵害自身合法权益行为的发生。

4. 通过法律、新闻媒体等途径保护自己的合法权益

(1)毕业生的合法权益受到侵害时，可直接向各级行政主管部门投诉，保护自己的合法权益。投诉前，必须搞清楚受理单位的行政职能，以避免给行政机关造成工作上的不便或因受理单位权限所限而造成保护不力。在一般情况下，可以向这样一些单位投诉：劳动局所属的劳动监察大队、物价局所属的物价监察大队、工商行政管理局、技术监督局所属的技术监察大队等。

(2)向公安机关、检察院、法院报案或提起诉讼，以保护自己的合法权益。依据《中华人民共和国民法通则》《劳动法》《劳动合同法》《就业促进法》等法律、法规的规定，被害人对侵犯其人身、财产权利的犯罪事实或者犯罪嫌疑人，有权向公安机关、人民检察院或者人民法院报案或者控告。

(3)毕业生的合法权益受到侵害时，还可以向有关新闻媒体披露真实情况，以获得社会舆论的监督、关注和支持。

第二节　大学生就业的法律保障

大学生要保护自己的合法权利，必须做到知法、守法和用法。尤其是要熟悉、了解和掌握教育部颁布的《普通高等学校毕业生就业工作暂行规定》和我国现行的《劳动法》《劳动合同法》及相关的法规、规章、政策性文件，学会运用法律武器维护自己的合法权益。通过与用人单位签订毕业生就业协议和劳动合同，建立合法的劳动关系，使自己的合法权益得到法律的保护。

一、毕业生就业协议

经过供需见面和双向选择，毕业生与用人单位达成就业意向后，毕业生、用人单位和高等学校应当签订毕业生就业协议。所谓协议，是指当事人之间确立、变更、终止民事权利、义务关系的法律行为。就业协议书是毕业生与用人单位确立劳动关系的法律依据，是明确毕业生、用人单位和学校在毕业生就业工作中权利和义务的书面表现形式，一般由教育部或各省、市、自治区就业主管部门统一制表。

就业协议的作用，一是毕业生与用人单位确立劳动关系的重要依据，即标志着毕业生愿意到用人单位工作，用人单位同意接收该毕业生。二是毕业生就业主管部门制订就业计划和毕业生派遣的依据。三是明确就业活动中的权利和义务，避免双向选择的随意性，保护用人单位和毕业生的权益。

毕业生与用人单位签署就业协议后，经学校审核后方可列入就业计划。学校制订的就业计划报经教育部及地方就业主管部门批准后，在规定时间内毕业生携带就业报到证到用人单位报到。

（一）《毕业生就业协议书》的法律性质

《毕业生就业协议书》具有合同的属性。我国《合同法》第二条明确规定："合同是平等主体的自然人、法人和其他组织之间设立、变更、终止民事权利义务关系的意思表示一致的协议。"毕业生所签订的《毕业生就业协议书》是否属于合同呢？首先，《毕业生就业协议书》的主体是毕业生（自然人）和用人单位（法人或其他组织），他们在签订就业协议时的法律地位是平等的；其次，《毕业生就业协议书》是双方意思表示一致后达成的，任何一方都不得将自己的意志强加给另一方；再次，《毕业生就业协议书》所涉及的权利、义务均属于我国民事法律调整的范围，所以说《毕业生就业协议书》具有合同的属性。

《毕业生就业协议书》明确规定了学校、用人单位及毕业生三方的权利、义务与责任，一经签订即视为生效合同，不能随意更改。如由于特殊原因，毕业生单方面毁约，必须在规定时间内征得原签约单位的同意，经学校毕业生就业工作部门批准，方可办理改派手续。

（二）《毕业生就业协议书》的主要内容及签订程序

1. 主要内容

（1）毕业生的基本情况。毕业生应如实填写个人的基本信息，如姓名、性别、民族、政治面貌、专业等，表明自己的就业意见。

（2）用人单位的情况。用人单位如实介绍本单位的基本情况，如单位名称、隶属关系、性质、地址、联系人等。

（3）学校意见。学校表明明确意见。用人单位同意录用后，经学校审核，报主管部门批准，学校负责办理毕业生就业派遣手续。

（4）各方应严格履行协议，任何一方若违反协议，应承担违约责任。

（5）协议补充内容。一般在协议书"备注"栏中填写毕业生和用人单位双方的权利和义务，如薪酬承诺、违约责任等。

2. 签订程序

毕业生持学校下发的推荐表,参与双向选择活动。单位确定后,毕业生凭借推荐表回执或单位接收函换取《毕业生就业协议书》,协议一律以原件为准,复印件无效。签订毕业生三方协议书的基本程序如下:

(1)毕业生获得用人单位的书面接收函。

(2)毕业生到所在学校领取一式三份的《毕业生就业协议书》。

(3)毕业生与用人单位签署就业协议,并在就业协议书上签名盖章,用人单位一般在协议书上注明毕业生档案的邮寄地址。部分用人单位接收毕业生须征得上级主管部门或人才部门审批。

(4)毕业生到所在学校签署就业协议。

(5)学校签完就业协议书以后,学校、用人单位、毕业生本人各留一份就业协议,毕业生本人把用人单位应持的一份就业协议书转交用人单位。

(三)就业协议的订立原则

就业协议的订立原则是指双方在订立就业协议时必须遵循的基本准则。

1. 主体合法原则

签订就业协议的当事人必须具备合法的主体资格。对毕业生来说,必须要取得毕业资格。如果学生在派遣时未取得毕业资格,用人单位可以不予接收而无须承担法律责任。对用人单位来说,必须具有从事各项经营或管理活动的能力。单位应有录用毕业生计划或录用自主权,否则毕业生可解除协议而无须承担违约责任。对高校来说,高校应根据用人单位的要求如实介绍毕业生在校表现,也应如实将所掌握的用人单位的信息发布给毕业生。

2. 平等协商原则

就业协议的各方在签订就业协议时的法律地位是平等的,任何一方不得将自己的意志强加给另一方。在签订协议的过程中,双方是平等的主体,双方是否在就业协议上签字,完全出于各自意愿。学校不得采用行政手段要求毕业生到指定单位就业(不包括有特殊情况的毕业生),用人单位亦不应在签订就业协议时要求毕业生交纳风险金、保证金。毕业生、用人单位的权利、义务是一致的。除协议书规定的内容外,双方如有其他约定事项可在协议"备注"栏内加以补充说明。

(四)就业协议的解除和违约责任

1. 就业协议的解除

就业协议的解除即解约,是指在就业期限届满之前由毕业生和用人单位提前终止就业协议的法律效力,解除双方的权利、义务关系的法律行为。就业协议的解除分为单方解除和三方解除。

单方解除,包括单方擅自解除和单方依法或依协议约定解除。单方擅自解除协议,属违法行为,解约方应按就业协议约定,对另两方承担违约责任。单方依法或依协议约定解除,是指一方解除就业协议有法律上或协议上的依据。例如,学生未取得毕业资格,用人单位有权单方解除就业协议;毕业生考取研究生后,可按约定解除就业协议。此类单方解除,解除方无须对另两方承担违约责任,属于法律或协议允许范围内。

三方解除是指毕业生、用人单位、学校三方经协商一致，取消原订立的就业协议，使协议不发生法律效力。此类解除是三方当事人真实意思表示的体现，三方均不承担法律责任；三方解除应在就业计划上报毕业生就业主管部门之前进行，如在就业派遣计划下达后，还须报毕业生就业主管部门批准，方可办理改派。

解除就业协议应签署解约的相关文件。在解约、违约手续完备后，毕业生才可以重新择业。毕业生在与新的用人单位达成就业意向后，可凭新用人单位的接收函以及解约、违约手续等完备材料，到学校就业工作管理部门领取就业协议书，再重新按照程序签订就业协议。

2.违约责任

就业协议经毕业生、用人单位、学校三方签字盖章后即具有法律效力，任何一方无特殊情况均不得擅自解约，否则，违约方应向另两方承担违约责任，支付协议约定的违约金。从目前实际情况来看，违约多见于毕业生。毕业生违约，除本人应承担违约责任外，往往还会造成诸多不良后果，主要表现在：

(1)损害了原用人单位的利益。用人单位为录用毕业生往往需要做大量的准备工作，有的甚至对毕业生将要从事的具体工作也有所安排。特别是由于毕业生就业工作时间相对比较集中，一旦毕业生因某种原因违约，势必使用人单位为录用工作所做的一切付诸东流。同时，用人单位即使要选择其他毕业生，在时间上也有很多困难，从而影响了用人单位用人计划的完成，延误了用人单位的择员时机。

(2)影响学校的声誉和信誉。对毕业生的违约行为，用人单位往往将责任归咎于学校管理不严、教育无方，从而影响学校和用人单位的长期合作关系。毕业生违约，会使学校与用人单位的继续合作关系蒙上阴影，使用人单位对学校的推荐工作表示怀疑，从而影响学校的声誉和信誉。

(3)影响其他毕业生的顺利就业。用人单位到学校挑选毕业生时，往往有许多毕业生竞相应聘，用人单位与某毕业生签约，其他毕业生就只能选择其他用人单位。若日后该毕业生违约，就会使有些当初希望到该单位工作的其他毕业生由于录用时间等原因失去应聘机会，从而影响其他毕业生顺利就业。

(五)签订就业协议应注意的问题

就业协议是明确在就业过程中毕业生和用人单位双方权利和义务的协议，涉及毕业生的切身利益，具有一定的法律约束力。所以，每位大学毕业生在签订就业协议时应当特别慎重，从而切实维护自己在就业过程中的合法权益。大体来说，毕业生在签订就业协议时要注意以下几个问题：

(1)要全面了解和掌握国家就业政策、规定及用人单位的有关情况。毕业生在择业签约前，首先要全面了解和掌握国家关于高等学校毕业生的就业政策和规定。高校毕业生就业政策和规定是指导和规范毕业生求职活动的行为准则，是保证毕业生顺利就业的政策依据。毕业生应当认真学习和领会国家有关就业方面的方针政策，规范自己的择业行为，以避免因政策不明而导致择业失误。同时，要认真了解用人单位是否具备合法的主体资格，以及用人单位对毕业生的基本要求；分析自己是否胜任这份工作，以及这份工作是否有利于自己才能的发挥和发展；还要了解用人单位的劳动用工政策等。

(2)认真审查协议书的内容。协议书的内容是整个协议书的关键部分，毕业生一定要认真审查。首先审查协议内容是否合法，是否符合国家相关法律和政策；其次要审查权利和义务是否合理；再次要审查除主协议外是否有附件（即补充协议）。如果确有必要对协议书条款进行变更或增减，毕业生可以和用人单位协商，就原协议书中未能体现的具体权利和义务用补充协议形式表达出来，在协议书的“增补栏”中加以确定，但涉及的内容一定要具体、明确，不会产生歧义；如无附加条款，应当将协议书中空白部分划去，或注明“以下空白”。必须指出，补充协议书和主协议书具有同等法律效力。

(3)对就业协议的解除条件应事先约定。毕业生就业协议一经订立，就对当事人具有约束力，双方不得随意解除，否则应承担违约责任。毕业生如对用人单位情况不是很了解或感到不完全如意，却又担心一旦放弃后落实就业单位可能更困难，或本人打算考研或准备出国，在这种情况下，毕业生可与用人单位在就业协议书中就解除条件作约定。在约定条件许可的范围内，毕业生可解除协议，并无须承担违约责任，避免产生经济损失或其他争议。

(4)违约责任要明确。违约责任是指协议当事人因过错而不履行或不完全履行协议规定的义务所应承担的法律责任，它是保证协议履行的有效手段。鉴于现实中毕业生及用人单位违约率有所增加的状况，协议书中违约条款就显得更为重要。因此，在协议内容中，应详细表述当事人双方的违约情形及违约后应负的责任。同时还应写明当事人违约后通过何种方式、何种途径来承担责任。这样，才能更有利于当事人双方履行协议，也有利于以后违约纠纷的解决。

(5)注意与劳动合同的衔接。由于毕业生就业协议签订在先，为避免日后订立劳动合同时产生纠纷，应尽可能将劳动合同的主要内容体现在就业协议的约定条款中，否则双方日后就劳动合同有关内容达不成一致意见且事先无约定时，若毕业生表示不愿在该单位工作，用人单位反过来要毕业生承担违反就业协议的责任。因此毕业生在就业过程中应就劳动报酬、试用期、住房、服务期限等劳动合同的主要条款与用人单位事先协商，同时体现在就业协议中，并将协议结果书面化，而不应只作口头约定。

二、劳动合同

实行劳动合同制度是经济体制改革的必然结果。1994 年我国颁布的《劳动法》，规定今后确立劳动关系必须实行劳动合同制度，也就是从法律上确立了我国劳动用工制度由固定工制度改革为劳动合同制度。2008 年 1 月 1 日正式生效的《中华人民共和国劳动合同法》明确指出：所有的中华人民共和国境内的企业、个体经济组织、民办非企业单位等组织（以下称用人单位）与劳动者建立劳动关系应当订立书面劳动合同，并对劳动合同进行了详细的法律规定。劳动合同制度的建立既能保证企业的用工自主权，符合企业作为经济主体的要求，又有利于劳动者平等竞争，维护劳动者的合法权益，促使劳动力资源的合理配置，还能接受国家的宏观调控，保证社会安定与发展。

(一)劳动合同的概念

合同，又称契约，是指双方当事人之间为实现一定的目的，根据法律规定，设立、变更或终止权利、义务关系的协议。

劳动合同是指劳动者与用人单位确立劳动关系、明确双方权利和义务的协议。劳动合同的签订，在法律上确立劳动者与用人单位之间的劳动关系，双方的有关权利、义务通过书面合同的形式确立下来，并使之特定化、具体化。劳动者依据劳动合同在用人单位内担任一定的职务或工种的工作，遵守劳动法律法规和用人单位的规章制度，并完成劳动合同约定的生产(工作)任务；用人单位则依据劳动合同的约定，为劳动者提供符合国家规定的劳动保护和劳动条件，履行劳动义务，并按照劳动者的劳动数量和质量支付劳动报酬。

劳动合同是确立劳动关系的法律凭证和法律形式，具有以下法律特征：

(1)劳动合同的主体是特定的。劳动合同一方当事人是企业、个体经济组织、国家机关、事业组织或社会团体等用人单位，另一方是劳动者本人。也就是说，劳动关系是在拥有生产条件的用人单位与具有劳动权利能力、劳动行为能力的劳动者之间形成的。

(2)劳动合同当事人法律地位是平等的。劳动合同是双方当事人在平等自愿、协商一致的基础上达成的协议，是双方意思表示一致的产物，劳动合同的订立，真正实现了企业的用工自主权和劳动者的择业自主权。

(3)劳动合同的目的，在于劳动过程的实现，而不仅仅是劳动成果的给付。劳动过程十分复杂，其成果也是多种多样的。有的劳动成果当时就可以衡量，有的则要过一段时间才能衡量；有的劳动有独立的成果，有的劳动物化在集体劳动成果中。无论劳动成果属于哪一种，只要劳动者按时按量完成了劳动合同规定的工作量，企业就应当按照劳动合同的约定支付劳动报酬。总之，劳动合同的目的主要是使劳动者与用人单位构成具体的劳动关系。

(二)劳动合同的形式

劳动合同的形式常根据劳动合同的期限来划分。《劳动合同法》第十二条规定："劳动合同分为固定期限劳动合同、无固定期限劳动合同和以完成一定工作任务为期限的劳动合同。"与此相适应，劳动合同也可以分为以下三种形式：

(1)固定期限劳动合同。固定期限劳动合同，是指用人单位与劳动者约定合同终止时间的劳动合同。用人单位与劳动者协商一致，可以订立固定期限劳动合同。劳动合同期限届满，双方的劳动关系即告终止。但如果双方同意，劳动合同也可以续订。这类劳动合同在具体期限上，可以由双方当事人根据工作需要和实际情况来确定，时间可长可短，但劳动合同的起始时间和终止时间是明确的。

(2)无固定期限劳动合同。无固定期限劳动合同，是指用人单位与劳动者约定无确定终止时间的劳动合同。用人单位与劳动者协商一致，可以订立无固定期限劳动合同。有下列情形之一，劳动者提出或者同意续订、订立劳动合同的，除劳动者提出订立固定期限劳动合同外，应当订立无固定期限劳动合同：①劳动者在该用人单位连续工作满十年的；②用人单位初次实行劳动合同制度或者国有企业改制重新订立劳动合同时，劳动者在该用人单位连续工作满十年且距法定退休年龄不足十年的；③连续订立二次固定期限劳动合同，且劳动者没有《劳动合同法》第三十九条和第四十条第一项、第二项规定的情形，续订劳动合同的。用人单位自用工之日起满一年不与劳动者订立书面劳动合同的，视为用人单位与劳动者已订立无固定期限劳动合同。

(3)以完成一定工作任务为期限的劳动合同。以完成一定工作任务为期限的劳动合同，是指用人单位与劳动者约定以某项工作的完成为合同期限的劳动合同。用人单位与劳动者协商一致，可以订立以完成一定工作任务为期限的劳动合同。该项工作或工程开始的时间，就是劳动合同履行的起始时间；该项工作或工程一旦完成，也意味着劳动合同的终止。因此，这类合同与固定期限的劳动合同有相同之处，但在表现形式上有所不同。

(三)劳动合同的基本内容

劳动合同的内容，是指双方当事人在劳动合同中必须明确各自的权利、义务及其他问题。劳动合同内容是劳动关系的实质，也是劳动合同成立和发生法律效力的核心问题，如果一份劳动合同缺乏实质性的权利、义务条款，或者所规定的权利、义务条款含义不清，模糊混乱，这份劳动合同就没有意义。

劳动合同的内容，可以分为法定条款和约定条款两部分，前者是指劳动合同必须具备的由法律、法规直接规定的内容；后者是指不需要法律、法规直接规定，而是指双方当事人自愿协商确定的合同内容。

1. 法定条款

根据《劳动合同法》第十七条规定，劳动合同应当具备以下条款：①用人单位的名称、住所和法定代表人或者主要负责人；②劳动者的姓名、住址和居民身份证或者其他有效身份证件号码；③劳动合同期限；④工作内容和工作地点；⑤工作时间和休息休假；⑥劳动报酬；⑦社会保险；⑧劳动保护、劳动条件和职业危害防护；⑨法律、法规规定应当纳入劳动合同的其他事项。

2. 约定条款

劳动合同除法律规定的必备条款外，用人单位与劳动者可以约定试用期、培训、保守秘密、补充保险和福利待遇等其他事项。

(1)约定试用期。用人单位与劳动者可以约定试用期，但同一用人单位与同一劳动者只能约定一次试用期。试用期的法律规定是：劳动合同期限三个月以上不满一年的，试用期不得超过一个月；劳动合同期限一年以上不满三年的，试用期不得超过二个月；三年以上固定期限和无固定期限的劳动合同，试用期不得超过六个月。以完成一定工作任务为期限的劳动合同或者劳动合同期限不满三个月的，不得约定试用期。试用期包含在劳动合同期限内。劳动合同仅约定试用期的，试用期不成立，该期限为劳动合同期限。

劳动者在试用期的工资不得低于本单位相同岗位最低档工资或者劳动合同约定工资的80%，并不得低于用人单位所在地的最低工资标准。

在试用期中，除劳动者有法律规定的情形外，用人单位不得解除劳动合同。用人单位在试用期解除劳动合同的，应当向劳动者说明理由。

(2)约定服务期。用人单位为劳动者提供专项培训费用，对其进行专业技术培训的，可以与该劳动者订立协议，约定服务期。劳动者违反服务期约定的，应当按照约定向用人单位支付违约金。违约金的数额不得超过用人单位提供的培训费用。用人单位要求劳动者支付的违约金不得超过服务期尚未履行部分所应分摊的培训费用。用人单位与劳动者约定服务期的，不影响按照正常的工资调整机制提高劳动者在服务期期间的劳动报酬。

(3)约定保密义务。用人单位与劳动者可以在劳动合同中约定保守用人单位的商业秘密和与知识产权相关的保密事项。对负有保密义务的劳动者，用人单位可以在劳动合同或者保密协议中与劳动者约定竞业限制条款，并约定在解除或者终止劳动合同后，在竞业限制期限内按月给予劳动者经济补偿。劳动者违反竞业限制约定的，应当按照约定向用人单位支付违约金。

竞业限制的人员限于用人单位的高级管理人员、高级技术人员和其他负有保密责任的人员。竞业限制的范围、地域、期限由用人单位与劳动者约定,竞业限制的约定不得违反法律、法规的规定。

在解除或者终止劳动合同后,竞业限制的人员到与本单位生产或者经营同类产品、从事同类业务的有竞争关系的其他用人单位,或者自己开业生产或者经营同类产品、从事同类业务的竞业限制期限,不得超过两年。

(四)劳动合同的无效或部分无效

无效劳动合同,是指不具有法律效力的劳动合同。根据《劳动合同法》第二十六条规定,下列劳动合同无效或者部分无效:①以欺诈、胁迫的手段或者乘人之危,使对方在违背真实意思的情况下订立或者变更劳动合同的;②用人单位免除自己的法定责任、排除劳动者权利的;③违反法律、行政法规强制性规定的。例如,《劳动合同法》第十九条规定,"建立劳动关系,应当订立书面劳动合同。"而有的劳动合同却是采取以口头协议的形式订立的,这种劳动合同,由于它没有法律依据,因而也是无效的。

对劳动合同的无效或者部分无效有争议的,由劳动争议仲裁机构或者人民法院确认。

无效劳动合同,从订立之日起,就没有法律的约束力,不受法律的保护。但这并不是说,所有的无效劳动合同,其合同的全部条款都是无效的。有的劳动合同,只是部分条款无效,其余条款仍然有效,对于这类劳动合同,应当根据无效的程度和范围区别对待,不能一概否定。劳动合同部分无效,不影响其他部分效力的,其他部分仍然有效。

劳动合同被确认无效,劳动者已付出劳动的,用人单位应当向劳动者支付劳动报酬。劳动报酬的数额,参照本单位相同或者相近岗位劳动者的劳动报酬确定。

用人单位变更名称、法定代表人、主要负责人或者投资人等事项,不影响劳动合同的履行。用人单位发生合并或者分立等情况,原劳动合同继续有效,劳动合同由承继其权利和义务的用人单位继续履行。

(五)劳动合同的解除和终止

1. 劳动合同的解除

劳动合同的解除,是指劳动合同有效成立后,当具备法律规定的劳动合同解除条件时,因当事人一方或双方的意思表示而使合同关系归于消灭的行为。

劳动合同解除具有以下特征:

(1)劳动合同的解除适用于合法有效的劳动合同。劳动合同只有在生效以后,才存在解除,无效劳动合同不发生合同解除。

(2)劳动合同解除必须具备法律规定的条件。劳动合同一旦生效,即具有法律约束力,非依法律规定,当事人不得随意解除劳动合同。我国法律规定的劳动合同解除条件主要有协商解除和法定解除。

(3)劳动合同解除使劳动关系向将来消灭。即劳动合同一经解除,劳动合同尚存的权利义务不再履行。用人单位与劳动者协商一致,可以解除劳动合同。劳动者提前三十日以书面形式通知用人单位,可以解除劳动合同。劳动者在试用期内提前三日通知用人单位,可以解除劳动合同。

根据《劳动合同法》规定，用人单位有下列情形之一的，劳动者可以解除劳动合同：未按照劳动合同约定提供劳动保护或者劳动条件的；未及时足额支付劳动报酬的；未依法为劳动者缴纳社会保险费的；用人单位的规章制度违反法律、法规的规定，损害劳动者权益的；因本法第二十六条第一款规定的情形（以欺诈、胁迫的手段或者乘人之危，使对方在违背真实意思的情况下订立或者变更劳动合同的；用人单位免除自己的法定责任、排除劳动者权利的；违反法律、行政法规强制性规定的。）致使劳动合同无效或者部分无效的；法律、行政法规规定劳动者可以解除劳动合同的其他情形。

用人单位以暴力、威胁或者非法限制人身自由的手段强迫劳动者劳动的，或者用人单位违章指挥、强令冒险作业危及劳动者人身安全的，劳动者可以立即解除劳动合同，无须事先告知用人单位。

劳动者有下列情形之一的，用人单位可以解除劳动合同：在试用期间被证明不符合录用条件的；严重违反用人单位的规章制度的；严重失职，营私舞弊，给用人单位造成重大损害的；劳动者同时与其他用人单位建立劳动关系，对完成本单位的工作任务造成严重影响，或者经用人单位提出，拒不改正的；劳动合同无效的；被依法追究刑事责任的。

劳动者有下列情形之一的，用人单位不得解除劳动合同：从事接触职业病危害作业的劳动者未进行离岗前职业健康检查，或者疑似职业病病人在诊断或者医学观察期间的；在本单位患职业病或者因工负伤并被确认丧失或者部分丧失劳动能力的；患病或者非因工负伤，在规定的医疗期内的；女职工在孕期、产期、哺乳期的；在本单位连续工作满十五年，且距法定退休年龄不足五年的；法律、行政法规规定的其他情形。

用人单位单方解除劳动合同，应当事先将理由通知工会。用人单位违反法律、行政法规规定或者劳动合同约定的，工会有权要求用人单位纠正。用人单位应当研究工会的意见，并将处理结果书面通知工会。

2. 劳动合同的终止

劳动合同的终止，是指劳动合同依法生效后，因出现法定情形和当事人约定的情形而导致劳动合同的效力消灭，当事人之间的权利、义务关系终止。劳动合同关系是当事人依法自行设定的权利、义务关系。劳动合同当事人之间可以根据一定的法律事实设立权利、义务关系，也可以因一定的法律事实消灭相互之间的权利、义务关系，终止劳动合同。

根据《劳动合同法》第四十四条的规定，有下列情形之一的，劳动合同终止：①劳动合同期满的；②劳动者开始依法享受基本养老保险待遇的；③劳动者死亡，或者被人民法院宣告死亡或者宣告失踪的；④用人单位被依法宣告破产的；⑤用人单位被吊销营业执照、责令关闭、撤销或者用人单位决定提前解散的；⑥法律、行政法规规定的其他情形。

用人单位违反法律规定解除或者终止劳动合同，劳动者要求继续履行劳动合同的，用人单位应当继续履行；劳动者不要求继续履行劳动合同或者劳动合同已经不能继续履行的，用人单位应当依法支付赔偿金。

用人单位应当在解除或者终止劳动合同时出具解除或者终止劳动合同的证明，并在十五日内为劳动者办理档案和社会保险关系转移手续。劳动者应当按照双方约定，办理工作交接。用人单位依照本法有关规定应当向劳动者支付经济补偿的，在工作交接时支付。

(六)劳动争议的处理

劳动争议是指劳动法律关系当事人(劳动者和用人单位)之间关于劳动权利、义务而引起的争议,也称劳动纠纷。学习这部分内容,对大学生就业后,与用人单位发生劳动争议时如何解决问题非常有用。劳动争议的主体,一方是劳动者,另一方是用人单位。劳动者与劳动者之间,用人单位与用人单位之间引起的争议不是劳动争议。

我国劳动争议处理的范围,是指在中国境内的用人单位与劳动者之间发生的下列争议:因开除、除名、辞退违纪职工和职工辞退、自动离职发生的争议;因用人单位执行国家法律、法规或劳动合同约定中的工资、保险、福利、培训、劳动保护的规定发生的争议;因劳动者、用人单位在履行劳动合同的问题上,主要是无故解除、终止合同而发生的争议;劳动法律、法规认为应当处理的其他争议;国家机关、事业单位、社会团体与单位劳动者之间以及个体工商户与在工、学徒之间的劳动争议,可参照《中华人民共和国企业劳动争议处理条例》执行。

根据我国《劳动法》及《企业劳动争议处理条例》的规定,劳动争议处理的基本形式有以下几种:

(1)当事人自行协商解决。当事人自行协商解决是通过劳动关系当事人双方互谅互让自行协商解决纠纷的一种形式。这种形式简单方便,不伤感情,有利于团结。国家鼓励和提倡这种解决劳动争议的方式。

(2)依法向劳动争议调解委员会申请调解。劳动争议调解委员会设立在用人单位,由职工代表、用人单位代表、用人单位工会代表三方组成,调解委员会主任由工会代表担任。没有成立工会的用人单位,调解委员设立及其组成由职工代表和用人单位代表协商决定。

劳动争议调解委员会负责调解本企业发生的劳动争议。它应本着自愿、民主原则进行调解,调解不成,当事人可以向劳动争议仲裁委员会申请仲裁。当事人一方也可以直接向劳动争议仲裁委员会申请仲裁。

(3)向劳动争议仲裁委员会申请仲裁。劳动争议仲裁委员会由劳动行政部门代表、同级工会代表、用人单位的代表组成,主任由劳动行政部门代表担任。

县、市、市辖区设立劳动争议仲裁委员会。仲裁委员会负责处理本委员会管辖范围的劳动争议案件。仲裁委员会对受理的劳动争议,应当在查明事实的基础上先行调解,调解达成应当制作调解书。经调解无效或调解书送达前一方反悔的,应当及时进行仲裁,并制作仲裁决定书。当事人一方或双方对仲裁裁决不服的,可以自收到仲裁裁决书之日起15日内向人民法院提出诉讼,逾期不起诉,裁决即发生法律效力。已发生的裁决与人民法院判决的效力等同。当事人如果不履行裁决书所规定的义务,另一方当事人可申请人民法院强制执行。

(4)向人民法院提起诉讼。人民法院审理劳动争议案件是解决劳动争议的最后一道程序,也就是说通过其他程序未能解决的争议,可以提交法院解决。目前我国尚未设立专门的劳动法庭及规定审理劳动争议的程序。在实践中,人民法院试用《中华人民共和国民事诉讼法》规定的诉讼程序。

三、就业协议与劳动合同的关系

《高校毕业生就业协议书》和劳动合同是用人单位录用毕业生所签订的书面协议,二者有密切的关系。

劳动合同是劳动者与用人单位确立劳动关系、明确双方权利和义务的协议。我国劳动法规定，建立劳动关系应当订立劳动合同。就业协议是高校毕业生与用人单位确立劳动关系、明确双方在毕业生就业工作中的权利和义务的协议。教育部颁布的《普通高等学校毕业生就业工作暂行规定》要求："经供需见面和双向选择后，毕业生、用人单位和高等学校应当签订毕业生就业协议书"。协议的签订是双方当事人经过协商在自愿、平等的基础上意思完全一致的表示。就业协议书是高校毕业生与用人单位确立劳动关系的法律依据。

就业协议是劳动合同的一种特殊形式，二者不能相互替代。它们有以下区别：

(1)适用主体不同。劳动合同是劳动者和用人单位之间确立劳动关系的协议，只要双方签订的协议经协商一致，符合国家法律规定和行政法规，无欺诈、胁迫等手段，则双方签字、盖章后即发生法律效力。而普通高校毕业生就业协议的签订必须经毕业生、用人单位和毕业生所在学校三方在就业协议书上签字、盖章后生效，三者缺一不可。换句话说，就是签订就业协议的主体是学生、用人单位和学校。在签订就业协议过程中，毕业生与用人单位是平等的主体，相互之间法律地位是完全平等的。双方是否在就业协议书上签字，完全出于各自的意愿。学校是见证双方协议，保证、监督协议履行的重要的第三方。还需要说明的是，无人事权的用人单位录用毕业生必须经上级主管部门签字、盖章，就业协议才能生效。

(2)内容不同。毕业生就业协议的内容主要是毕业生如实介绍自身情况，并表示愿意到用人单位就业，用人单位表示愿意接受毕业生，学校同意推荐毕业生并列入就业方案，而不涉及毕业生到用人单位报到后，应享有的权利、义务。劳动合同的内容涉及劳动报酬、劳动保护、工作内容、劳动纪律等方方面面，更为具体，劳动权利、义务更为明确。

(3)时间不同。一般来说就业协议签订在前，就业协议应在毕业生就业之前签订，而劳动合同往往在毕业生到用人单位报到后才签订。

(4)目的不同。就业协议是毕业生和用人单位关于将来就业意向的初步约定，是对双方的基本条件以及即将签订的劳动合同的部分基本内容的大体认可，并经用人单位的上级主管部门和高校就业部门同意，一经毕业生、用人单位、高校、用人单位主管部门签字盖章，即具有一定的法律效力，是编制毕业生就业方案和将来双方订立劳动合同的依据。

(5)适用法律不同。就业协议发生争议，除根据协议本身内容之外，主要依据现有的毕业生就业政策和法律对合同的一般规定加以解决，尚没有专门的一部法律对毕业生就业协议加以调整。而劳动合同发生争议，应依据《劳动法》《劳动合同法》来处理。

第三节 防范求职陷阱 反对就业歧视

大学生们并不仅仅依靠学校的招聘会寻找就业机会，很多人还要走向社会，希望找到更多的"伯乐"。与校园招聘活动相比，社会上的就业市场要复杂得多。在这个尚不规范的市场上，学生还处于弱势地位。一些不法分子瞄准大学生们迫切想找到工作这一时机，利用信誉、亲情关系，骗取大学生的信任，进而侵犯他们的合法权益，而对于尚未走出校门的大学生来说，社会经验不丰富，如果不能识别就业陷阱，就很容易上当受骗。

目前，大学生就业市场仍存在不少求职陷阱和就业歧视现象，也已引起政府有关部门的高度重视。2008 年 1 月 1 日正式生效的《中华人民共和国就业促进法》，为劳动者依法享有平等就业和自主择业的权利、禁止就业歧视、扶助困难群体、规范就业服务和管理诸多人们关心的就业问题提供了法律保障。与此同时，为维护大学生求职者的合法就业权益，大学生还应努力增强自身素质，掌握识别求职陷阱的知识，加强自身防范意识，树立坚决反对就业歧视的观念。

一、求职陷阱的种类及其危害

求职陷阱是指以招聘毕业生为名义，侵害毕业生合法利益的行为和活动。求职陷阱主要有以下几种类型：

1. 试用期陷阱

用人单位与求职者之间达成了聘用意向后，就有了一个“试用期”问题，由于很多求职者对国家有关“试用期”的法律不熟悉，往往被个别用人单位钻了空子，从而使求职者的合法权益受到侵害，主要表现在以下几个方面：

(1)试用期内，以“代为保管”为名，把求职者的身份证收上去，并且还要求求职者交若干“押金”或“保证金”。在这期间如果求职者对工作不满意提出辞职，用人单位就以扣留身份证、押金相威胁，并要求职者赔偿用人单位所谓的“经济损失”。这些都是错误的。首先，法律明确规定，用人单位招用劳动者，不得扣押劳动者的居民身份证和其他证件，不得要求劳动者提供担保或者以其他名义向劳动者收取财物。用人单位无论以什么理由为借口，都不能将求职者的身份证作抵押，更不得以任何理由收取押金或保证金。其次，《劳动法》设立试用期的目的，就在于给予求职者与用人单位一个相互考察的机会。在这一期限内，无论是求职者提出辞职，还是用人单位提出辞退求职者，都不承担违约责任。

(2)试用期任意延长。《劳动合同法》明确规定：以完成一定工作任务为期限的劳动合同或者劳动合同期限不满三个月的，不得约定试用期。试用期包含在劳动合同期限内。劳动合同仅约定试用期的，试用期不成立，该期限为劳动合同期限。劳动者在试用期的工资不得低于本单位相同岗位最低档工资或者劳动合同约定工资的80%，并不得低于用人单位所在地的最低工资标准。因此，少数用人单位为了少付薪酬，常以“时间太短，考察不全面”为由任意延长试用期，这是完全错误的。

(3)把“见习期”概念用歪。“见习期”是国家对新录用的大中专、技校毕业生执行的至少一年的考察期限，而试用期是指求职者与用人单位在达成雇佣协议后，为了相互了解、选择而商定的考察期限。它们主要的不同在于：①适用的主体不同。见习期是专门对刚毕业的大中专毕业生在转为国家干部编制之前制定的考核期限；而试用期则是雇佣双方在签订合同时共同约定的一个互相了解、选择的考察期限。②规定的时间期限不同。见习期至少为一年以上，而试用期最长不能超过六个月。③法律约束力不同。见习期是强制性的，只有通过见习期考核的人才能转为正式国家干部编制。而试用期不是强制性的，由雇佣双方约定好，可有可无。有些用人单位以国家规定“见习期”为一年为由，把试用期延长到一年的做法也是违法的。

(4)用人单位与求职者只签订试用期合同，并称只有在试用期结束后，才能签订正式的用工合同。而当试用期快结束时，用人单位又会找出种种借口将求职者辞退，同时声称正式劳动合同还没签订或还没生效，于是就不用承担责任。事实上，法律明确规定试用期是劳动合同期限的组成部分，单独设立试用合同的做法是违法的。

(5)试用期工资低于当地最低工资标准。《劳动合同法》明确规定，无论是试用期还是正式合同期，公司员工的工资水平都不得低于当地最低工资标准，任何单位或个体工商户都必须执行，否则都属于违法行为。

遇到这些违法的单位，求职者可以理直气壮地要求其改正，以保护自己的合法权益。同时也要注意，不要轻易跳到他们为求职者早已准备好的陷阱中去。

2. 传销陷阱

传销者的首选对象常常是急于挣钱的求职者，特别是刚毕业的学生。他们通过各种渠道得到欲骗对象的电话后，便打着同乡、同学、亲戚等幌子，以帮忙找工作为由，以高薪为诱饵，因人而异，投其所好，骗求职者进行非法传销活动。求职者一旦落入陷阱，便限制其人身自由，迫使其从事传销，要么交一定数额入门费，要么规定购买传销产品作为入门的条件。传销组织者还采取扣留身份证、控制通信工具、监视等手段不让受骗者离开，强迫他们联系亲友前来，或者寄钱物从中牟利，给人民群众造成了巨大的经济损失，严重扰乱了社会经济秩序，并引发了一系列社会问题，成为社会治安的巨大隐患。

传销不仅通过精神和思想控制人的行为，还通过控制经济环境来控制人的行为。一般人对传销危害的认识还是局限于影响家庭成员感情，造成经济损失，给当地社会带来不稳定因素等，实际上传销更深层次的危害有：在经济学层面上，传销以欺骗为直接手段，出售人与人之间的信任资源。参与者一旦发现自己被骗，解脱的方式就是发展下线，骗别人，一个庞大的骗子网络建立起来。假如传销无限制发展下去，社会上人与人的信任资源将无限流失，终究会动摇市场经济赖以发展的基础。在社会学意义上，瓦解社会基本单元——家庭，动摇社会稳定的基础。传销活动参与者多有相同的经历，就是被亲戚朋友以介绍工作为名，骗到外省市。参与人员中，多是弱势群体。最后结果往往许多人妻离子散，家破人亡，有的因“洗脑”过分投入，精神接近崩溃边缘。心理学意义上，突破了道德和法制约束，危害人的思想信念基础。传销的“洗脑”，让人不以欺骗为辱，反以为荣。传销培训出了不受道德约束的成员，即便组织被取缔，传销者不再从事传销，也已经没有正常人做违反社会道德规范事情时的内疚感，变得极端自私，唯利是图。这样的社会成员如果达到一定规模，社会控制体系将面临崩溃的危险。

为保护消费者合法权益，促进公平竞争，维护市场经济秩序和社会稳定，国务院于1998年发出关于禁止传销经营活动的通知指出：禁止任何形式的传销活动，加大执法力度，严厉查禁各种传销和变相传销行为。

3. 薪酬陷阱

所谓薪酬陷阱，是指用人单位在招聘时以优厚的待遇吸引前来求职的毕业生，等到其正式上班时，招聘时的承诺则以种种理由不予兑现；或是针对薪酬中的一些不确定收入，进行虚假或模糊的承诺，最终不能兑现；或者“缩水兑现”。毕业生求职时应根据自身情况对薪酬标准有一个合理定位，对过高的薪酬标准应警惕是否存在薪酬陷阱，不清楚的地方要问明白，否则就容易上当受骗。遇到薪酬问题时，应先与用人单位界定薪酬的上下限，尽量使他们减少承诺薪酬中的“不确定成分”，并协商支付方式。

实例：“只要拥有大专学历，就有机会被跨国金融集团录用，进入人才储备库，成为储备主管，底薪至少在5 000元/月，并有高额奖金和优厚福利待遇……”面对如此令人心动的招聘启事，某高校工商管理专业2005届毕业生小刘，投递了简历。面试当天，她发现有近百位应聘者，而她应聘的职位却只招20名——1∶5的录取率着实让她担心。应聘者多是来自名牌大学的金融专业毕业生，更让她信心不足。

第一轮面试出人意料地简单。回答了面试官几个常规问题后，小刘被通知可以参加培训和第二轮面试、笔试。3天的培训中，有一位自称是公司的高层的年轻人，现身说法，详尽说明了优厚待遇。接下去的笔试、面试更简单，仅仅是一些性格测评题。经过层层筛选，小刘被录用为公司的储备主管，这次求职简直出人意料地顺利。

小刘按要求前去公司报到，却被告知先要交纳250元费用，并暂时只能签订3个月的临时合同。公司解释：250元是“保险代理人资格考试”报名费，3个月的临时合同是为了给“储备主管”们参加培训和“基层锻炼”的时间。

小刘恍然大悟，所谓“金融集团”，其实是一家保险公司。更意外的是，原以为自己是在1：5的比例中脱颖而出，没想到，初试中的大多数人，都在“录用”之列，远远超过“储备主管”职位数。在大家追问之下，公司方面终于承认：无论是什么职位，进入公司之后，都要从事至少3个月的保险员工作，只有完成一定业绩后，才可能晋升到原本承诺的职位。接下来更令人吃惊：原来，这家保险公司基本上每周都在招聘，相同的岗位，相同的招聘内容，相同的培训内容，甚至连面试和笔试的试题都相同。最终，小刘选择放弃这份工作。

4. 抵押陷阱

国家劳动部门早就明文规定：任何企业在招聘员工时，都不得以求职者的身份证、毕业证等作抵押。但是，目前仍有相当多的企业以便于管理为由要求职者用身份证或毕业证作为抵押。这些企业拿了求职者的身份证或毕业证之后，便可以为所欲为，让求职者无法摆脱他们的控制。

5. 介绍陷阱

有人打着同乡、同学、朋友甚至亲戚的幌子，招聘求职者去工作，而这种协议往往是私下里的、口头上的，根本不签合同，稍有不慎，就会上当受骗。有一些外来工在找工作上当受骗以后，他们又干起骗人的勾当，专门以为同乡、同学或外地人员介绍工作为名，收取求职者各种费用。

6. 中介职业陷阱

一些不法分子租一间屋，找两个工作人员，无证经营中介服务，张贴一些子虚乌有的或从报刊上剪下的过时信息，骗取求职者的钱财，遇检查时便人去屋空。有的非法职业中介甚至与一些非法企业互相勾结，由非法职业中介出面，花言巧语地骗求职者交款，然后开出几个同伙的企业名称、地址让求职者去见面，结果，各个“企业”都认为求职者“不合适”。追讨款项时，他们还把责任推给求职者。最后，毕业生因信了花言巧语，破财又伤神。因此，对非法职业介绍所应特别小心，不要到无营业执照和职业中介许可证的职业介绍所去，一般应到大型劳务、人才市场求职，合法利益才有保障。

7. 色情陷阱

在一些电话亭内、街头电线杆等地方可看到这样一些乱贴的招聘广告，高薪招聘男女公关人员，月薪成千上万甚至几万元，令一些涉世不深的求职者掉入陷阱。所谓“男女公关”，实则是从事性服务，搞“三陪”，所谓“高薪”实则是从事性服务时客人所给的小费。一旦落入陷阱，当你明白真相，稍有不从或反抗时，便以暴力威胁。如果用人单位随便许以“高薪高职”承诺，如“招美容师，月收入数十万”，大多是色情业者常用的手法，毕业生切忌跳入这种陷阱。

8. 收费陷阱

有些不良企业用所谓的“报名费”“保证金”“工装费”“培训费”“证件费”“面试费”等来欺骗毕业生。以“报名费”为例，当他们收取了求职者的报名费后，往往以面试不“合格”为由，将众多毕业生拒之门外，报名费自然流入招聘者的腰包。再如“工装费”，要求招聘进公司人员每人交400元工装费，而领到的是一件只值几十元的工作服。“培训费”交了后，只是由老员工简单地介绍一些工作内容而已，在试用期结束时，就以各种理由，炒求职者的“鱿鱼”。许多人发现上当受骗，回去追讨费用时，骗子往往已经无影无踪。

9. 网上招聘陷阱

随着求职方式的多样化，网上求职已成为大学毕业生求职的一种有效形式。但由于招聘者和应聘者无法面对面地交流，求职者很难判断招聘方提供的条件的真实性。一些公司更是提供虚假聘用待遇，当大学毕业生到招聘单位后才知道“并非如此”。在浏览网站时，常常会遇到类似这样的广告词：“你想足不出户就获得一份不菲的收入吗？其实，这并不是梦想，新时代的网上赚钱方法，你只需50元，每个月就可以让你收到几千元”等。这些信息大都打着报酬丰厚的旗号，但是没有对应聘人员提出任何技术和专业上的要求，至于公司情况、联系方式，只是一笔带过，留下的大多是一个“E-mail”。有的大学毕业生会被这种诱惑力很强的工作所吸引，便高高兴兴地按照提示把自己的联系方式、个人资料填上了，把钱也存上去。过后往往是网页怎么也登不上去，除了直呼上当别无他法。

目前，国内有许多网站由于技术能力的限制无法做到对每条个人信息的真伪进行辨别，个人信息可随意填写，同时骗人者注册多个网站，随时能够打一枪换一个地方。而网站为了吹嘘自己的网站拥有大量高薪职位可供查询，往往把这些堆积如山的招聘信息在网上保留6个月到1年，绝大多数的信息已成为无效的信息垃圾。还有一些“黑网”打着招聘的旗号来蒙骗人，通过网上“付款”获得收益后也“人间蒸发”了。

10. 借考试、试用之名骗取劳动成果的陷阱

一些单位或个人以招工考试的名义，把企业目前存在且难解决的问题作为笔试考题让求职者提出解决方案；或以试用的名义，骗取求职者的劳动成果（如设计方案、计算机程序等）；或要求求职者为其介绍客户、推销产品等，甚至让求职者透露原单位有关经营、管理资料，以供所谓招聘企业剽窃其精华，据为己有。然后再以考试或试用不合格为由辞退，以极低的成本骗得劳动成果。而求职者不但一无所知，且最终都不被录用，数日之后，细心的求职者才发现自己的方案赫然用到了该公司的宣传推广材料中。

二、就业陷阱的规避

面临就业的大学生应该提高防风险的意识，遇事多打听，多听取老师或家长以及一些有经验的人的意见。

大学生就业的期望值应该切合自身实际条件，适时慎重作好决策。有些大学生以自己的学历而自豪，而在实际就业中，发现过高的理想与现实发生冲突，往往会产生较大的心理落差，而在这个时候，一旦出现了一个与理想的工资标准相符合的工作，便会很兴奋，往往不假思索就到那个工作岗位，这样最容易受骗。即将毕业的大学生，在择业时应多收集相关的信息，经过理性分析后再作决定，以免受骗。

1. 不大意

不管什么理由，求职者都不需要留下重要的证件，像身份证、驾照、户口簿……以免自己成为违法行为的替罪羊；不要随便签名盖章；不要缴纳保证金、意外保险费；不要预付任何费用。这些都是不合理的约束，求职者完全不必配合。例如要求交纳购买材料费、仪器费或训练费，不管他怎样解释，求职者都不要理会。应届毕业生要格外注意，如果毕业生没有通过网络发送

过求职信息，对任何企业打来的电话都要高度警惕。同时，毕业生在发布个人信息时要选择信誉好的网站，因为有些不负责的网站随意将求职者的信息公开，这会给不法分子以可乘之机。

2. 不粗心

在落实工作以后要逐一签订书面的协议，注意记录相关口头承诺等，口头契约也算具有法律效力的合约，虽然没以白纸黑字写起来，自己可要记清楚。不过为了保险起见，订书面契约还是比较妥当安全。

3. 不轻信

对利用电话或信箱号码招聘人员而不敢公开单位名称和地址的所谓用人单位，要特别小心。对于个体职业介绍所，最好查证它是否依法登记、注册。

遇到求职陷阱，应通过以下途径维护自己的权益：

(1)如被欺诈或误入非法行业，应立即向公安机关报案。

(2)合法的中介机构应持有《职业介绍许可证》或《人才中介服务许可证》《营业执照》《税务登记证》《收费许可证》等。如果遇到无证照或证照不全的中介，应及时向相关的劳动部门、工商管理部门或公安部门反映。

(3)如果遇到用人单位发布虚假招聘信息，信息中所列的待遇、薪酬与实际情况严重不符，求职者应向劳动部门反映，请求查处。

(4)劳动保障部颁布的《劳动力市场管理规定》明确规定，禁止用人单位招聘人员时“向求职者收取招聘费用”，同时禁止“以招聘人员为名牟取不正当利益或进行其他违法活动”。用人单位以收取培训费、押金、保证金、担保金作为录用条件的，其行为违反了《劳动法》的相关规定，求职者可及时向劳动部门反映，请求查处，要求退还所交费用。

(5)用人单位以招聘为名订立不可能完成的任务，致使不能获得劳动报酬的，其行为系以欺诈手段建立劳动关系，违反了《劳动法》的规定，可以向劳动管理部门或公安机关举报。

三、反对就业歧视，捍卫平等就业权

随着社会主义市场经济体制的逐步建立和完善，在“毕业生自主就业、市场调节就业、政府促进就业”的就业政策下建立了用人单位自主录用、毕业生自主择业的就业市场机制，用人单位和毕业生成为就业市场中的平等双方。然而，由于就业竞争日趋激烈，就业压力日渐加大，一些用人单位的自主选择权被无限扩大，使得毕业生在求职中受到种种歧视，其自身的合法权益受到侵害。目前，在人才市场中，就业歧视的现象比较常见，如学历歧视、性别歧视、户籍歧视、地域歧视等歧视现象时有发生，而其涉及的群体在求职者总数中也占相当的比例。

《就业促进法》就反对就业歧视、保障劳动者的平等就业权提供了法律保障。该法第二十五条、第二十六条规定：“各级人民政府创造公平就业的环境，消除就业歧视，制定政策并采取措施对就业困难人员给予扶持和援助”。“用人单位招用人员、职业中介机构从事职业中介活动，应当向劳动者提供平等的就业机会和公平的就业条件，不得实施就业歧视。”

违反法律规定，实施就业歧视的，劳动者可以向人民法院提起诉讼。

(一)就业歧视的表现

在毕业生求职过程中，就业歧视常表现为以下几种：

(1)性别歧视。主要是指目前招聘市场上很多职业限定招聘的性别，往往使女性求职者多了一道门槛。一些单位在招工时，对男女均适宜的工作规定了不平等的性别比例，压低女性比例或者提高对妇女的录用标准，以录用为条件要求女性放弃某些正当权利，甚至明确拒绝招收女性；还有一些单位以女职工怀孕、生育和哺乳为由辞退女职工。针对这些侵害妇女劳动就业权益的现象，《劳动合同法》规定了用人单位招用女职工必须遵守的法定义务。具体体现在第二十一条："国家保障妇女享有与男子平等的劳动权利。用人单位招用人员，除国家规定的不适合妇女的工种或者岗位外，不得以性别为由拒绝录用妇女或者提高对妇女的录用标准。用人单位录用女职工，不得在劳动合同中规定限制女职工结婚、生育的内容。"

(2)户籍、学历歧视。指用人单位在招收职工时对特定地域、户籍、劳动者的学历作出歧视性的规定。户口的藩篱使得很多非本地户口的人才在用人单位无法成为正式职工，影响了人才的社会流动，也限制了用人单位选才的视野。学历歧视是指单位对拟聘人才的学历定位过死，很多大专生可以胜任的职位却要招聘本科以上的人才；许多本科生可以胜任的岗位却要录用研究生；也有些职位以"学历高的人不好用"为由，把硕士生、博士生拒之门外。

(3)体貌、健康歧视。主要表现为疾病歧视、身高歧视、相貌歧视等。《就业促进法》第三十条规定，用人单位招用人员，不得以是传染病病原携带者为由拒绝录用。但是，经医学鉴定传染病病原携带者在治愈前或者排除传染嫌疑前，不得从事法律、行政法规和国务院卫生行政部门规定禁止从事的易使传染病扩散的工作。

就业歧视是毕业生求职路上的绊脚石，有关调查显示，有 74％的毕业生遇到过就业歧视，其中 29％的毕业生认为受到性别歧视，17％的毕业生受到年龄歧视，20％的毕业生受到形体相貌歧视，25％的毕业生受到地域歧视，受到其他方面歧视的占 9％。

(二)捍卫平等就业权

据调查，遭遇就业歧视时，73％的毕业生会选择忍气吞声，继续找别的单位，而选择用法律手段来维权的人凤毛麟角。为什么会出现这种情况呢？除了毕业生个人怕麻烦之外，还有相关法律需要建立和完善的原因。广大求职者应当据"理"力争平等就业，反对就业歧视，依"法"力争，直接拿起法律武器，捍卫自己的平等就业权。

几年前，某重点大学的一名学生因为遭遇身高歧视而将招聘单位告上法庭的案例似乎能说明一些问题。即将毕业的小张在报纸上看到了一则某银行招录职员的招聘启事，立刻动了心。但仔细一看，其中一个招聘条件却又让他心灰意冷。银行在这则启事中规定，男性身高要在 1.68 米以上，而小张只有 1.65 米。仅仅因为矮了 3 厘米就失去了报名资格，这使小张感觉受到了歧视。在法律专家的鼓励下，小张一纸诉状将该银行告上了法庭，要求被告停止发布这一招聘启事，公开更正并取消报名资格的身高歧视限制。

小张的这场官司在社会上引起了广泛的关注。法院立案后不久，该银行就对招聘广告作了更改，去掉了有关身高限制的内容。在新广告的右下角还特别注明：招聘职员启示以本次为准。小张之所以能把招聘单位告上法庭，是因为这家单位白纸黑字写出了对身高的要求，成为小张据以起诉的关键证据。

在现实生活中，招聘单位往往采取"隐性"的手段实施就业歧视。也就是说，即使你因身高、相貌等原因遭遇了就业歧视，自己也可能会被蒙在鼓里，而即使应聘者意识到了，自己也拿对方毫无办法。如果招聘方不想录用应聘者，那不管应聘者怎么说，这些用人单位都会以看似合理的理由拒绝应聘者，这种隐性就业歧视给应聘者维权增加了难度。

第九章　大学生自主创业

党的十七大报告指出："国家将进一步完善支持自主创业、自谋职业政策，加强就业观念教育，使更多劳动者成为创业者。"这就预示着整个社会创业时代的来临。大学生作为担负国家发展重任的后备军，必将成长为这场创业革命中的主力军。本章重点讲述大学生自主创业的含义和相关规定、对创业者的素质培养和基本的创业指导等。

第一节　大学生自主创业概述

一、大学生自主创业的涵义

1. 自主创业

创业的含义从创业学的角度分析，可以有狭义和广义两种理解。从狭义上看，创业是指具有创业能力的人新创企业；从广义上看，创业还包括以工资形式就业后，在已有的岗位上努力工作，不断创新，把原有的事业开拓壮大。大学生自主创业的含义是从狭义上理解的，是指大学生通过个人及组织的努力，利用所学到的知识、才能、技术和所形成的各种能力，以自筹资金、技术入股、寻求合作等方式，在有限的环境中，努力创新、寻求机会、不断成长、创造价值的过程，即大学毕业生不只做现有就业岗位的竞争者，还要为自己、为社会更多的人创造就业机会。

2. 创业意识

创业意识是指在创业实践中对创业者起动力作用的个性倾向，包括创业需要、创业动机、创业兴趣、创业理想、创业信念和创业世界观等心理成分。

创业源自人的内在的一种强烈的需要，创业意识的形成并不是靠个人的一时冲动或凭空想象出来的，因此创业需要是创业实践活动得以开展的最初诱因和最初动力。具有了创业需要还不一定实现创业行为，只有创业需要上升为创业动机时，才能形成心理动力。

创业动机是推动创业者从事创业实践活动的内部动因，它是一种成就动机。主要动机有：个人想要向上成长；喜欢挑战；拥有更多的自由；使用自己的知识与经验的机会；不喜欢为他人工作；受到家庭或朋友影响；家庭传统的承袭；在市场上发现机会；相信经营模式会比前人更有效率；拥有的专长能发展成为一项新事业；已完成新产品开发，并且这项新产品能在市场上找到销售市场；相信创业是致富的唯一路径等。

创业兴趣是对从事创业实践活动的未来奋斗目标较为稳定和持久的向往和追求的心理品质。创业理想属于创业动机的范畴，是创业者人生理想的一部分。创业信念是创业者对于创业实践有关的目标、决策、措施等所形成的较为固定的思想和观念，它可以使创业者不畏困难，坚持不懈。一个创业者在创业过程中经历失败与成功，并且一步步走向更大的成功，其思想境界和心理境界随之升华形成创业意识的最高境界——创业世界观，这时创业者的个性发展方向、社会义务感、责任感和使命感有机地融合在一起，把创业作为毕生奋斗的目标。

创业意识的形成要经过一个漫长的十分艰辛的创业实践过程。对于在校大学生尤其是即将步入社会的学生而言，最重要的就是培养自己正确的创业意识。

二、大学生自主创业的必要性

1. 大学生自主创业是时代发展的需要

早在1989年，联合国教科文组织就将学生的创业能力问题提高到与目前学术性和职业教育同等的地位，并将其视为21世纪学生的“第三本护照”。众所周知，21世纪是以现代高技术为主导的知识经济占国际经济主导地位的世纪，是一个社会需求日益多样化的世纪，是经济全球化日益发展的世纪；新的资源及资源配置方式将不断出现，传统产业部门将被新的产业部门所取代。高科技的迅猛发展，人们消费水平、类型及结构的变化和经济活动发展的差异逐渐扩大等特点，均要求掌握了现代科学技术、富有冒险和创新精神的青年大学生担负起创业的历史责任，因为只有那些新知识的拥有者才能够推进社会经济的快速发展，只有那些具备创新意识和能力的阶层才会将知识更好地转化为财富。

2. 大学生自主创业是建设创新型国家的需要

创新是一个民族进步的灵魂，是国家兴旺的不竭动力，如果自主创新能力跟不上去，一味靠技术引进，就永远难以摆脱技术落后的局面。党的十七大报告指出：“提高自主创新能力，建设创新型国家。这是国家发展战略的核心，是提高综合国力的关键。要坚持走中国特色自主创新道路，把增强自主创新能力贯彻到现代化建设各个方面。”建设创新型国家，需要大量创新型人才做支撑，大学生无疑是这股支撑力量的主体，大学生的知识优势、科学精神、竞争意识和创新能力从一定程度上决定着国家的创新能力，决定着创新型国家的建设进程。近年来各高校均大力提倡创新教育，重视对大学生创新思维的培养，但是目前的创新教育在理论层面上的多，付诸实践的少。再好的创新理念，如若不能付诸实践，最终只能是徒劳无获。因此，我们应该把创新精神与实践活动结合起来，在实践中提高学生的创业能力，要教育学生超越自我，引导和鼓励学生去自主创业，通过自主创业过程推动创新、推动社会经济的发展，从而促进创新型国家建设。

3. 大学生自主创业是就业竞争日趋激烈的客观要求

大学生自主创业有利于缓和就业压力和解决自身就业问题，顺应了目前高校大学生就业形势的需要。在我国高等教育由精英教育阶段向大众化教育阶段过渡的进程中，大量高校毕业生需要就业已成为客观现实，再加上我国面临着城镇新增劳动力就业、农民进城务工和下岗失业人员再就业“三峰叠加”的局面，致使高校毕业生就业问题显得越来越突出。目前，我国高校毕业生中每年自主创业的人数不到毕业生总数的1%，而发达国家一般占到20%～30%，自主创业是大学生就业的主要途径。由此可以看出鼓励更多的高校毕业生走上创业之路是解决就业问题最为直接有效的办法。大学生选择自主创业既可以减轻社会就业压力，又解决了自身的就业问题，而且还能为社会提供大量的工作岗位，促进经济发展，维护社会稳定。

4. 大学生自主创业是大学生实现人生价值的需要

严峻的就业形势迫使当代大学生以工作的稳定与否及收入高低作为其择业标准，而忽视了自身兴趣特长和专业方向。大学生自主创业既能激发在校大学生“学专业，想创业”的创业兴趣，又可提高他们的学习主动性。大学生成为创业者或者转变为创业管理者后，他既是公司技术创新的直接运作者，又是技术创新的激励者、协调者和组织管理者，而创业者创新精神正是体现在这些生产组织与管理创新以及日常的经营管理行为之中。创业过程是兢兢业业、励精图治的过程，创业者往往要面临许多困难和挫折，历经千辛万苦才能取得胜利，所以创业过程也是一个人的意志锤炼的过程，是大学生学习提高的过程、锻炼摸索的过程、自身发展的过程。而创业成功，就可以实现回报社会、为国家作贡献的崇高理想，同时个人的自身价值也能得到实现。

第二节 大学生自主创业素质培养

一、培养创业意识

创业意识是一个过于抽象的概念，要使学生树立良好的创业意识，可以从个人本身出发，培养有利于个人创业决策和发展的各种素质。

(1)市场意识。大学生所面临的市场不仅是商品和生产力赖以存在的空间，而且是大学生作为社会生产的主体所处的市场环境。大学生必须一方面学会调查、分析市场，另一方面，随时掌握商机所在，才能找准创业方向。大学生只有认识到自己同千万学子一样最终要投入就业市场中，只有创造更大的价值，才能为社会所认可，否则将可能被社会淘汰。这是新时期大学生所必须掌握的准则，也是大学生应该有一定的市场意识的原因所在。

(2)竞争意识。有竞争才有动力，今天的大学生在校园小环境中不乏竞争意识，学习成绩的好坏，获得证书的多少，都是大学生衡量自身竞争力的外在表现。同时大学生需要做的是把竞争的环境外延扩大，从校园走出去，在真正的社会竞争中检验自己，尽管会有失败，会很残酷，但只有树立这种意义上的竞争意识，才能让大学生练就适应社会竞技场的真功夫，从而立于不败之地。大学生必须消除“天之骄子”的优越感，取彼之长，补己之短，真正发挥大学生自身的优势。尽管国家出台了扶持大学生的优惠政策，但大学生创业者不可能单靠优惠政策成功，因为政策可以帮自己，市场不会帮自己，只有靠自己的实力，才能找到自己生存和发展之道，才能真正实现自我价值。

(3)个性意识。21世纪是一个个性发展的时代，教育的任务也必须从同一化的模式转向个性化教育。就大学生而言，拥有个性意识，才能在竞争中常战常新，形成自己的特色，并根据需要不断发展变化。所谓“人无我有，人有我优”，是立于竞争不败之地的利器。同样，只有树立个性意识，才能在创业之路上保持特色，越走越远。

(4)创新精神。创新是一个民族进步、发展的灵魂，是人类进步不竭的动力。大学生必须培养创新精神，在学习和实践中，创新求变，不拘一格，善于接受新事物，善于寻找新途径、新角度，勇于挑战。

(5)创业品质。包括创业的勇气，果断决策能力，承担风险的精神，敬业的品质，团队合作意识等。这不仅是创业者需要具备的基本素质，也是在任何岗位上获得成功的必要条件。这需要大学生自觉地进行自我反省和自我培养。

二、积累创业知识

大学生创业，在知识方面，首先应具备扎实深厚的专业知识和广博的非专业知识。只有深厚的专业知识和广博的非专业知识相结合，才能正确分析形势和事物的发展趋势，用远大和敏锐的目光，认清事物的本质，把握事物全局，把握其规律，产生精辟独到的见解和谋略，树立并实现自己的创业目标。

其次，应具备相关的专业知识，如商品交换和商品需求、商品流通等知识。它包括①营销知识：市场预测与调查知识、消费心理特点和特征知识、定价知识和策略、产品知识、销售渠道和方式知识、营销管理知识；②货物知识：批发零售知识、货物种类质量和有关计量知识、货物运输知识、货物保管储存知识、真假货物识别知识；③服务行业知识：服务行业管理的法律法规、各专业服务行业的行业规则、业务知识等。通过这些商业知识，创业者在经济活动过程中才能实现价值的增值。

第三，应具备一定的管理知识，如人事管理、资金财务管理、物资管理、生产管理和市场营销管理等知识。它包括①劳动用工及社会保障知识；②公关关系及交际知识；③资金及财务知识：货币金融知识、信用及资金筹措知识、资金核算及记账知识、证券信托及投资知识、财务会计基本知识、外汇知识。通过学习管理知识，改进管理办法，丰富管理经验，不断发掘新的管理资源，努力提高管理水平。

第四，应具备相关的法律知识，如工商注册登记知识、经济法常识、税务知识、知识产权保护等法律知识对大学生创业必不可少，它可以帮助大学生创业者顺利走过创业路。

第五，应具备一定的开业知识，包括有关私营及合伙企业、有限公司的法律法规；怎样进行验资；怎样申请开业登记；哪些行业不允许私营；哪些行业的经营须办理有关行业管理手续；怎样办理税务登记；纳税申报有哪些规定和程序；如何领购和使用发票；银行开户程序和有关结算规定；成为一般纳税人有哪些条件；应该交哪些税费，如何交纳；怎样获得税收减征免征待遇；怎样进行账务票证管理；国家对偷漏税等违法行为有哪些制裁措施；增值税率及计征方法；工商管理部门怎样进行经济检查；行业管理部门如何进行行业管理和检查。办理合法开业手续，一方面是创业者开展业务、合法经营的前提条件，另一方面也是维护创业者合法权益的保证。

上述知识的取得，可以通过专业培训、就业指导咨询、广播电视媒体讲座、自学或向别人请教等多种方式获得。可以边干边学，边学边干，带着问题学，学以致用，逐渐了解和掌握。

三、提高创业能力

强烈的创业意识是创业活动产生的源泉和动力，而创业能力则是创业者能否获取创业成功的关键。首先，创业能力是促使创业实践活动顺利进行的主体心理条件；其次，创业能力比其他能力具有更强的综合性和创造性；再次，创业能力是知识、技能经过类化、概括性后形成的，表现为复杂而协调的行为动作。创业能力主要有专业技术能力、经营管理能力、知识管理能力、综合能力等。

专业技术能力是指创业者从事创业活动所需要的专业技能。它是创业能力中最为基本的能力，是人们从事某一特定社会职业所必须具备的能力。

经营管理能力是为实现一定的经济目标，对所从事的经济活动实施计划、组织、指挥、监督和调节的能力，是一种人、财、物、时、空的合理组合，是科学运筹和优化配置的能力，直接关系到创业活动的效率和成败。

知识管理能力是指为了增强管理组织的绩效而创造、获取和使用知识的能力。作为创新管理模式，知识管理在发达国家已经广为应用。知识管理主要涉及四个方面：从上至下地监测、推动与指示有关的活动，创造和维护基础设施，更新组织和转化知识资产，使用知识以提高其价值。

综合能力是创业者在创业实践中学会学习、学会做人、学会生存、学会发展、学会创造的综合性能力的概括。它主要包括发现机会、把握机会、利用机会、创造机会的能力，搜集、处理、加工、运用信息的能力，适应、利用、驾驭变化的能力，自学能力、创造力等。

第三节　大学生创业指导

一、创业思路

大学生自主创业必须要有计划、有筹措资金的知识以及与贷款部门打交道的经验。具备了这些条件，接下来的问题就是如何起步了。下面提供自主创业的基本思路以供参考。

第一条：计划→行动→检验。

制订计划、开始行动、检验计划，以上三点是美国经营学家常挂在嘴边的“口头禅”。当个人独立创业时，做到这三点非常重要，这是创办一个企业的总体思路，一定要按这三点要求认真去做。

第二条：机制→行动。

如果个人要创办自己的企业，就必须了解企业所处行业的运行机制，如果对这个行业的企业机制缺乏深入了解，那么，自己创办的企业将难以运行。

第三条：资本→事业。

创业最重要的是资本，它包括人、财、物、信息。开创事业，重要的资本首先是人。对于个人创业者来说，是父母、兄弟姐妹，是亲戚、朋友，是那些与自己志趣相投的人。围绕着自己的这些人事关系，就是创业的本钱。个人自身的人际关系网络，对个人创业都会有很大影响。

确定了自己的创业资本后，就应该考虑选择哪一种事业。根据经济环境的不同以及其他因素的影响，有的企业可能注重规模效益、追求市场份额，有的向多元化、多品种经营方向转移，而有的企业甚至调整产品结构，生产完全不同种类的产品。因此，个人所选择的事业应该根据自己的实际情况而确定。

第四条：事业→前景。

个人所选定的事业前景如何？虽然创业者一定要选择自己有经验的和自己所喜爱的工作，但同时必须注意：个人所选择的事业本身必须有发展前途，前景可观。如果个人所选择的行业本身效益不佳，就需要重新研究确定想进入的行业。在前景不妙的行业内，个人很难成功。在自己所熟悉的行业，如果能发现别人尚未看到的商机，那么会对个人的成功十分有利。

第五条：前景→规模。

最后个人所要考虑的是：创办的企业规模应该有多大？这需要考虑自己办的企业是个人的、一般的公司还是大型公司。当然，公司规模越大，需要的资金、职员也就越多。

二、创业管理

(一)创业管理的概念

管理是指管理者通过协调他人活动以充分利用资源,去实现组织目标的一系列社会活动过程,即通过他人达成目标的行为。管理的目的是实现组织目标,管理的核心是组织,管理的基本对象是人。

彼得·德鲁克认为:"创业需要与现行管理方式不同的管理。但和现行的管理方式一样,创业也需要有系统、有组织、有目标的管理。"创业管理是指创业者捕捉和利用创业机会,组织和优化创业资源,以创造价值为最终目的的过程。①创业管理是对传统管理的重构和再造。传统管理理论从职能和绩效角度实现企业的正常运行。但在创业活动越来越多,特别是大公司创业实践越来越频繁的前提下,传统管理已经明显不足,需要创新。在动态复杂环境里,创业管理从企业的变革和重构角度,研究如何实现企业的持续成长和竞争优势的增强途径。②对创业过程全面、科学、有效地管理客观要求创业管理机制的形成,以发挥持续保障、促进和支撑创业的作用。创业过程是一个较长的过程,缺乏对创业过程及创业管理内涵的理解,势必会忽视创业管理机制的架构,从而使创业活动得不到持续的保障和支持。

(二)创业管理的观念性模式

了解架构创业管理机制的关键要素,建立观念性的模式结构对创业管理机制研究大有裨益。有关建立创业管理观念性模式的研究论文数量不少,其中主要差异在于模式结构要素的选择与互动关系的诠释。例如,加德纳提出了个人、组织创立过程和环境的创业管理模式;威廉则根据影响新创企业成败的观点提出略有不同的创业管理模式,模式结构包括人、机会、环境、风险与回报。威廉模式中对于人的定义范围要比加德纳模式更广,除了针对创业团队外,还包括提供关键服务和重要资源的外部人士。威廉的模式还特别强调机会对于创业的重要性,他认为发掘机会、评估机会和掌握机会是创业管理中非常关键的议题。另外,如何面对风险与追求创业回报,也会直接影响创业行为。在诸多创业管理模式中,提摩与克里斯琴两位学者提出的观念性模式最具有参考价值。

1. 提摩模式(Timmons' Model)

提摩在他所著的《开创新企业》一书中提出一个创业管理模式(见图 9-1)。他认为,成功的创业活动必须将机会、创业团队和资源三者作出最适当的搭配,并且要随着企业发展而作出动态的平衡。创业流程由机会启动,在取得必要的资源与组成创业团队之后,创业计划方能顺利推进。

提摩认为,在创业前期,机会的发掘与选择最为关键,创业初期的重点在于团队的组成,当新企业顺利启动后,才会增加对资源的需求。也就是说,提摩模式十分强调弹性与动态平衡。他认为创业活动随着时空变迁,机会、团队、资源等三项因素会因比重发生变化而产生失衡的现象,良好的创业管理就必须对其及时进行调整,掌握当时的活动重心,使创业活动重新获得平衡。提摩认为,创业过程中,机会的模糊性、市场的不确定性、资本市场的风险以及外在环境的变迁等,经常冲击着创业活动,使创业过程充满了风险。因此,必须依靠创业家的领导、创造力与沟通能力来发掘问题,掌握关键要素,弹性调整机会、资源、团队三个层面的搭配组合,使新企业在波涛汹涌、一望无际的大海中，仍然乘风破浪地驶向事业的目标远景。

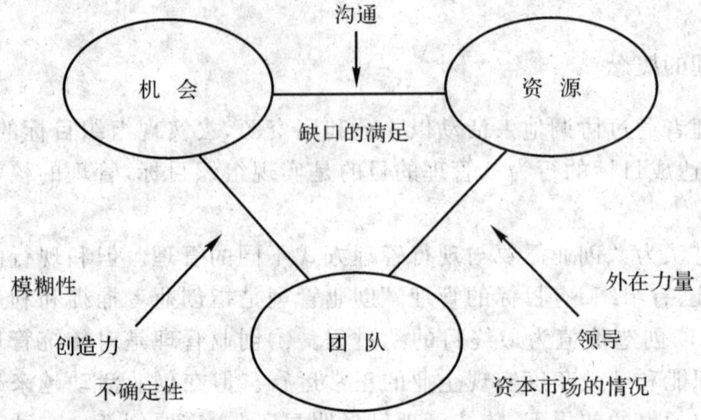

图 9－1　提摩提出的创业管理观念性模式

2. 克里斯琴模式(Christian's Model)

克里斯琴认为，创业管理的整个焦点应该放在创业家与新企业之间的互动，所以他提出来的创业管理模式(见图 9－2)中主要的两个构成元素为创业家与新企业。由于克里斯琴模式主要强调创业家与新企业的互动关系，因此，他将如何创立新企业、随着时间而变化的创业流程管理以及影响创业活动的外部环境网络等三个议题，视为创业管理的核心问题。

克里斯琴模式与提摩模式同样重视创业家的功能，视创业家为创业活动的灵魂与推动者，认为发展创业家的创业才能是创业管理工作中的一大重点。虽然有人说创业家的冒险进取精神与积极开创的个性，属于先天的人格特征，后天很难加以培养，但克里斯琴模式所强调的"创业家与新企业互动的能力"以及提摩模式所强调的"创业家随着环境变迁而动态调整创业模式的能力"都与人格特征的关系不大，也可说明创业家的能力确实可以通过系统的创业管理教育加以培育。

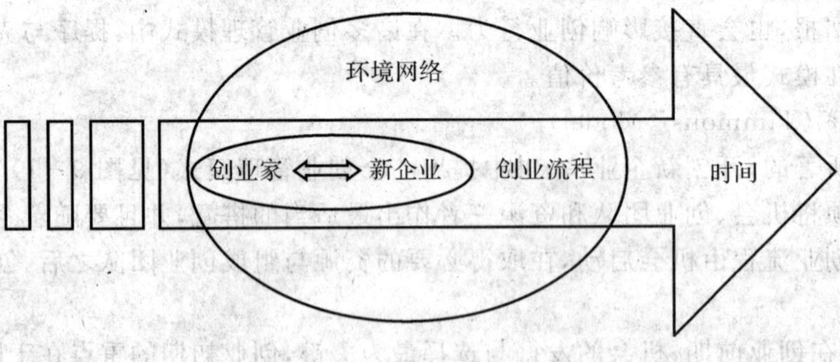

图 9－2　克里斯琴提出的创业管理观念性模式

克里斯琴所强调的创业家与新企业的互动，其内涵可以用提摩模式的"机会、资源、团队"三要素的互动关系加以说明。提摩模式强调创业系统的动态平衡问题，克里斯琴模式则是以重视创业流程管理来表现。这两个模式也都没有忽略外部环境的因素，由于创业所需的机会、资源、团队都需要通过外部市场网络、资本网络、人际网络来获取，因此，认识创业的市场环境和发展创业的网络关系，对于创业成功具有关键性的作用。

三、创业融资

创业遇到的最大问题恐怕就是资金问题了。目前政府给予自主创业的高校毕业生的扶持，主要在于简化审批手续，免费提供政策、法规和信息咨询服务，减免征税等方面的优惠政策，而没有在投融资方面有意识、有目标、有计划地加以引导、扶持和培养。因此，自主创业的高校毕业生在创业中仍然存在着融资误区、投资盲目等难题。

（一）投资导向

大学生自主创业投资项目的选择，可以是经过系统的专业教育和本人悉心研究的成果转化，也可以通过创业者长期观察与生活体验，使创业构想在创业者心中不断思索酝酿成熟而确定。一般来说，大学毕业生在以下领域创业比较具有优势：

(1)创办高新技术企业。拥有某种专利技术或核心技术的理工科毕业生，可以积极参加各类创业大赛，在获得脱颖而出机会的同时吸引风险投资基金，创办高新技术企业。例如从事软件开发、网页制作、网络服务等。

(2)创办创意型企业。观察和分析人们价值观的转变，可以发掘创业机会。例如，迎合人们追求美的需求，某些特殊的工艺品可能大受欢迎；又如，由于人们对于饮食需求认知的改变，某些小批量生产的精美食品、健康食品，某些富有情调的咖啡屋、餐厅会特别吸引顾客。

(3)创办智力服务型企业。智力是大学生创业的资本，在智力服务领域创业，大学生游刃有余，例如，家教中介、设计工作室、翻译事务所、专业性较强的咨询公司等，就非常适合大学生创业。

(4)创办新兴产业。分析产业与市场结构变迁的趋势，可以发掘创业机会，进而创办新兴产业。例如，经济活动信息化推进了电子商务与物流的发展，政务活动信息化催生了对电子政务的需求。

(5)创办服务特殊群体的企业。例如，单亲家庭快速增加、人口老龄化、家庭规模日益缩小等社会趋势呼唤家政服务的标准化、规范化、社会化，功能齐全、服务周到的社区型家政服务公司将比功能单一的保洁、家政、医疗诊所、水电维修等服务性企业更具有生命力。又如，在高校周边创办融快餐、学生自制餐为一体的小型餐厅，以吸引参与意识较强的“同龄人”顾客。

(6)加盟连锁经营。统计数据显示，在相同的经营领域，个人创业的成功率低于20%，而加盟创业的成功率则高达80%。对创业资源十分有限的大学生来说，借助连锁企业的品牌、技术、营销渠道，可以较少的投资、较低的门槛实现自主创业。但加盟连锁经营也应注意规避风险。一般来说，创业初期应从小本经营开始，适合选择启动资金少、人手配备要求不高、营运时间在5年以上、拥有10家以上连锁店的企业。

总之，大学生自主创业不是一件轻而易举的事，创业者除了需要激情与胆识，更需要理性选择，选择自己熟悉的领域，使创业与专业相结合，才能使创业之路走得更加稳妥。

（二）融资方式

因为资金问题使创业半途而废或根本无法启动，是大学生自主创业失败的首要因素。其实，创业所需资金无论采用什么方式筹集，攒创业前的“第一桶金”是必要的。如果家庭不能提供一定的资金支持，自己就要考虑在上学期间勤工俭学、做兼职或毕业后先到企业打工以积累资金和经验。以下是大学生自主创业几种常用的融资方式：

(1)银行贷款。银行贷款的优点是利息支出可以在税前抵扣，融资成本低，运营良好的企业在债务到期时可以续贷；缺点是一般要提供抵押(担保)品，还要有不低于30%的自筹资金，由于要按期还本付息，如果企业经营状况不好，就有可能导致财务危机。目前许多地方政府指定专门银行，从事与再就业配套的小额贷款，条件比正常贷款业务更优惠；部分金融企业推出的对高校毕业生创业贷款业务，以高校毕业生为借款主体，以其家庭或直系亲属家庭成员的稳定收入或有效资产提供相应的联合担保，对创业贷款给予一定的优惠利率扶持，视贷款风险度的不同，在法定贷款利率的基础上可适当下浮或小幅度上浮。有志于自主创业的大学毕业生可多加关注。

(2)寻求风险投资。风险投资是一种融资和投资相结合的全新投资方式，是指创业者通过出售自己的一部分股权给风险投资者获得一笔资金，用于发展企业、开拓市场，当企业发展到一定规模时，风险投资者出卖自己拥有的企业股权获取收益，再进行下一轮投资。许多创业者就是利用风险投资使企业渡过幼小阶段的。大学生创办高新技术企业可以争取风险投资基金的支持，但能否争取到，主要取决于个人信用保证以及项目发展前景。立志自主创业的大学毕业生可以通过创业大赛、委托专门的风险投资公司、在网上或其他媒体发布寻资信息寻找投资人。此外，还可以参加创业培训班，在老师的帮助下通过制订科学严谨、可操作性强的“创业计划书”来说服风险投资者，甚至可以争取到“大学生创业基金”。

(3)典当融资。与银行贷款相比，典当贷款成本高、规模小，但具有简便、快捷的优势，因为典当行只注重典当物品是否货真价实，对客户的信用要求几乎为零，适合小额创业筹资。

(4)股权融资。如果采用出让股权的方式进行融资，则必须做好投资人的选择。在创业初期，大学生创业者应注意引入一些真正有实力、能提供增值性服务、与创业者经营理念相近、能够为投资项目提供渠道或指导的投资者，才能有效地支撑企业的成长。大学生创业者融资创业的目的，是希望将自己的技术和创意转化为赢利的工具，而投资者比较看重资金的时间价值，因此大学生创业者不宜对眼前的利益过分计较。只有当企业成长到一定规模需要进行二次创业并具备一定的条件时，才能通过直接上市融资获得资金。

(5)融资租赁。融资租赁是由承租人选定租赁资产，出租人(租赁公司)出资购置并出租给承租人，租赁期内承租人按期支付租金，租赁物所有权归出租人，使用权归承租人，租赁期满承租人可选择留购租赁资产。选择融资租赁方式融资，可以使大学生创业者在没有足够资金，或者通过其他方式筹集不到资金的情况下，能完成必要的固定资产投资。

大学生自主创业的融资方式有多种，以上仅是常用的几种。选择何种融资方式，应结合投资的性质、企业的资金需求、融资成本和财务风险、投资回收期、投资收益率以及举债能力等综合考虑。

四、创业风险

创业者在开始创业时，面对的是不确定的未来。选择创业，就意味着将命运紧紧抓在自己的手上，但是选择创业的同时也意味着失去了许多保障，没有人再为你承担风险，一切重担都落在了你自己身上。因而，创业者在创业之初，一定要细心考虑自己所面临的风险，这样才能应对自如，成功创业。

(一)创业风险的来源

创业环境的不确定性,创业机会与创业企业的复杂性,创业者、创业团队与创业投资者的能力与实力的有限性,是创业风险的根本来源。研究表明,由于创业的过程往往是将某一构想或技术转化为具体的产品或服务的过程,因而在这一过程中,存在着几个基本的、相互联系的缺失,它们是上述不确定性、复杂性和有限性的主要来源。也就是说,创业风险在给定的宏观条件下,往往直接来源于这些缺失。

(1)融资缺失。融资缺失存在于学术支持和商业支持之间,是研究基金和投资基金之间存在的断层。其中,研究基金通常来自个人、政府机构或公司研究机构,它既支持概念的创建,又支持概念可行性的最初证实;投资基金则将概念转化为有市场的产品原型(这种产品原型有令人满意的性能,对其生产成本有足够的了解并且能够识别其是否有足够的市场)。创业者可以证明其构想的可行性,但往往没有足够的资金将其商品化,从而给创业带来一定的风险。通常,只有极少数基金愿意鼓励创业者跨越这个缺失,如富有的个人专门进行早期项目的风险投资以及政府资助计划等。

(2)研究缺失。研究缺失主要存在于仅凭个人兴趣所作的研究判断和基于市场潜力的商业判断之间。当一个创业者最初证明一个特定的科学突破或技术突破可能成为商业产品基础时,他仅仅停留在自己满意的论证程度上。然而,这种程度的论证后来不可行了,在将预想的产品真正转化为商业化产品(大量生产的产品)的过程中,即具备有效的性能、低廉的成本和高质量的产品,才能从市场竞争中生存下来的过程中,需要大量复杂而且可能耗资巨大的研究工作(有时需要几年时间),从而形成创业风险。

(3)信息和信任缺失。信息和信任缺失存在于技术专家和管理者(投资者)之间。也就是说,在创业中,存在两种不同类型的人:一是技术专家,二是管理者(投资者)。这两种人接受不同的教育,对创业有不同的预期、信息来源和表达方式。技术专家知道哪些内容在科学上是有趣的,哪些内容在技术层上是可行的,哪些内容根本就是无法实现的。在失败类案例中,技术专家要承担的风险一般表现在学术上、声誉上受到影响,以及没有金钱上的回报。管理者(投资者)通常比较了解将新产品引进市场的程序,但当涉及具体项目的技术部分时,他们不得不相信技术专家,可以说管理者(投资者)是在拿自己的钱冒险。如果技术专家和管理者(投资者)不能充分信任对方,或者不能够进行有效的交流,那么这一缺失将会变得更深,带来更大的风险。

(4)资源缺失。资源与创业者之间的关系就如颜料和画笔与艺术家之间的关系。没有了颜料和画笔,艺术家即使有了构思也无从实现。创业也是如此。没有所需的资源,创业者将一筹莫展,创业也就无从谈起。在大多数情况下,创业者不一定也不可能拥有所需的全部资源,这就形成了资源缺失。如果创业者没有能力弥补相应的资源缺失,要么创业无法起步,要么在创业中受制于人。

(5)管理缺失。管理缺失是指创业者并不一定是出色的企业家,不一定具备出色的管理才能。进行创业活动主要有两种:一是创业者利用某一新技术进行创业,他可能是技术方面的专业人才,但却不一定具备专业的管理才能,从而形成管理缺失;二是创业者往往有某种“奇思妙想”,可能是新的商业点子,但在战略规划上不具备出色的才能,或不擅长管理具体的事务,从而形成管理缺失。

(二)创业风险的分类

(1)按风险来源的主客观性划分,可分为主观创业风险和客观创业风险。主观创业风险是指在创业阶段由于创业者的身体与心理素质等主观方面的因素导致创业失败的可能性。客观创业风险是指在创业阶段由于客观因素导致创业失败的可能性,如市场的变动、政策的变化、竞争对手的出现、创业资金缺乏等。

(2)按创业风险的内容划分,可分为技术风险、市场风险、政治风险、管理风险、生产风险和经济风险。技术风险是指由于技术方面的因素及其变化的不确定性而导致创业失败的可能性。市场风险是指由于市场情况的不确定性导致创业者或创业企业损失的可能性。政治风险是指由于战争、国际关系变化或有关国家政权更迭、政策改变而导致创业者或企业蒙受损失的可能性。管理风险是指因创业企业管理不善产生的风险。生产风险是指创业企业提供的产品或服务从小批试制到大批生产的风险。经济风险是指由于宏观经济环境发生大幅度波动或调整而使创业者或创业投资者蒙受损失的风险。

(3)按风险对所投入资金即创业投资的影响程度划分,可分为安全性风险、收益性风险和流动性风险。创业投资的投资方包括专业投资者与投入自身财产的创业者。安全性风险是指从创业投资的安全性角度来看,不仅预期实际收益有损失的可能,而且专业投资者与创业者自身投入的其他财产也可能蒙受损失,即投资方财产的安全存在危险。收益性风险是指创业投资的投资方的资本和其他财产不会蒙受损失,但预期实际收益有损失的可能性。流动性风险是指投资方的资本、其他财产以及预期实际收益不会蒙受损失,但资金有可能不能按期转移或支付,造成资金运营的停滞,使投资方蒙受损失的可能性。

(4)按创业过程划分,可分为机会的识别与评估风险、准备与撰写创业计划风险、确定并获取创业资源风险和新创企业管理风险。创业活动须经历一定的过程,一般而言,可将创业过程分为四个阶段:识别与评估机会,准备与撰写创业计划,确定并获取创业资源,新创企业管理。

机会的识别与评估风险是指在机会的识别与评估过程中,由于各种主客观因素的限制,如信息获取量不足,把握不准确或推理偏误等使创业一开始就面临方向错误的风险。另外,机会风险的存在,即由于创业而放弃了原有的职业所面临的机会成本风险,也是该阶段存在的风险之一。准备与撰写创业计划风险是指创业计划的准备与撰写过程带来的风险。创业计划往往是创业投资者决定是否投资的依据,因此创业计划是否合适将对具体的创业产生影响。创业计划制订过程中各种不确定性因素与制订者自身能力的限制,也会给创业活动带来风险。确定并获取资源风险是指由于存在资源缺口,无法获得所需的关键资源,或即使可获得,但获得的成本较高,从而给创业活动带来一定风险。新创企业管理风险主要包括管理方式,企业文化的选取与创建,发展战略的制定、组织、技术、营销等各方面的管理中存在的风险。

(5)按创业与市场和技术的关系划分,可分为改良型风险、杠杆型风险、跨越型风险和激进型风险。改良型风险是指利用现有的市场、现有的技术进行创业所存在的风险。这种创业风险最低,经济回报有限,即风险虽低,但要想生存和发展,获取较高的经济回报也比较困难,一方面会遭遇已有市场竞争者的排斥或进入壁垒的限制,另一方面即便进入,想要占有一定的市场份额非常困难。杠杆型风险是指利用新的市场、现有的技术进行创业存在的风险。该风险稍高,对一个全球性公司来说,这种风险往往是地理上的,常见于挖掘未开辟的市场,如彩电行业,利用原有技术进入农村市场。跨越型风险是指利用现有市场、新的技术进行创业存在的风险。该风险稍高，主要体现在创新技术的应用方面，往往反映了技术的替代，是一种较常见的情况，常见于企业的二次创业，领先者可获得一定的竞争优势，但模仿者很快就会跟上。激进型风险是指利用新的市场、新的技术进行创业存在的风险。该风险最大，如果市场很大，可能会带来巨大的机会，对于第一个行动者而言，其优势在于竞争风险较低，但是知识产权保护力度很弱，市场需求不确定，确定产品性能有很大的风险。

(6)按创业中技术因素、市场因素与管理因素的关系划分，可分为技术风险、市场风险和代理风险。其中，技术风险和市场风险在前面已提到，这里就不再赘述。代理风险是指高级经营管理人才、组织结构以及生产管理等能否适应创业的快速增长或战胜创业企业危机阶段的动态不确定性因素的风险。这三类风险之间相互作用，使得创业企业运作的各个层面上的诸多因素的不确定性更加复杂，并且在创业企业不同的发展阶段，各因素的风险性质也将产生一定的变化。

(三)大学生创业中常见的风险及其规避方法

如果说创业是无数人心中美丽、神圣的梦，那么人们通常忽略了黎明到来前的剧烈阵痛，以及创业之路的艰辛和障碍。大学生创业，创业者首先要认真分析自己创业过程中可能会遇到风险，诸如由机会成本、政策、盲目选项、缺乏经验、相关知识及实际运营能力、市场和人事等引起的风险，这些风险中哪些是可以控制的，哪些是不可控制的，哪些是需要极力避免的，哪些是致命的或不可管理的。其次还要进行合理的风险规避。下面就大学生应该如何应对和化解这些风险，提供一些方法以供参考。

1. 机会成本风险

创业者选择创业也就放弃了自己原先所从事的职业。一个人只能做一件事，选择创业就丧失了其他的选择，这就是所谓的机会风险。如果创业者认为目前创业的时机成熟，正好有一个绝佳的商业机会，那么就下定决心，立即着手创业。如果觉得没有什么太好的商机，而且自己对公司经营管理知之甚少，就可以暂时不辞去工作，而是边工作边认真观察，看看所在公司的各层领导是如何工作的，学习所在公司开拓市场的技巧，以及公司老总管理公司的技巧等。平时多设身处地地将自己当作公司老总，对不同的情况作出决定，然后和公司老总的决定比较，让事实去检验自己决定的正确与否。创业者还可以边为其他公司打工，边留心建立良好的商业关系网，等待时机成熟时，再开始创业。

2. 政策风险

有的创业者当初进入一个行业，无非是看好那个行业的某些鼓励措施或优惠政策。但圈地盖好厂房不久，这些政策却忽然发生了变化，一些原有的优惠条件不复存在，工厂的竞争力或者赢利能力大打折扣。那么怎样规避这种情况的发生呢？

防范对策主要有：在创业之前，创业者应该仔细咨询当地政府或招商办，政策是否有保证，以及怎样来保障这些有利条件能够被享受。可以通过与上述机构签订合约，以法律形式来保障自己的合法权益。当然这局限于地方政府的某些招商条件，如果国家的某些政策发生重大调整，该怎么办呢？这就要求创业者或投资者在进入之前就要对相关政策有一定的研究预测，避免假的或短暂的利好消息，不盲目投资，咨询律师、权威人士和相关部门是一个不错的方法。同时，应注意与有关政府部门保持良好的关系，争取政策方面的支持。从组织上、制度上尽可能地减少政府对创业投资机构、创业企业的干预。积极建立健全各项规章制度，努力提高科学决策水平。严格依法办事，减少法律纠纷。如果发生纠纷一定要通过法律程序解决。总而言之，一切都要在法律法规的框架中运作。遇到无法规可依的情况，就要尽量事先加强与有关部门的沟通，避免产生误解或纠纷，尽可能地减少法律与执行法律的风险。

3. 选项风险

选择既适合自己又符合市场需求的创业项目，这是大学生创业者必须过好的第一关。一般来说，大学生创业应立足于技术项目，尽量选择技术含量高、自主知识产权明确的项目，并在技术创新的基础上做好产品市场化工作。此外，在创业过程中要注意保护自己的知识产权，这是大学生创业企业的核心竞争力所在。

4. 市场风险

创业者对市场风险的理解和警惕性直接关系到创业的顺利与否，一个做好市场预测，有多条销售渠道，不依赖局部市场的企业，它的风险无疑比那些没有准备的企业小得多。创业者在掌握某种资源后，要借助资源发展企业规模，但不能长期依赖资源，只有在资源利用上形成良性循环，创业才会成功。

规避市场风险的最好方法是市场调查。市场调查就是运用科学的方法，通过各种途径、手段，有目的、有计划，系统而客观地收集、记录、整理与分析有关市场营销的现状和历史资料，了解创业的外部环境、市场需求、现有资源及原材料、竞争对手及创业项目的投资成本和价格预测，预测其发展趋势，为企业经营决策和管理提出方案，为企业决策者进行科学决策提供依据的活动。在这里，市场调查主要是指创业项目的实施者在选择项目前所进行的市场调查，它是创业者正确选择项目的前提条件。

创业投资者也可以采取多种投资策略来规避市场风险，通常有：

(1)组织投资策略。创业投资者在进行投资活动中切记不要将资金过于集中地投向某个项目或企业，应该分散投向多个项目或企业。这样，一个或几个项目的损失就可能从另外项目的成功中得以补偿，就可以避免创业投资出现全军覆灭的危险。一般情况下，几个项目同时失败的可能性比一个项目失败的可能性要小得多。据诺贝尔奖获得者马克维茨和夏普的组织投资理论分析，几个项目的总收益等于这些个别项目收益的加权平均值，而几个项目的总风险小于个别项目的加权平均风险。组织投资策略是“不要把自己所有的鸡蛋放在一个篮子中”的投资准则在创业投资领域中的具体应用。组织投资策略在实际操作中就是将资金投向不同的项目、不同的企业、不同的行业、不同的地区，尽可能地将市场风险分散。

(2)联合投资策略。对于风险较高、投资额又较大的项目或企业，创业投资者要联合另外一家或几家创业投资机构来共同投资，组成联合投资体，可选定一家牵头的创业投资者，其他创业投资者可以以股份制形式进行合作投资。联合投资的实质是通过创业投资主体资本的外部组合原理进行分摊，对于小型创业投资者或个人而言，可借此实现投资的规模效益，并可大大降低单独投资的风险。

(3)匹配投资策略。在我国，创业投资者在对项目或企业进行投资时，最好能要求项目或企业的经营管理者也能投资一定数量的资金。这种投资策略的主要目的在于，匹配投资可将创业投资者与创业企业捆在一起，进一步促使创业企业或项目经营管理者加强管理并能承担一定的风险，从而可降低创业投资的投资风险。

(4)分阶段投资策略。由于在正式投资之初，创业投资者不可能了解经营管理者真正全面的综合才能，也不能完全把握所投资项目的资金预算和收益与风险的相关程度，这时的信息不对称现象较为严重，因而可能会出现逆向选择的情况。为了有效地防范这类风险的发生，创业投资者可根据项目或企业的进展情况与发展需要有计划、分阶段地进行投资。创业投资者对成功企业可加大投资，强化经营管理，促使这类企业尽快成熟，以获得最大收益；对表现一般的企业可保持其稳定发展，鼓励与大企业合并或进行重组；对失败企业干脆让其破产，以便将投资风险降到最低。分阶段投资是分散投资风险的一种有效投资策略，我国的创业投资机构广泛使用这类投资策略以尽可能地降低投资风险。

(5)限额投资策略。我国绝大多数的创业投资机构在其投资策略（或在创业投资机构的章程）中都对投资项目的最高或最低金额有明确的规定，这样可较好地防范由于某次投资失败而对整个创业机构产生较大的风险。

(6)控制现金流量策略。市场风险中最重要的是资金风险。因而，创业者一定要花大力气控制企业的现金流量，时刻保持充足的流动资金。资金瓶颈的出现有以下可能：借贷和出让股份。借贷者大多数具有良好的社会关系，可以通过民间融资和银行贷款的途径解决资金瓶颈问题。借贷无门的情况下可以通过出让股份来融资，项目可操作性强的情况下，这不失为一条良策。如今的风险投资其实就是一种出让股权的做法，开始逐步受到社会认同了。另外，创业者没有很好的财务计划也是造成资金瓶颈的常见因素，流动资金被挪用，工厂的储备和供应由此产生危机，这些都是财务计划的弊端所造成的。解决这种情况就要求创业者要重视对资金流的掌控，做到资金合理流动，不至于产生短期借贷行为而导致单位成本变化。

5.人事风险

人事变化的不可预料性往往会令创业者措手不及，团队的解体使得很多工作无法执行或执行中断，这对于创业者而言是致命的。人力资源或合作者在获取创业者的某些资源后，常常会另起炉灶，公然做出损害创业者利益的事，这种情况可以考虑通过以下方法来规避。

首先，要有合作或雇佣合约，以书面方式来规定双方的债、权、利，其中涉及跳槽后的规定年限内不得从事同一行业，或者对某些机密有保密的义务，等等，并设置违约赔偿条款。

其次，不要在管理上太苛刻，管理制度宜健全。但在国内，很多情况下是“水至清则无鱼”，制度的苛刻通常是引起雇佣双方矛盾的主要因素。制度一定要人性化，要公平。对于重要的岗位，要有一定的人才储备，这样可以在人事发生变化的最短时间内使工作得以延续。

第四节　鼓励大学生自主创业的政策和法律规定

一、大学生自主创业的相关政策规定

政府的创业政策，包括对创业活动和成长企业的规定、就业的规定、环境和安全的规定、企业组织形式的规定、税收的规定等。在扶持大学生创业方面，政府提出了一系列积极的鼓励政策，建立了一条有效引导青年创业、有利于培养创业人才的“绿色通道”。

国家关于支持和鼓励大学生自主创业的优惠政策有以下一些。

1. 国家工商行政管理局的优惠政策

国家工商行政管理局发布的《关于2003年普通高等学校毕业生从事个体经营有关收费优惠政策的通知》中规定：

(1) 凡高校毕业生（含大学专科、大学本科、研究生）从事个体经营的，除国家限制的行业

(包括建筑业、娱乐业以及广告业、桑拿、按摩、网吧、氧吧等)外,自工商行政管理机关批准其经营之日起,1年内免交个体工商户登记注册费(包括开业登记、变更登记、补换营业执照及营业执照副本)、个体工商户管理费、集贸市场管理费、经济合同签证费、经济合同示范文本工本费。

(2) 高校毕业生申请个体工商户设立登记时,应当向登记机关出具普通高等学校颁发的《毕业证》、个人身份证,以及省级高校毕业生就业工作主管部门签发的《全国普通高等学校本专科毕业生就业报到证》或者《全国毕业研究生就业报到证》(以下简称《报到证》);登记机关核实无误后,依法登记注册手续,并在《报到证》上注册登记注册时间、加盖登记机关印章后退回本人,在《个体工商户营业执照》经营者姓名后注明:"(高校毕业生)";高校毕业生凭《个体工商户营业执照》免交上述规定的有关费用。

(3) 对高校毕业生从事个体经营实行有关收费优惠政策,是党中央、国务院鼓励高校毕业生灵活就业、自主创业的重要举措。地方各级工商行政管理机关要通过各种形式,积极宣传高校毕业生从事个体经营有关收费优惠政策,并不折不扣地落实有关收费优惠政策,大力支持、促进高校毕业生自谋职业、自主创业。

2. 财政部、国家发展和改革委员会的优惠政策

(1) 应届高校毕业生从事个体经营的,除国家限制的行业(包括建筑业、娱乐业以及广告业、桑拿、按摩、网吧、氧吧等)外,自工商部门批准其经营之日起1年内免交登记类和管理类的各项行政事业性收费(以下简称"收费")。

从事个体经营的高校毕业生免交的具体收费项目主要包括:法律、行政法规规定的收费项目,国务院以及财政部、国家发展改革委(含原国家计委、原国家物价局,下同)批准的收费项目,主要有:

1)工商部门收取的个体工商户注册登记费(包括开业登记、变更登记、补换营业执照及营业执照副本)、个体工商户管理费、集贸市场管理费、经济合同签证费、经济合同示范文本工本费。

2)税务部门收取的税务登记证工本费。

3)卫生部门收取的民办医疗机构管理费、卫生监测费、卫生质量检验费、预防性体检费、预防接种劳务费、卫生许可证工本费。

4)民政部门收取的民办企业单位登记费(含证书费)。

5)劳动保障部门收取的劳动合同签证费、职业资格证书费。

6)公安部门收取的特种行业许可证工本费。

7)烟草部门收取的烟草专卖零售许可证费(含临时的零售许可证费)。

8)国务院以及财政部、国家发展改革委批准的涉及个体经营的其他登记类和管理类收费项目。

同时还包括各省、自治区、直辖市人民政府及其财政、价格主管部门批准的涉及个体经营的登记类和管理类收费项目。

(2) 从事个体经营的高校毕业生,应当向工商、税务、卫生、民政、劳动保障、公安、烟草等部门的相关收费单位出具本人身份证、高校毕业证以及工商部门批准从事个体经营的有效证件,经收费单位核实无误后按规定免交有关收费。

(3) 对从事个体经营的高校毕业生免收上述有关收费而减少的收入,主要由有关部门和单位调减支出项目自行消化,各级财政原则上不予补助。

(4)各省、自治区、直辖市财政、价格主管部门应当通过广播、电视、报刊等新闻媒体，在本行政区域内公布免收的各项具体收费项目，使高校毕业生及时了解和掌握有关收费优惠政策。工商、税务、卫生、民政、劳动保障、公安、烟草等部门应当督促本系统内的有关收费单位不折不扣地落实各项收费优惠政策。

(5)各省、自治区、直辖市财政、价格主管部门要在各自的职责范围内加强对从事个体经营的高校毕业生收费优惠政策落实情况的监督检查，凡不按规定落实收费优惠政策的，要依据法律、法规予以严肃处理，确保有关收费优惠政策的贯彻落实。

3. 国务院和地方政府鼓励大学生创业的规章制度

地方政府为贯彻党中央和国务院促进大学生就业的方针政策也相继制定了一些鼓励大学生创业的规章制度。部分省市为鼓励和扶持大学毕业生自主创业，深化大学毕业生就业制度改革，创新就业机制，拓宽就业渠道，制定了实现普通高等学校毕业生充分就业的规定。大学毕业生自主创业可享受的地方税收优惠政策包括：

(1) 普通高等学校毕业生在国务院批准的高新开发区内新办企业，经有关部门认定为高新技术企业的，自投产年度免征企业所得税两年，免税期满后按15%的税率征收企业所得税。

(2) 新办劳动就业服务企业，当年安置待业人员(包括普通高等学校毕业生)超过企业总人数60%的，经主管部门税务机关批准，可免征企业所得税三年，免税期满后当年新安置待业人员占企业原从业人员总数30%以上的，可减半征收企业所得税二年。

(3) 普通高等学校毕业生创办的企业，从事技术转让、技术开发业务和与之相关的技术咨询、技术服务业务取得的收入，免征营业税。

(4) 普通高等学校毕业生创办的企业，年净收入在30万以下的暂免征收企业所得税；超过30万部分，依法缴纳企业所得税。

二、大学生自主创业的相关法律规定

在全面建设小康社会，开创中国特色社会主义事业新局面的历史时期，国家为大学生自主创业、开办各种企业提供了一个良好的环境。

法律环境是指与企业有关的社会法律系统。新创企业在创办过程中通常会遇到许多重要的法律问题。创业者应该准备面对将来有可能出现的影响到产品、服务、价格、分销渠道以及促销策略等法律法规问题。

1. 按照法律规定选择企业形式

大学生创业可选择独资企业、合伙企业和有限责任公司(企业法人)三种企业的法律形式。独资企业是指由一个自然人投资，财产为投资人个人所有，投资人以其个人财产对企业债务承担无限责任的经营实体。这种企业在法律上为自然人企业，是当今社会最简单的企业形式。合伙企业是由各合伙人订立合伙协议，共同出资、合伙经营、共享收益、共担风险，并对合伙企业债务承担无限连带责任的营利性组织。有限责任公司是指由两个以上股东共同出资，股东以其认缴的出资额对公司承担有限责任，公司以其全部资产对其债务承担有限责任。独资企业和合伙企业要发展成大的企业，必须采取有限责任公司的形式。

2. 遵守法律法规

创业者在发展业务中必须了解《中华人民共和国合同法》(以下简称《合同法》)、《中华人民共和国担保法》(以下简称《担保法》)、《中华人民共和国票据法》(以下简称《票据法》)等基本民商法律以及行业管理的法律法规。

以上只是简单列举创业者常用的法律，在企业实际运作中可能还会遇到大量法律问题。当然创业者可以对这些问题只有一些基本的了解，专业问题可以交由律师等专业人士去处理。

常用法律一览：

(1)基本法律:《中华人民共和国民法通则》《合同法》《担保法》《票据法》。

(2)公司企业法律:《公司法》《合伙企业法》《个人独资企业法》《企业登记管理条例》。

(3)劳动法律法规:《劳动法》《劳动合同条例》《就业促进法》。

(4)知识产权法律:《中华人民共和国著作权法》《中华人民共和国商标法》《中华人民共和国专利法》。

(5)公司企业税法:《中华人民共和国企业所得税暂行条例》《中华人民共和国增值税暂行条例》《中华人民共和国营业税暂行条例》《中华人民共和国税收征收管理法》。

第十章 职业发展

第一节 角色转换与适应

社会角色是指由人们所处的特定地位和身份所决定的一系列规范和行为模式，是人们对具有特定地位的人的行为的一种期望，是社会群体的基础，随社会实践的发展而不断更新内容。

通常一个人会经常变换自己的角色，比如说下班回家，就要从职业角色变换为家庭成员角色。这种经常性的由上级到下级、由领导到子女、由学生到老师、由主人到客人的变换即角色转换。显而易见，在各种场合中的确需要扮演各种角色，而且在多数情况下，个人在社会中扮演各种角色，都觉得很自然，因为只要表现出适当的行为，社会便会认为个体正常，并会得到社会的肯定。

一、学生角色向职业角色转换

1. 学生角色与职业角色

(1)学生角色。大学是人生中增长知识、发展智力、求学成才的关键阶段。大学生的中心任务是努力学习以专业知识为主的多方面知识，培养以专业能力为主的各种能力。因此，这是一个接受教育、储备知识、培养能力的重要阶段。另外，由于大学生以学习为主，经济上主要依靠家庭，因此，可以这样界定学生角色：在社会教育环境的保证下和家庭经济的资助下，学习知识，培养能力，全面提高自身素质，努力使自己成为社会的合格人才。

(2)职业角色。职业角色的个性表现得非常具体，但是千差万别的职业角色却有其共性的抽象：职业角色扮演者具有自己的社会职位和一定职权，相应的职业规范，一定的基础知识和业务能力，履行一定的义务。因此，可以这样定义职业角色：在某一职位上，以特定的身份，依靠自身知识和能力并按照一定的规范，具体地开展工作，在行使职权、履行义务为社会作出贡献的同时取得相应的报酬。

2. 角色障碍

大学毕业生在职业适应中的角色障碍，集中体现在以下三点：

(1)角色意识缺乏。这是指缺乏职业归属感，对自己所担任的职业角色理解不深，对自己在职业生活中应行使的权利、履行的义务以及应遵守的职业规范和行为模式缺乏认识。

(2)职业技能缺乏。这是大学毕业生刚从事工作时常出现的现象，反映出大学生在校期间实践能力的严重不足，即“眼高手低”，缺少解决生产实际问题的能力，使很多大学生毕业后一年甚至更长的时间内都不能胜任工作，进入不了角色，对其今后的发展形成严重的障碍。

(3)职业角色不当。这主要是指有些大学毕业生在工作、生活中，其言行与自己的身份很不符合，实际扮演的角色与社会期望的角色有较大的差距。原因是少数毕业生“初出茅庐”，自认为是“天之骄子”，不尊重领导，不团结同志，不虚心地向周围的人学习，这样就很难把握住自己的职业角色行为，结果到处碰壁，无所作为。

3. 学生角色与职业角色的区别

学生角色与职业角色的根本不同在于社会责任不同、社会权利不同、社会规范不同。

(1)社会责任不同。学生角色的主要责任是接受教育、储备知识、锻炼能力，而职业角色的责任是以特定的身份去履行自己的职责，依靠自己的本领或技能去创造社会和经济效益。

两种责任履行所产生的后果也是有区别的。学生角色责任履行得如何，主要关系到本人知识掌握的多少和能力培养的程度，而职业责任履行得如何，则影响较大，职业角色要求职业人能在社会中承担某部分工作，充分履行其职业责任。

(2)社会权利不同。社会赋予角色权利，就是角色履行义务时依法应有的支配权力和应享受的权益的总称，或应取得的精神或物质报酬。学生角色的权利主要是接受教育，职业角色则是依法行使职权，开展工作，并在履行义务的同时取得报酬。

(3)社会规范不同。角色规范，是对角色扮演者的行为规定。对于不同的社会角色，就会有不同的行为规范和要求。如学生规范多是从培养、教育的角度出发，促使其顺利成长为合格的人才。学校制定有明确的规章制度，社会对处于成长时期的学生也有一些约定俗成的要求，如怎样学习，怎样做人等。社会赋予职业角色的规范，提供的行为模式，则因职业的不同而千差万别。这些模式既具体又严格，若违背了就要承担一定的责任，甚至法律责任。大学生虽然也应当遵循学校的规章制度和纪律要求，但学生的行为规范相对于社会中的职业规范要简单得多。俗话说：“没有规矩，不成方圆”，在现代社会中，每种职业都会有其相应的行为规范、职业道德规范和技术操作规范，要求员工遵守一定的劳动纪律和规则。比如国家工作人员，必须严于律已、克已奉公，渎职、玩忽职守、收受贿赂等就要受到纪律甚至法律的处罚。

总之，学生角色与职业角色的不同点在于：一个是受教育，通过学习现代科学知识，掌握本领，逐步完善自已，为将来服务于社会作准备；一个是用已掌握的本领，通过具体工作为社会付出，具有一定的权利和义务，以自己的行为承担社会责任。

4. 角色转换过程中常见的问题

(1)依恋与孤独并存。刚走上工作岗位的大学生，在角色转换中易出现怀旧心理。对学生角色的体验可以说已是非常熟悉了，学生生活使每个人都养成了一种习惯的学习、生活和思维方式。刚走上工作岗位，常常会自觉地将自已置于学生角色之中，以学生角色来要求自已和对待工作，以学生角色的习惯方式观察事物和分析事物。由于生活环境变化，人员生疏，相互年龄差异，工作内容和性质变化等，使青年人感到孤独无助，情绪波动大。

(2)畏缩与贫乏并存。当大学生进入职场，方才发现现实工作和学校所学理论知识的差异，才发现职场所需要的知识技能远比自已过去学习的多，才感到自身知识的贫乏，甚至有些人对自己几年学习产生否定的想法，表现出一定的畏缩性。面对新的环境，一些大学生不知工作应从何入手，缩手缩脚，怕担责任，怕造成不良的第一印象，工作中放不开手脚，缺乏年轻人的朝气和锐气。

(3)自卑与压抑并存。大学生被社会认为是“天之骄子”，每个人都是同龄人中的优秀者，学校的环境一般都很平等、自由。而走出校园面临的是“资历丰富，职级森严”的群体和陌生的环境，组织内部论资排辈，领导层居高临下的说教和批评，加上自己初入职场，对工作的不熟练，使大学生失去了往日的骄傲，打碎了往日的自信，变得自卑起来，工作热情降低。思想上与周围的人格格不入及工作上违心服从更加促进了其自卑与压抑。

(4)自傲与浮躁并存。一些大学生自以为接受了系统教育，已经学到不少知识，已是人才了。因此，轻视实践，放不下架子，只想搞高层次的工作，看不起基层工作和基层工作人员，甚至还认为一个堂堂的大学毕业生干一些不起眼的事是大材小用，有失身份。工作中则表现出不踏实的作风，不稳定的情绪。今天想做这项工作，明天又想做另一项工作，工作浮在表面，不能深入了解工作性质、工作职责及工作技巧，难以完成本职工作。

二、适应职业，尽快实现角色转换

职业适应也称工作适应，是指人在职业活动中，面对工作中遇到的各种问题时的一系列心理过程，包括个体对工作环境、工作任务、工作活动的适应，以及对自身行为和新的工作需要的适应。具体地说，就是人在工作生活环境中根据职业工作的性质和外在要求，对自身的身心系统进行评价，对职业行为进行自我调适，学习工作必备的知识和技能并应用于实际，努力达到自我与经验相互一致的心理过程。

1. 正确把握职业适应的规律

认识、掌握、适应职业规律是大学生就职中的必然要求，对于其成才和发展也有十分重要的意义。对于大学毕业生而言，告别学生时代，从走进职业生涯到适应职业生活，要经过对职业实践、职业规范、职业环境、职业文化等的观察、认知、领悟、模仿、认同、内化等一系列的学习和实践过程，才能达到对职业的能动适应。适应的实质就是个体由自然人向社会人的转化，学生向职业人的转化。初入职业行列的毕业生，由于对职业角色的认识和理解不深，很容易发生角色偏差或角色错位，因此学习职业角色的责任和义务，掌握职业角色规范，遵守职业角色的行业模式，增强对职业角色的认同感和归属感是非常重要的。职业适应是循序渐进的，是一个不断进行的过程，即调整、适应、再调整、再适应，不断发展的过程。

2. 树立职业意识，坚定职业意志

职业意识是指人们对于自己即将选择或从事的某种职业的性质、特点、作用及其社会意义的综合认识，表现为一种积极、稳定的心理倾向。对于每一名大学毕业生来说，都应该充分认识每一种职业的社会意义，把它们看做是社会不可分割的有机组成。有了这种职业意识，才能产生高尚的职业情感，激发热爱事业、献身事业的进取精神。

职业意志是指战胜困难的意志。作为大学毕业生首先要懂得，从事任何一种职业，都不是轻而易举的事情，征途中免不了要遇到困难和挫折。意志正是在困难和挫折中显示其价值。在困难和挫折面前，只有意志坚强的人，才能经受得住考验和锻炼，才能保持工作、生活的正常进行。缺乏意志力，常常经受不住困难的考验，很难完成职业使命。

3. 面对现实，正确认识自我

走上工作岗位，开始了职业生涯，面对新的工作方式、更高的工作要求和陌生的工作环境，如果不能正视现实并正确认识自我，那么就很难适应新环境，融入新群体。作为大学毕业生，要认识到自己在新的工作环境下，工作水平、工作能力、工作熟练程度、工作经验及处理人际交往等许多方面都存在差距，因此，大学毕业生一定要承认差距、正视差距，要积极努力地消除差距。敢于实践，善于请教，把原来学到的理论知识和工作实践结合起来，把自己的学习心得和别人经验融合起来，扎扎实实工作，最终一定会赢得领导和同事的信任。

4. 强化责任感

在学生时代，部分大学生责任意识不强，干事情凭兴趣，甚至有人对待学习也是应付，但是在职场，你必须有责任感和责任心。单位向你发放工资，既是体现对你劳动的承认，也是对你劳动的报酬，因而你的职业行为就受到了约束，你就必须为单位付出辛勤劳动。你的责任首先就在于对职务的忠诚，对所获工资的报答。大学生在就职前，培养责任感是最重要的。

5. 掌握独立工作的技能

大学毕业生走上工作岗位之后，就要接受或独立完成或与他人合作的工作任务。在学校里，往往是教师教，学生学，有一定的依赖心理，而在工作岗位上，大多是靠自己去摸索的。因此，到工作岗位之后，要培养自己独立工作的观念，学着独立工作，掌握正确的工作方法。要了解所在单位和自己工作岗位的性质、范围、程序及其相互关系，提高观察和解决工作中实际问题的能力，逐步树立起一名工作人员的形象。

掌握独立工作的技能，首先要有事业心，以饱满的热情和极大的兴趣去对待工作，充分发挥和利用自己的优势。其次，掌握独立工作的技能，毕业生要按照实际工作的要求，扩大知识范围，调整知识结构，通过工作中的不断学习，使自己保持较高的业务水平，为独立工作奠定坚实的基础。另外，掌握独立工作的技能，还要有严谨的科学态度、认真负责的工作作风，以及正确区分工作的轻重缓急的能力。要经常总结工作中的经验教训，既要有自己的主见，也要善于听取不同的意见，努力营造良好的工作环境。

6. 培养团体意识和归属感

在就职后，大学生一定要积极了解、熟悉用人单位，增加自己对单位的亲切感、自豪感。作为单位的一员，单位的兴衰和个人的荣辱有直接联系。要想到周围的同事和你有共同的利益，是实现共同目标的工作伙伴。因此，大学毕业生应积极创造条件融入环境，摆脱孤独感。同时要进一步了解企业文化，企业文化是企业的灵魂，是贯穿在企业的架构和每一个人当中的。企业文化不是千篇一律，而是各具特色的，只有深入了解企业文化，才能融入企业，融入集体。

三、重塑自我，适应社会

大学生经过十余载的寒窗苦读，最终的目的是奉献社会。摆在大学生面前的，只能是积极地了解社会，适应社会，尽快地为社会所接受，从而顺利地完成大学生活向社会职业生活的过渡。

所谓“适应”，是指有机体在与环境条件交互作用下形成有利于自身生存发展的协调关系。引申言之，社会适应即人与社会环境条件交互作用形成的协调关系状态。

（一）适应社会的任务

1. 学习社会规范

社会规范是一定时代的产物，是人类精神文明的一部分，是调整人与人之间关系的准则。社会规范主要是指法律规范和道德规范。大学毕业生走上社会后，就要学习社会规范，运用社会规范进行自我评价，调节自己的行为，从而适应社会。

法律规范是管理现代生活的重要手段，具有强制性。毕业生步入社会，要在过去接受的法制教育的基础上，进一步学习国家的现行法律，强化自己的法律意识，用法律规范约束自己的行为；还要通过学法，学会用法律武器保护自己的合法权益，同违法行为作斗争。

道德规范是指社会向人们提出的应当遵循的道德言行标准，其特点是用原则规范作为善恶标准来认识、评价和把握社会生活中每一个人的言行以及人与人之间的关系。人们的社会关系是具体的、丰富的、复杂的，维持这种关系的道德规范也是具体的、丰富多样的，如遵守公共秩序，爱护公共财物，讲究公共卫生，互相尊重，言而有信，文明礼貌，敬老爱幼，等等。作为一名大学毕业生，除了要用这些基本的道德规范来约束自己的言行外，还要具备爱国心、民族自信心、振兴祖国的历史责任感、荣誉感、集体主义精神等道德素质。

2.掌握独立生活的技能

大学毕业生步入社会，生活比学校更加丰富。以往宿舍—教室(图书馆)—食堂三点连线的学生足迹，被丰富多彩的社会生活节奏所代替。衣、食、住、行开始自己一个人自理，和学生相比，对独立生活能力的要求更高了。掌握独立生活的技能是大学毕业生在适应社会时无法回避的现实。

部分大学生生活自理能力差，行为举止较为随便，经济上依赖父母且不会理财。如果不改变这种状况，到了社会上就不能很好地适应。尽管每个人都有自己的生活习惯和行为方式，但在新的生活环境中要用新的水准来衡量，提高独立生活的能力，调整好生活节奏。这不仅有利于尽快适应工作环境，而且有益于身心健康。作为一名受过高等教育的大学毕业生，应该有积极向上的生活追求，比如，通过工作和学习充实自己的生活；通过选择适合自己的生活内容、培养高雅的情趣，建立自己的生活风格；通过经济上的独立，妥善安排衣、食、住、行，增强自己的自立意识和自立能力；等等。

3.强化协作意识

从某种意义上说，学生在校学习是一种单纯的个体劳动。随着科技的高速发展，社会分工越来越细，部门与部门之间、个人和个人之间的协作关系日益密切。科研项目的完成、工程计划的实施、工作的组织管理等，都离不开协作精神。因此，刚刚走上工作岗位的大学生，一定要树立协作意识，切勿片面强调个人作用，要从集体利益出发，顾全大局。

4.找准生活目标

目标是人们想要达到的境界或标准。人们的生活目标，是人们在对客观事物的发展规律和社会发展需要进行了解的基础上，依据个人所持的人生态度而确立的个人行为的目的。确立生活目标，是每一个毕业生步入社会后所面临的共同课题。

生活目标的确立和形成实质是一个人的理想和信念问题。一个人的生活目标是在社会化过程中，按照社会要求和社会现实，在实践中选择、形成、确立和巩固的。大学毕业要在实践中，为社会主义建设服务，为社会创造更多的财富，以奉献社会来展示自己的价值，在生活中充实和完善自己的理想与信念。

人们的生活目标往往通过多层次的目标使之具体化。就是说，一个人要实现他的人生价值，不但要有一个明确的大目标，还要有为实现这个大目标的无数个具体目标。一个人事业成就的大小，与这些具体目标的高低及其实现是分不开的。“水滴石穿，绳锯木断”，这些现象告诉我们，目标明确，持之以恒，就可以做出成绩。特别是要认清自己的长处，并使这些长处与目标相适应，就容易获取成功。

5.提高心理承受能力

社会与学校相比，生活环境、工作条件、人际关系都有着很大的变化，难免会对那些心存幻想、踌躇满志的大学毕业生造成心理反差和强烈的冲突，这时，要冷静客观地分析问题，积极克服心理障碍，调整好自己的心理，以平常心态迎接工作挑战。无论何时何地，从事何种职业，遇到挫折时不应该消沉，更不应该放弃，要永远保持一颗上进心和良好的心情。

（二）积极主动适应社会

1. 正确地认识和了解社会现实

应该看到，相对于校园生活，社会现实是很复杂的。特别是我国处在一个从计划经济向市场经济转轨的时期，新、旧观念在激烈地碰撞，多种经济成分和多种分配方式并存，这必然会导致思想倾向、价值观念呈多元化发展的趋势，同时社会上也存在着一些消极的东西。此外，年龄的鸿沟，不平等的待遇，工作不尽人意，生活不适应，人际关系难处，这样那样的挫折，等等，都是初涉社会的大学生可能遇到的问题。每个人必须正视这些社会现实，在走向社会之前，要多设想困难，要有迎接各种挑战的心理准备。只有这样，才不至于一踏入社会就茫然不知所措。

2. 培养自信心和坚定的信念

大学毕业生步入社会，仍然要有年轻人的朝气与自信。无论是现在还是将来，都要不惧怕任何困难，命运最终掌握在自己手中。面对崭新的社会生活，不要因环境陌生而孤独，不要因条件艰苦而失落，不要因单位人才济济而畏惧，要时时注意保持心理的平衡。要树立起竞争意识，竞争的背后往往是实力的较量，而人与人之间的竞争则是每个素质、能力、才学、品质等方面的较量。要想在竞争中立于不败之地，就必须在走向社会前，加倍努力学习，不断积累知识，提高自身能力素质，发挥自身的主观能动性，摒弃与世无争、随波逐流等消极观念；在步入社会后，要敢于竞争，在竞争中求适应、求发展。

3. 留下良好的第一印象

第一印象是指某种客观事物首次作用于人的感官，在人的头脑中产生的对事物整体的反映，包括事物的外观形状、行为特点、价值评判等。大学毕业生走上工作岗位，留给别人良好的第一印象非常重要，因为一旦留给别人的第一印象不好，今后就很难转变。

影响第一印象的因素是多方面的，既同刺激客体的行为过程有关，又与反映主体本身的价值取向、知识经验以及需要程度等因素密不可分。留下良好的第一印象有以下几点应值得注意：衣着整洁，讲究仪表；举止得体，虚心求教；守时守信，主动工作；严守秘密，待人真诚。

（1）衣着整洁、讲究仪表。初到工作岗位，一定要注意衣着、服饰要同自己的身份相符，同工作单位的习惯相一致。衣服不一定非得时髦高档，但应始终保持整洁。根据工作性质和环境不同，衣着的要求应有所不同。

（2）举止得体，虚心求教。要注意举止文明，彬彬有礼，不要认为这是小事而满不在乎。落落大方地进行简要的自我介绍，态度真诚地请教有关工作情况，必将有助于在同事中树立良好的第一印象。

（3）守时守信，主动工作。遵守时间，讲求信用，这既是工作关系中的纪律要求，又是人际交往中的一种美德。初到工作岗位，提前上班，稍后下班，严格遵守单位的规章制度，积极主动地做好自己力所能及的工作，与人交往不失约、不失信。这样有助于树立良好的第一印象。

（4）严守秘密，待人真诚。有些保密性较强的单位，对工作人员的纪律要求较严。到这些单位工作的大学生，应当严守机密，不要随便向外人透露内部情况。在同事相处中，要以诚相待，要不卑不亢，既不自惭形秽，自己看不起自己，也不傲慢无礼，自以为是。

总之，尽管第一印象具有暂时性、表面性等特征，但是良好的第一印象的作用还是非常重要的。它有助于大学生初到工作单位站稳脚跟，有助于与单位职员融为一体，有助于工作的起步与发展。建立了良好的第一印象，也不能就此为止，这只是第一步，还需要长期坚持不懈的努力，以自己良好的品质、正直的为人、出色的工作去建立更深层次的长期印象。

4.建立和谐的人际关系

大学毕业生即将从事的职业活动，是群体参与的社会活动。因此，要想在自己从事的职业活动中做出一番事业来，首先就要处理所在群体的人际关系。比如，在工作中要取得单位领导的理解和支持，也少不了同事们的协作和帮助，这些都是我们事业成功的重要条件。从心理学的角度看，良好的人际关系可以形成良好的氛围，有利于事业的发展和成功。建立和谐的人际关系应该注意以下几个方面：

(1)真诚守信。真诚就是以真实坦诚的态度待人接物，与人相处。交往中不掩饰自己，不无端怀疑对方，不虚情假意，实事求是，胸怀坦荡。守信则是在交往中信守诺言，言必信、行必果，表里如一，言行一致，使人有信任感。真诚守信是建立、发展人际关系的基础。

(2)尊重平等。尊重是在心理上的接纳、认同和承认交往对象的人格、情绪、愿望、习惯和爱好等，是指尊敬他人，重视他人的存在。平等待人则表现在既尊重他人的人格、习惯与价值观，也承认交往双方的平等地位，平等相待，一视同仁，不损害他人利益。尊重平等是建立和发展人际关系的基本前提。由于主客观因素的影响，人们在性格、气质、能力、知识等方面存在差异，但人格上是平等的，每个人都有被尊敬、被肯定、被重视的心理需求，尊重与平等是支持、维护对方自我价值感的首要原则。

(3)互助友爱。互助就是在人际交往中要考虑双方的共同价值、利益和心理需要，使彼此都得到满足。这是人际关系的基本动机。以互助为开端的交往，不仅良好的第一印象更易确立，而且人际间的心理距离也可迅速缩短，容易随之产生友情，建立良好的人际关系。友爱是交往双方在相互尊重、爱护、关心，相互帮助、支持基础上建立的感情关系，所谓"爱人者，人恒爱之，敬人者，人恒敬之"。互助包括精神和物质两方面，主要是精神上的互酬，而不是物质上的绝对对等。每个人的能力有大小，只要注重互助、关心、理解、支持他人，就会受人欢迎。因为当你更崇尚精神上的互助，且愿多付出一些时，真正有价值的人际关系才会产生。

(4)宽容、理解。宽容是指在与人交往时豁达大度，心胸宽广，克己谦让，不求全责备，忍耐容纳性强。宽容、理解是较高的道德修养水平，即在交往中对非原则问题不斤斤计较，即使受到误解委屈也能克制自己，以德报怨；同时，应该理解、容忍他人在个性、才学、经历、修养等方面存在的差异。这就需要多理解他人，不苛求他人事事与自己一样，事事都以自己的意志和愿望为转移。人们之间难免会有矛盾误会，要学会设身处地地换位思考，理解、体谅别人的需要和感情，只要不是原则问题，就应求同存异，得理让人，宽容他人的小节问题。这种宽容和理解，是一个人心理成熟的标尺，更是人际关系良好发展的重要保证。

(5)掌握恰当的沟通方式。沟通是人际交往的最重要形式，人际关系是通过人们相互沟通、交流建立发展的。沟通有语言方式；非语言方式，如目光、表情、体态、空间距离等。在交往中，语言沟通是最直接有效、运用最广的沟通方式。因此，要正确地掌握、运用语言艺术，包括谈话和倾听的艺术。谈话思路要清楚，语言要准确、简练、生动。需要批评、否定对方的观点时，态度要谦虚诚恳，要注意方式方法，如对事不对人、对今不对昔，从赞扬鼓励入手，以减少对方的防卫心理。总之，精练准确的语言表达，不仅能使信息准确传递，而且能增强对方的信任感。善于倾听是交流中肯定对方的重要方式，也是个人良好修养的体现。倾听时既要耐心专注，不轻易打断对方，也要用语言或非语言方式作出积极的响应，如注视、微笑、点头等，适时对对方的言论表示赞同，以鼓励、增强对方的自信和自尊。

在人际交往中，非语言沟通有语言沟通不能替代的作用，有时它甚至能传递更多、更深、更广的信息，起到"此时无声胜有声"的作用。这就需要准确理解对方的非语言信息行为，学习运用非语言信息符号，并在人际沟通中注意语言沟通与非语言沟通的一致性。

5. 把握时机，适时调整

大学生的首次就业，并不一定就是终身的职业选择。由于接触职业时某些条件的限制以及其他种种因素，一部分大学生就业后对自己的职业并不满意。因此，应当进行具体分析。当然，我们应当首先考虑国家的需要，干一行要爱一行，安心自己的本职工作，但并不意味着对人才流动的绝对禁止。随着社会需求的变化，根据自身的实际条件，一些已经就业的大学毕业生完全可以适时调整奋斗方向，把握好重新选择的机会，在大千世界中找到更适合自己的职业。

第二节　职业发展

大学生完成了高等学校教学计划所设置的课程，基本上建立了大学生应有的知识结构。这个结构包括基础课、专业基础课和专业课三个层次，这对大学生将来走上社会是必要的。然而，大学毕业生走出校门时所具有的知识结构与步入社会后作为职业人员和社会成员应具有的知识结构并不一致，因此，大学毕业生到社会之后还需调整、完善知识结构，逐步树立终身学习的理念，善于把握机遇，积极进取，全面发展，成长为社会主义事业的合格建设者和可靠接班人。

一、树立终身学习的理念

1. 终身学习理念的提出及含义

学习，是人类认识自然和社会、不断完善和发展自我的必由之路。无论一个人、一个团体，还是一个民族、一个社会，只有不断学习，才能获得新知，增长才干，跟上时代。终身学习，讲的是人一生都要学习。从幼年、少年、青年、中年直至老年，学习将伴随人的整个生活历程并影响人一生的发展。这是不断发展变化的客观世界对人们提出的要求。当今时代，世界在飞速变化，新情况、新问题层出不穷，知识更新的速度大大加快。人们要适应不断发展变化的客观世界，就必须把学习从单纯的求知变为生活的方式，努力做到活到老、学到老，终身学习。十六大报告强调：要"形成全民学习、终身学习的学习型社会，促进人的全面发展。"这就从深度和广度上对学习提出了新的更高的要求。

(1)终身学习理念的提出，是现代社会教育变革在观念形态上的反映，是人类在思考如何使教育适应人的生存和发展时作出的明智选择。美国联邦政府所提出的终身学习计划中指出：终身学习是个体在一生中持续发展其知识、技巧和态度的过程。美国成人终身学习需求研究顾问小组则认为：终身学习指个人在一生中，为增进知识、发展技能、改正态度所进行的有目的的活动。

(2)终身学习的理念，是人们主动适应不断发展变化世界的客观要求。人类从诞生以来，学习就成为整个人类的一项基本活动。停止了学习，一个人就无法认识和改造自然，也无法认识和适应社会；停止了学习，人类就不可能实现今天的一切成功和进步。现代人越来越明确一个事实：学习的作用不仅局限于对知识和技能的了解和掌握，还能使人变得聪慧和文明，使人变得高尚而且完美，促使人自己得到全面发展。也正是基于这样的认识，自古以来人们始终把学习当作一个永恒的主题，从教育家到平民百姓，都在反复强调学习的意义，不断探索学习的方法；人们也越来越清醒地认识到：学习无止境，即要树立起终身学习的理念。

(3)终身学习的理念强调以人为本，突出学习的主体价值和选择。与传统的学习理念不同，终身学习把学习被扭曲的一面翻转过来，强调教育的核心是学习，关注的核心是学习者主体性的发挥。终身学习理念以学习化社会为基础，突出“学习”的意义，以建立一个学习化社会为己任，实现社会的学习化，实现学习的终身化。

(4)终身学习理念被普遍接受，并成为教育改革和青年人职业生涯规划的理论基础，其原因与终身教育、继续教育等现代教育理念的广泛推广与被普遍认同相关联。终身学习作为职业心理的一种新的理念，它综合了终身教育和学习化社会的基本思想，主要包括三个方面的含义：一是社会确保人们适时地进行与需要相应的学习机会和客观条件；二是社会成员的学习是贯穿其一生的自觉学习行动；三是学习不仅是通过学校等教育机构进行，更多地要通过学校教育以外的形式进行。终身学习理念的一个重要宗旨，是使每一个人在人生的每一个阶段都有适合其需要的学习机会。

(5)终身学习的理念，主张个体在一生中的任何阶段都要不断地学习。职业心理指导中运用终身学习的理念，就是要强调儿童在幼年时就应当激发他们终身学习的动机，成年时要积极创造条件激励他们继续加强学习，不断增进新的知识，提升专业技能，以适应新的工作和生活环境的需要。终身学习的职业心理以现代学习观去看待学习，其目的是建立一个超越学校学习狭窄界限的形态和体制。终身学习倡导者认为，传统的学习只是一种学校教育，而学校教育带有终结的性质，学校教育功能的强化和社会教育功能的弱化不仅导致教育的封闭性和单一性，而且造成教育与社会需求，教育与社会成员需求的脱节，从而不利于一个人终生的发展。所以终身学习有助于形成人在其一生中都可以不断接受教育或学习的条件和氛围。

2. 终身学习理念的倡导和树立

基于终身学习理念对人的全面发展的重要意义，党和国家领导人十分重视全民终身学习理念的树立，并积极倡导在中国乃至世界构建学习化社会。国家主席胡锦涛在圣彼得堡出席八国集团同发展中国家领导人对话会议时指出：国际社会应注重促进终身教育、构建学习型社会，联合国机构及其他国际组织应将普及全民教育和终身教育作为优先目标，帮助发展中国家加强人力资源能力建设，平等参与国际教育合作与规则制定。

改革开放以来，我国的科学技术迅猛发展，新知识新技能激增，一个人要赶上时代潮流就需要不断地学习。现代社会从计划经济到市场经济，从改革开放到加入 WTO，经济在转型，社会也在转型，大量的新知识、新技能应运而生，不学习就陌生；一个人只有不断地提高自己，才能适应社会，这就需要不断地学习；现代社会的产业结构在不断调整，就业竞争在不断加剧，一个人要想谋求理想的职业岗位并适应工作岗位，首先要具备相关的知识积累和专业技能，这也需要不断地学习。总之，进入 21 世纪以来，职业心理指导中倡导树立终身学习的理念，已经成为一种时尚。实践证明，树立终身学习的理念，要做到以下三点：

(1)克服“时间太晚”的误区。学习是没有时间和年龄限制的，只要努力学习、刻苦自励，从现在开始学习，为时未晚，年龄大点不是拒绝学习的理由。老年人虽然学习起来不如青少年效率高，但是比起老而无学的人来，要明智得多、收益得多。春秋时代，晋国国君晋平公觉得自己都快七十岁了还想继续学习，但觉得自己年龄太大，怀疑学习晚了点，正在他犹豫不决的时候，宰相师旷告诉他说：年少而好学习，就如同早晨初出的朝阳；壮年而好学习，就像升入中天的阳光；老年而好学习，又有如点燃蜡烛的光亮。点燃蜡烛照明，不是比在黑暗中行走要好得多吗？晋平公深受启发，从此对学习有了新的认识。

(2)增强使命意识和危机意识。激烈的社会竞争，促使现代社会的人们树立危机意识。进入知识经济时代以来，信息密集，知识大潮滚滚涌来，各种新科技、新事物、新经验层出不穷，只有做好终身学习的准备，才能不被时代所抛弃，才能跟上时代前进的步伐。不断吸收新知识与新技能，将成为一个现代人所应具备的基本素质。当今时代，知识更新和科技进步之快让人惊讶，我们已经掌握的知识与技能，很可能在一夜之间就会老化或者落后了。新知识与新技能几乎每天都会产生，谁在这种新知识与新技能的冲击之下还无动于衷，他就会跟不上时代的发展。《大学》里说："苟日新，日日新，又日新"。这个道理浅显易懂，是家喻户晓的。

(3)拓展知识领域，开阔学习视野。终身学习理念中重要的一点，是要学会不断拓展自己的学习领域，开拓自己的知识视野。一个人学习的环境总是带有一定的局限性，如果自己只是沉湎于局限学习范围之内，就很可能陷入不思进取的氛围之中，从而形成一种惰性习惯。一个工作岗位所需要的知识与技能，一个人可能已经完全掌握，而且可能掌握得很好，并且能很好地适应岗位需求，但是，如果不具备善于学习新知识新技能的准备和能力，就难以扩展自己的学习领域，一旦离开了原有的工作岗位，就很难在短期内适应一个新的工作岗位，其根本的原因，就是平时没有注意拓展自己的学习领域，知识面过于狭窄。

二、善于把握机遇

机遇虽然是一种客观的事物，但它却是被那些积极主动去认识世界、改造世界的人创造出来的，它是人的主观能动性与外界环境变化的客观必然性相结合的产物。

1. 把握机遇是一种智慧

对比尔·盖茨及其他成功人士的研究表明，对一个人的成功发生决定性影响的机遇是不多的。对机遇的到来必须要有敏锐的嗅觉和判断能力。当别人对机遇的到来还麻木不仁时，你能捷足先登，抢占先机，就抓住了机遇。

如果能在机遇来临之前就能识别它，在它消逝之前就果断采取行动占有它，这样幸运之神就来到你的面前。当一个人主观条件得到优化，也会影响客观环境的改变，将有利于适应个人发展的良好机遇的发生。成功者的经历证明，客观机遇降临时，自身胆识等方面素质较强的人显然要比一般人更容易捕捉到机遇。才华出众则是抓获机遇的最大资本。

在研究中发现，对许多成功者发生决定性影响的机遇次数是极少的，少的只有一两次，多的也仅四五次。因此，对于渴求成功的人，机遇的质量重于数量。要选择对自身成长最有效用的机遇，放弃那些对成才帮助不大的机会，尽可能使机遇在你的成才之路上发挥出最大的作用。

2. 机遇只偏爱有准备的头脑

爱因斯坦曾说过："机遇只偏爱有准备的头脑"。有准备的头脑指的就是个人的主观条件。这里的准备主要有两方面的内容：一是知识的积累。没有广博而精深的知识，要发现和捕捉机遇是不可能的。二是思维方法的准备。只具备知识，而没有现代思维方式，就看不到机遇，只好任凭它默默地从你身边溜走。牛顿见苹果落地，触发了灵感，发现了万有引力；伦琴在实验时，从手骨图像中，发现了X射线。以上这些人平时都既有知识的积累，又具备灵活的思维方式，否则，也会像李比希错过发现新元素溴一样，抱憾终生。

机遇的到来，条件往往十分苛刻，且相当稀缺难得。要获得它，需要极大的"投入"，才会有"产出"，需要高昂的代价和成本，这就是准备相当充足的实力、雄厚的才能功底。机遇相当重情谊，你对它倾心，它也会对你钟情，给你报答。但机遇绝不轻易光顾你的门庭，不愿意花费"投入"的人，也得不到它的偏爱与回报。机遇绝非上帝的恩赐，它是创造主体主动争来的，主动创造出来的。机遇是珍贵而稀缺的，又是极易消逝的。你对它怠慢、冷落、漫不经心，它也不会向你伸出热情的手臂。主动出击的人，易俘获机遇。守株待兔的人，常与机遇无缘，这是普遍的法则。

3. 机遇就在身边

很多人不善于培养自己发现眼前机遇的习惯，总以为机遇远在他方。成功者都是有心人，他们善于发现眼前的任何一次机遇。在生活中我们常常会舍近求远，到别处去寻找自己身边就有的东西，而机遇往往就在你的身边，准确地讲，是在你的眼里、手里。

许多人认为自己贫穷，实际上他们有许多机会。据统计，在美国东部的大城市中，至少94%的人第一次挣大钱是在家中，或在离家不远处，而且是为了满足日常、普通的需求。不要只想等待千载难逢的机会，抓住平凡的机会就是不平凡。"没有机会"永远是那些失败者的托辞。当我们尝试着步入失败者的群体中对他们加以访问时，他们中的大多数人会告诉你他们之所以失败，是因为不能得到像别人一样的机会，没有人帮助他们，没有人提拔他们。他们还会对你叹息好的岗位已经人满为患，高级的职位已被他人挤占，一切好机会都已被他人捷足先登。总之，他们是毫无机会了。比尔·盖茨说，等待机会而至，成为一种习惯，这真是一件危险的事。工作的热心与精力，就是在这种等待中消失的。只有那些勤奋工作的人，才能看得见机会。机会的降临往往是非常偶然的，机会就暗藏在你的日常行事之中，不管你从事哪一类工作，其中都有机会。在你现在所处的地位中，也许已经人满为患了，但在较高的职位上，却总有空缺等着合适的人去谋取。世界各处都在寻求受到过良好训练的青年、英明的管理者与领袖，以及本领高强的人。高贵的地位、优厚的待遇，总在等待着那些能力超群又能够胜任的人去赢取。每一位一步一个脚印、踏踏实实工作的人其实正在离幸福越来越近，可供选择的道路也越来越宽，越来越平坦，也越来越容易往前走。这些道路其实向所有的人都是敞开的。

4. 敏锐的洞察力、过人的判断力是把握机遇的好帮手

平时要留心周围的小事，有敏锐的洞察力，这样才能保证你在机遇来临时不致错过。牛顿不放过苹果落地，伽利略不忽视吊灯摆动，瓦特研究烧开水后的壶盖跳动……这些都是司空见惯的现象，但是他们那过人的洞察力使得他们看到了常人看不到的东西，从而有所发明或发现。在日常生活中，常常会发生各种各样的事，有些事使人感到惊奇，引起多数人的注意；有些事则平淡无奇，许多人漠然视之，但这并不排除它可能包含重要的意义。

成功者，应该具有当机立断、把握机遇的能力。他们只要自己把事情审查清楚，计划周密，就不再怀疑，立刻勇敢果断地行事。因此任何事情只要一到他们手里，往往能够随心所欲，大获成功。一个头脑清楚、具有判断力的人，他的意志一定十分坚决，他不会模棱两可，更不肯投机取巧。他永远不会徘徊犹豫，或是赌气退出而导致前功尽弃，只要计划好了，一定坚持到底，只有这样，才可能把握住机遇。

5. 创造机遇需要韧劲，需要耐心

机遇最喜欢爱拼善攻、有挑战性格的人，它最乐意为这样的人“效劳”。所以，在机遇面前，无疑需要敢于拼搏、锲而不舍的劲头，将自身的能量最大限度地发挥出来。只有勇于战胜那些看似难以克服的困难，机遇才能发挥出极大的效能。有些人为艰难所折服，就会使已到手的机遇未能得到充分利用，而使自己功亏一篑，机遇也就付诸东流。当你确定明确的奋斗方向，有坚定的信念，并时时刻刻准备“接纳”机遇时，才有可能得到机遇的青睐。积极创造机遇，也正是当代大学生必须具备的人生态度。

三、善于在顺境和挫折中积极进取

人生不会是一帆风顺的，世上从来没有笔直平坦的人生之路，顺境和逆境是人生征途中的交响曲。人们在改造自然和社会的过程中充满着矛盾，使人生面临种种不同的境遇，有顺境，也有逆境；有欢乐和幸福，也有艰难和坎坷。如何正确对待顺境与逆境，战胜挫折与不幸，是人生的一个重要问题。

1. 善于利用顺境，抓住机遇，施展才干

所谓顺境，是指人生道路上所遇到的良好条件和社会环境。顺境为人提供了良好的发展机会，对于具有正确人生态度的人来说，能够及抓住机遇，充分利用有利条件做出成绩，甚至会取得意想不到的成果。然而，顺境毕竟是客观条件，如果没有主观的努力，即使再好的条件，也无济于事，良机到来也会擦肩而过。关键取决于个人的努力和自身素质。任何顺境只有当它与人的主观因素相结合的时候，才能显示其作用。顺境虽好，也并非完美无缺，因为，顺境能使人平庸失志，碌碌无为，使缺乏正确人生态度的人经不起生活的磨练和考验，一遇困难、失败或不如意就会悲观失望，失去对生活、学习和工作的信心。因此，身处顺境，应保持清醒头脑，充分珍惜和利用一切有利的环境和条件，抓住机遇，丰富知识，完善自我，施展才干。同时，应该居安思危，要有迎战困难和挫折的思想准备。

2. 以正确的态度对待人生的逆境与挫折

逆境，一般是指不利的境遇，即在人生历程中所遇到的困难、失败和不幸遭遇。所谓挫折，从社会心理学角度看，是指个人从事有目的的活动时，由于遇到障碍和干扰，其需要得不到满足时的一种消极状态。逆境的内涵更为广泛，它包含挫折。逆境与挫折的产生是必然的，又是偶然的。说其必然，是指在人生的整个发展过程中，人们总是或多或少地会遇到各种不顺利的境遇和程度不同的挫折。如有的人生来家庭贫寒，或患有残疾；有的人事业顺利，爱情却屡遭失败；有的人大起大落，有的人则小挫折不断。说其偶然，即在人生旅途上每个人可能会遇到什么样的逆境，何时遇到何种挫折，却是难以预料的。有的人家庭很幸福却突然失去亲人，有的人事业很有成就却突患顽疾，有的人在工作中不如意或受到意外的打击，等等。

逆境与挫折和其他事物一样具有二重性。一方面它是人成长和取得业绩的不利条件，给人增加了焦虑、忧愁、痛苦、不安等思想压力。另一方面可以催人奋进，磨炼意志，缩短人的成长周期，使人较快地成熟起来。逆境常常使强者做出在顺境中不可能做出的成绩，即所谓“艰难困苦，玉汝于成”，“自古英雄多磨难，纨绔子弟少伟男”。此外，逆境固然给人造成了不利的环境条件，但并非一成不变，在一定的条件下也是可以转化的，这种转化的条件在于个人的主观努力程度和客观条件的变化。因为客观条件一旦被认识之后，人们就可以根据客观条件以及规律性，利用有利因素，弱化或消除不利因素，创造有利条件，从而使逆境变为顺境，失败变为成功。因此，对于逆境和挫折正确的态度应是：

首先，要敢于正视逆境与挫折。虽然，每个人遇到挫折的可能性不可避免，既难以预料，又不可选择，但只要有经受挫折的精神准备和心理承受能力，便能泰然处之。正视挫折，是排除挫折的思想前提，即以正确的态度面对它，既不要简单地归于命运而怨天尤人，也不要消极逃避。否则，等于放弃转机的努力，屈从于困难，而导致自暴自弃。

其次，要冷静分析产生挫折的原因。由于各种原因错综交织在一起，且并非都是单向因果联系，因而不仅要从客观上分析，更要从主观上检查。由于青年期正处在自我意识确立的敏感期，思维方式的两极波动性常易产生冲动、偏激，甚至逆向选择，即从简单肯定转向简单否定，导致自卑、自弃倾向。因此，应学习和掌握唯物辩证法，培养冷静和理智的心理素质，减少片面性，避免盲目性，防止陷入认识和心理上的误区。

再次，最根本的是要树立崇高的理想和信念。因为理想是人的精神支柱和前进的动力，它可以激励人们坚定地去追求确定的人生目标。邓小平同志说："为什么我们过去能在非常困难的情况下奋斗出来，战胜千难万险使革命胜利呢？就是我们有理想，有马克思主义信念，有共产主义信念。"正确的理想信念可以使人们面对现实，克服困难，战胜挫折，迎来美好的明天。

第十一章　大学生就业问题辅导

第一节　大学生就业程序

一、大学生择业程序

对大学生来说，一个完整的择业过程，至少包括收集信息，自我分析，确立目标，准备自荐材料，参加招聘会(投递材料)，参加笔试、面试，签订协议，报到上班等环节。走好择业的每一步，对成功实现自己的职业理想十分重要。

1. 收集信息

收集信息是就业活动的第一步。大学生在择业过程中，需要通过各种渠道收集的信息大致包括5个方面的内容：

(1)当前大学生就业市场的供需形势。包括：社会经济发展形势，社会各行业、各类企事业单位经营状况和对毕业生的需求等，尤其要重点了解本校、本专业的社会需求情况，用人单位对毕业生的基本要求等。

(2)政策和法规信息。例如国家及学校有关毕业生就业政策及规定，《中华人民共和国劳动法》《劳动合同法》《反不正当竞争法》《国家公务员暂行条例》等。

(3)具体用人单位的信息。例如：自己所学专业哪些用人单位需要，需求数量是多少，用人单位生产经营状况、文化背景、发展前景、工作条件、福利待遇、对人才的重视程度以及对毕业生的具体安排、使用意图等。

(4)就业活动安排信息。比如什么时候召开企业说明会，什么时候举办招聘会或供需洽谈会等。

(5)成功择业的经验、教训的信息。就业指导教师和工作人员会为你提供相关的择业经验、教训、体会和建议等，为大学生的成功择业助上一臂之力。

2. 自我分析

在收集信息的基础上，大学生要联系自身实际，理智地进行自我分析。自我分析包括以下4点：

(1)自身综合素质、能力的自我测评。如学习成绩在全专业中的名次，自己的兴趣、特长、爱好是什么，有何出众的能力(包括潜能)等。

(2)分析自己的性格、气质。个人的性格和气质对所从事的工作有一定的影响，如果能从事与自己的性格、气质相符合的工作，就容易出成绩。可以用一些测试表对自己的性格、气质进行一定的分析。

(3)自己在择业过程中，具有哪些优势，哪些劣势，应该如何扬长避短。

(4)自己究竟想做什么,即自己想在哪一方面有所发展,想成为什么样的人。换句话说,即自己的“满足感”是什么,价值标准是什么。

3. 确立目标

自我分析的结果,是确立自己的择业目标。从大的范围来说,大学生首先需要确定的择业目标是:

(1)择业的地域,即在沿海城市就业,还是在内地就业;是留在本地,还是去外地就业。此时,既要考虑是否符合政策规定,同时还要考虑生活习惯及今后的发展等因素。

(2)择业的行业范围,即在本专业范围内就业,还是跳出本专业到其他行业就业;是从事本专业范围内的技术工作、管理工作、社会工作,还是从事教学工作、科研工作等。此时应多考虑自己的综合素质、能力及兴趣、特长。

(3)择业的单位。是去大企业,还是去小公司或应聘公务员;是选择国有企业,还是选择三资企业或民营企业。在这些单位中,有哪些前来招聘,自己是否符合条件,自己最希望到哪一家企业工作。对于愿从事教育工作的大学生,是选择高校,还是选择中等职业学校或者其他学校等。

择业过程中,当然会遇到不少不可预测的变化。但是,事前给自己的择业确定一个比较明确的目标,可以使整个就业活动有的放矢,有条不紊。不然,就会出现乱打乱撞的盲目被动局面。

4. 准备自荐材料

在确定了择业目标之后,大学生接下来即可准备自荐材料。自荐材料包括:学校推荐表、个人简历、自荐信以及有关的辅助证明材料。这几种材料,虽然单独都能使用,但各自的侧重点不同。自荐信主要表明自己的态度,个人简历主要说明自己过去的经历,证明材料强调自己所取得的成绩,学校推荐表则体现了学校对自己的认可。缺了任何一个方面,自荐材料都不够完整。

自荐材料是反映毕业生个人总体情况和综合素质的主要材料,是毕业生与用人单位信息交流的载体,也是用人单位透视大学生的一扇“窗户”和决定是否面试的重要依据,故自荐材料被称为大学生求职择业、赢得面试的“敲门砖”。

5. 参加招聘会

在大学生就业活动中,招聘会或就业市场在用人单位与大学生之间架起了见面、沟通的桥梁。在招聘会或就业市场上,用人单位与大学生之间初步结识:用人单位向毕业生宣传单位发展情况,同时收集众多毕业生的自荐材料;毕业生则在了解用人单位的大致情况后,将自荐材料和登记表交给招聘单位。从某种意义上说,大学生去招聘会或就业市场,大多数仅完成了一项材料递交工作。

为提高效率,毕业生可以有选择地去几个招聘会或就业市场,不必为“广种薄收”而盲目地“赶场子”,这样既浪费时间、精力,效果也不会太好。另外,毕业生还可以将自己的自荐材料通过邮寄等方式寄给用人单位,用人单位可以凭借此材料进行分析,决定是否通知你参加笔试或面试。

6. 参加面试、笔试

面试是众多用人单位考核大学生综合素质的重要手段。通过面对面地沟通、交流,用人单位可以了解大学生的表达能力、思维能力、处事能力、仪容仪表,以及对一些问题的看法和其他一些不能通过笔试反映出来的综合素质。因此，大学生在面试前要做好充分准备，充分展示自己的综合素质，以最终取得面试的成功。

不少用人单位在招聘过程中，采用笔试的方式考核应聘者的知识、能力与素质。笔试主要检验大学生运用所学知识及所掌握技能处理实际问题的能力。当然，笔试不仅在卷面上考核大学生的知识能力，同时也在考核大学生其他方面的素养。比如，书写是否工整，卷面是否整洁，答题是否细心等。因此，大学生应珍惜并认真对待笔试。

7. 签订协议

用人单位通过自荐材料和供需见面、笔试、面试等招聘活动，选拔出自己合意的毕业生后，便向被录用的学生发出录用通知书。毕业生在接到录用通知书后，如果愿意到该单位工作，则双方签订就业协议书。就业协议书一旦签订，就不得随意变更。如果一方提出违约，须征得另外一方同意，并要承担相应的违约责任。

8. 报到上班

与用人单位签订好协议，并得到学校、政府教育主管部门的审核同意后，大学生要及时完成学业，等待发放就业报到证，做好毕业离校的各项准备工作。至此，毕业生的求职择业程序完成，毕业生可在领取报到证，办理离校手续后，按照报到证规定的期限和指定的地点去单位报到上班。

二、用人单位的招聘程序

了解用人单位的招聘程序，并把自己的择业活动调整到与用人单位的招聘活动较为一致的步调，有利于择业活动的有效进行。一般而言，用人单位的招聘活动要经历如下程序：

1. 确定需求和招聘计划

用人单位根据自身的建设和发展状况，确定当年需要招聘毕业生的岗位、人数和条件等，同时将根据要求制订详尽的招聘计划。

2. 发布就业信息

用人单位在确定了需求后会及时向外发布，传递给大学生。其主要渠道有：

(1)向政府教育主管部门所属高校毕业生就业指导中心登记。

(2)向高校毕业生就业工作部门登记。

(3)在自己的网站上发布信息，供学生上网浏览。

(4)通过电视、报纸、广播等媒体发布需求信息。

3. 举办单位说明会

为在大学生中进行广泛宣传，一些用人单位会到学校举办单位宣讲会，介绍单位的发展建设情况、人才需求情况、发展机遇、用人制度及企业文化等，并回答大学生们关心的各种问题。单位说明会是大学生全面了解招聘单位的好机会。

4. 收集生源信息

用人单位要招聘到优秀大学生，需要广泛收集学生信息。收集学生信息的主要渠道有：

(1)从政府教育主管部门所属高校毕业生就业指导中心及学校就业工作部门获取学生信息。

(2)参加就业洽谈会(或去招聘会或就业市场)收集学生信息。

(3)在网站上收集学生信息。

(4)通过学生的自荐获取学生信息。

5. 分析生源资料

对收集的学生信息进行分析处理,初选出符合自己条件的学生,以便进行下一轮筛选。一般而言,用人单位对学生分析的内容包括:性别、专业、知识水平、综合能力及素质等。

6. 组织笔试、面试

为了考核学生是否具有在本单位工作所需的基本知识、能力和素质,一些用人单位以笔试的形式选拔学生。笔试的时间、地点、出题范围用人单位会提前通知。面试是许多用人单位考核学生综合素质的最后一关。有的用人单位还要组织几次面试,每次面试参加人员及考核的侧重点是不相同的。

7. 签订协议、上岗培训

除签订就业协议书外,部分用人单位还要与毕业生签订劳动合同,明确双方的责、权、利。每一个用人单位对新员工都有一套培训计划。培训的内容因用人单位而异,但其目的都是相同的,即通过培训,让毕业生明确单位的发展目标、创业精神、规章制度和企业文化,掌握成为一名称职员工的知识和技能,以使高校毕业生尽快适应新的工作和生活环境。

第二节　大学生就业热点问题辅导

一、辅导一:研究生报考及相关注意事项

(一)报考研究生应注意的问题

1. 报考学校及专业时应注意避开热门

近年来,报考研究生的人越来越多,但专业及院校的冷热分布极不均衡。部分学校的热门专业,即使总分较高,也未必能保证录取。报考人数较少的专业主要集中在一些理、工科专业上,而文史类、经济类专业报考人数一般较多。据统计,某高校理工类专业的报考与录取比例一般在2∶1至4∶1之间,但文科专业的报考与录取比例则高达6∶1至9∶1。具体专业与学校之间的不平衡则更为突出。另外,一些名校也是众多毕业生报考较为集中的地方。在这类学校,个别院系的报考与录取比例超过10∶1,没有较高的成绩,是难以保证被录取的。如果没有绝对的把握,报考时应尽量避开这类学校及专业。当然,在一些热门专业或热门学校中仍有一些相对冷门的方向,此类专业不妨有选择地报考。

2. 注意选择报考不同类别的研究生

硕士研究生近年来出现了很多新的“专业硕士”,如工商管理硕士(MBA)、公共管理硕士(MPA)、高级管理人员工商管理硕士(EMBA)、法律硕士、教育硕士、建筑硕士、临床医学硕士、工程硕士等。与一般学位研究生相比,这些专业硕士在培养方向上注重实践与应用,培养时间短(一般2～2.5年毕业),专业课考试水平要求不很高,偏重于主干课程的基础知识。但多数专业硕士目前的培养对象偏重于毕业后有3～5年工作经验的在职人员,应届毕业生可以报考的只有法律硕士。

由于本校本专业学生具有较强的专业基础,而且对本科阶段的学习表现情况比较了解,因此很多高校在同等情况下对本校毕业生的录取是有所倾斜的。针对这些情况,跨专业、跨院校

报考的考生在没有较大把握的情况下，不妨把目标定得现实一些，就近报考比较熟悉的学校，报考应届本科毕业生竞争力度相对较小的各类“科研院所”，以增大“命中率”。

3. 注意调查相关学校及专业的情况

硕士研究生专业课考试由各招生单位独立命题，而各单位对基础教材的要求不同，学术流派不同，命题教师的研究方向也各异，因此，即便是同一专业的考题，各个学校的差别也较大。有志于跨院校、跨专业报考者，一定要注意搜集报考院校推荐的复习资料和历年考题。尽管一般专业课考题3年内不会重复，但参阅往年考题对了解其命题思路和方式往往是有益的。

下面介绍几种渠道，以帮助考生了解并获取报考院校的报考信息：

(1)通过招生简章、网站等渠道了解专业设置情况、毕业生就业情况、导师情况。

(2)与导师或所报考专业其他教师直接取得联系，咨询有关问题，请求指导。

(3)旁听所报专业的辅导课程或向该专业在校生索取上课笔记，以掌握课程的重点。

(4)参考指定书籍，阅读所报专业最新发表的论文，参考该专业往年的考题，以全面把握考试内容及重点。

(二)考研报名的程序

各高校招生简章及专业目录一般在每年七八月份公布，正式报名的日期一般在考试前一年的11月初，报名地点由各省、自治区、直辖市招生办根据当地实际情况确定。

只要应届本科毕业生符合招考单位的报名条件，即可先到所在院系开具证明，再到学校主管部门换取校一级报考介绍信，持本人学生证即可到所报单位指定的报名点报名，填写有关表格，并体检。最后，经招生单位审核，将《准考证》寄发给考生。考生收到《准考证》后即获得硕士研究生考试的初试资格。按规定，参加统考的考生可以填报同一学科专业研究方向相近的两个招生单位，一般不能跨不同的学科报考。

(三)怎样合理调配考研复习时间

考研是一个需要长期积累的过程，尤其是英语、数学两门公共课的考试，绝非一朝一夕的努力就可以通过的。跨校、跨专业报考的考生与本校、本专业学生相比，最大的弱势是对专业知识缺乏系统性地学习和了解。由于没有平时一定的训练，不涉猎一些专业论文，答题时的文字表述也会让阅卷教师一眼就看出是“门外汉”。反过来说，即便是本校、本专业的学生，专业课也不能掉以轻心，越是熟悉的内容越是砸锅的事情近年来屡见不鲜。

一般而言，本校、本专业考生与跨校、跨专业考生在各科复习时间的分配上应该有所不同，而复习时间的分配包括两方面：一是总体复习时间在所有公共科目和专业科目之间如何进行分配；二是每一复习时间段(比如一天)中各科目之间如何分配时间。总体复习时间的分配要遵循突出重点、弱项倾斜的原则，切忌“平均主义”。具体到每一天复习时间的分配，首先要注意的是不能将时间分割得太零散，而应以小时为单位来分配复习时间，同时，要避免长时间(比如一整天)复习同一门科目。

考研复习内容多，时间跨度长，因此在复习前必须制订一个总体计划，并随着计划的逐步落实适当修订阶段性计划。不同时期侧重点要有所不同，按部就班，有条不紊，从而提高整体复习效率。针对多数考生面临的英语、政治、数学3门公共课的复习，下面推荐一种“三三制”的复习计划，即将总的复习过程划分为3个阶段，每一科目各自有3轮以上的复习安排。每一

阶段的特点和任务如下(见表 11－1):

表 11－1　考研各阶段的特点和任务

<table>
<tr><td rowspan="2">时段</td><td colspan="2">预备阶段</td><td colspan="2">强化阶段</td><td colspan="3">最后阶段</td></tr>
<tr><td>3～4 月</td><td>5～6 月</td><td>7～8 月</td><td>9～10 月</td><td colspan="2">11 月至考前</td><td>考前 1～2 日</td></tr>
<tr><td>政治</td><td></td><td></td><td>第一轮复习</td><td>第二轮复习</td><td rowspan="3">查漏补缺阶段</td><td>第三轮复习</td><td rowspan="3">备考前的放松阶段</td></tr>
<tr><td>英语</td><td colspan="2">第一轮复习</td><td colspan="2">第二轮复习</td><td>第三轮复习</td></tr>
<tr><td>数学</td><td colspan="2">第一轮复习</td><td colspan="2">第二轮复习</td><td>第三轮复习</td></tr>
</table>

1. 预备阶段(3～6 月)

(1)预备阶段考生对考研的整个过程及相关信息了解不全面、不系统,客观上难以进行全面系统的复习。想要克服这个问题,可以先把往年的考试题找来,计时做一遍,看看差距在哪里。

(2)预备阶段的任务:第一,了解考研信息,进入相应状态,避免在考研复习上走弯路。一般政治课的复习不宜过早,最好等新大纲出来后,结合大纲进行复习;第二,开始英语和数学的第一轮复习,因为这两门课程的复习都具有基础性和长期性的特点。英语复习的重点是词汇、阅读和复杂长句的理解;数学复习的重点在于基本概念、定理、公式及其基本应用。

2. 强化阶段(7～10 月)

强化阶段是考研复习的黄金时间,这段时间更是考研复习的关键时段。一般而言,此阶段有三种复习模式:

(1)自我复习。采取这种模式的前提是基础较好的考生。此时,要注意两个问题:一是要选过硬的复习资料,否则会事倍功半;二是自学能力和自我控制能力要强,不要让其他事影响复习计划。

(2)先进行自我复习,然后带着问题上一个质量有保证的辅导班。不妨在暑假期参加一个英语、数学强化班,最后在 11 月前后参加"政治冲刺班"。

(3)先上辅导班,然后再进行自我复习。采用这种方式复习的同学,在后期政治时事部分的复习上一定要关注国家的大政方针,多与其他同学交流心得体会。

3. 查漏补缺阶段(11～12 月)

查漏补缺阶段的目的主要是通过实战化的演练,及时发现问题,解决问题,既可利用复习资料进行自我测试,也可参加模拟考试班。

4. 冲刺阶段(12 月至考前)

冲刺阶段各科均进行第三轮复习,重点放在全面梳理知识点,强化答题、解题技巧,查漏补缺等方面。另外,此阶段时事政治内容基本确定,应进行高效的复习。但要避免题海战术。参加串讲、冲刺班有一定帮助,特别是政治课尤为必要。

5. 备考前的放松阶段

在考前 1～2 日,考生一般应停止复习,通过听音乐、散步等方式放松精神,建立自信,以保证用充沛的体力和精力来参加考试。

二、辅导二:如何办理出国手续

近年来,毕业生中出国的人数连年增加,就毕业生联系出国的有关事项简介如下:

(一)咨询及查阅资料

在申请留学前,申请人可通过书面资料或网站(如中国留学网:http://www.cscse.edu.cn)查询有关出国留学的信息,查阅相关学校资料,了解入学要求、课程设置及费用情况。

(二)选择学校

选择学校直接关系到整个申请过程是否顺利,选择学校的失误可能会使有着很强资质的人申请几年仍未获准,相反条件并不优越的人反而能够所向披靡,顺利出国。

1.选择学校的途径

(1)书面材料的查找。通过有关参考书目进行查找。例如,申请去美国留学的,可根据下列参考书目查找:《美国大学与学院》《学院选择指南》《美国学院手册》《美国大学费用手册》《学院蓝皮书助学金、奖学金年鉴》《研究生课程名录》《资料索引》《美国大学世界指南》《美国大专院校教员名录》《Petersons 研究生课程年鉴指南》《留学美国指南》《愿意赴美进行学习和研究的中国学者和中国学生可申请的助学金》《世界大学年鉴美国工商管理硕士课程指南》《美国研究生医学教育年鉴》等。

(2)网上查找。网上的资料更新最快,也最全面。网上查询学校,一般来说可以从各个搜索引擎上进行查找。例如,美国大学搜索引擎如下:

1)Usnews(http://www.usnews.com):提供了非常详尽的美国大学的资料,包括全美大学的最新排名,各个大学的链接网址,从中可以查到你想要的学校的专业介绍、预计入学日期和奖学金的提供情况,以及与校方取得联系的方法等。申请者可以根据学校名称、专业或希望就读的州来展开搜索。

2)Gradschools.com(http://www.gradschools.com):对于想去美国读研究生者来说,该站点可以帮助你找到目标学校。这个站点专用于查找大学研究生院,按具体研究行业、学科类别和专业目录三种方式进行搜索。

3)Collegeboard.com(http://www.collegeboard.com):在该站点,你可以根据你希望攻读的学位、专业、学校所在的位置,选择就读的学校,并可以在线填写索取申请资料的表格。还可查 www.gter.net 或 www.taisha.org 等网站。

提供留学综合服务的站点如下:

1)American Education Magazine(http://www.iesed.com):该网站的内容十分丰富,主要提供留学生们最关心的事情,如怎样选择大学、奖学金的申请办法、住宿情况、医疗保险等,有助于事先了解美国大学的生活状况。

2)Study in the USA(http://www.studyusa.com):这是是专为留学生提供服务的站点,可以按字母的种类和地理位置两种分类方法对学校进行搜索,同时该站点还提供大学专题报道,介绍大学情况。

3)Petersons 教育服务公司(http://www.peterson.com):主要内容包括大学的清单、校园新闻、讨论版、条件查询等。

4)Student. com(http://www. student. com):介绍美国大学生的学习生活,发布最新的校园新闻、美国政府的教育政策,以及美国教育人士的观点等。

2. 筛选学校的方法

(1)初选。查阅了上述资料后,再根据自身的条件选择20～30所学校,根据这些学校的详细地址发函联系,要求校方寄详细资料和申请表格。(注意:有些学校可通过E-mail直接联系,但有些学校要求第一封信应为正式信函。)

(2)复选。收到学校寄来的详细资料后,根据下列标准筛选:

1)TOEFL要求。各个学校、不同专业对TOEFL的要求不尽相同,而且由于近年来中国学生的成绩幅度上升,使竞争日益激烈,能得到奖学金的学生,其TOEFOL的成绩多半都在600分以上。所以,一定要有对自己实力的客观的估计。

2)GRE(GMAT)要求。许多学校要求GRE(文、理、工、农、医)或GMAT(管理科学)。所以应该了解申请的学校有无此项考试要求,成绩标准如何。有些学校的有些专业除要求GRE外,还要求相应的专项(Sub)成绩。所以一定要详细了解有关规定,针对自身情况进行选择。

3)申请费。每所学校要交20～55美元的申请费。考虑自己的经济情况,不要申请那些申请费较高的学校。

4)经济资助。不同的学校、不同的专业所制定的外国留学生的奖学金政策有很大的区别。因此,一定要注意了解所申请的学校是否向外国留学生提供奖学金,其金额是多少及当地生活费的高低等问题。

5)设备与师资。应对所申请学校的教学设备及师资情况进行查阅。

(3)终选。经过与学校的联系,向学校寄送申请资料,最终会得到一些学校的录取通知,再从中选取自己最感兴趣的学校办理签证,前往注册。当然还可以从奖学金、未来出路、转学及中国留学生的人数几个方面(这些资料可以直接与学校联系、询问)考虑,进行最后的筛选。

(三)对外联系

选择了学校以后,即开始准备申请资料(包括推荐信、自我介绍、成绩单、学位证书、毕业证书、论文复印件及学校所提出的其他特殊要求等),并及时寄出申请材料。同时,要经常通过E-mail与学校、系、导师进行联系,关注录取进展。

在写最初的联系信时,不必写得太长或太详细。内容上只需做到两点即可:一是表明自己计划攻读的学位和专业,二是简单介绍一下自己的背景和资历,以说明自己为什么有资格攻读想攻读的学位和专业。

(四)申请护照

由申请人持入学通知书,向户口所在地出入境管理部门申请。

在出入境管理部门申请出国出境时,应交验下列证明:

(1)户口簿、居民身份证或者其他户籍证明。当遇到户口簿和居民身份证上的姓名、出生年月日等不一致时,在户口所在地派出所办理变更手续。系集体户口的,应提交集体户口卡。

(2)按规定填写完整并已签署单位或者派出所意见的申请表。

(3)与出国出境事由相应的证明材料。(查验原件,收复印件。外文材料要由指定的翻译公司译成中文,证明材料自签发之日起6个月有效。)

(五)申请签证

申请人向所留学国家驻华使馆申请。

三、辅导三:国家公务员的报考与录用

报考国家公务员是大学毕业生就业的一条重要途径,也是许多大学生理想的职业岗位。在报考国家公务员之前,应当对报考公务员所具备的素质、条件及程序予以了解。

(一)报考公务员应具备的素质

公务员一般是指政府机关工作人员,即在各级国家行政机关依法行使政权、执行国家公务的在职人员(不包括工勤人员)。在我国现阶段,党的机关、人大机关、政协机关、人民法院、人民检察院、群众团体机关招考工作人员原则上参照公务员招考同期进行。国家公务员素质的高低,直接影响着机关的效率和威信,关系着国家事业的成败。因此,公务员对报考的大学毕业生在素质上有较高的要求。

1.较高的思想政治素质

有一定思想政治理论水平,能用马克思主义、毛泽东思想和邓小平理论去分析问题、解决问题。贯彻执行党的路线,坚持社会主义方向;坚持理论联系实际、实事求是的思想路线,一切从实际出发,按事物发展的客观规律办事。

2.良好的职业道德修养

公务员应具备的职业道德修养主要包括以下方面:

(1)全心全意为人民服务。把“人民拥护不拥护,人民高兴不高兴”作为处理公务的准则。

(2)实事求是,秉公执政。公务员应该具备实事求是的优良作风,坚持原则,克己奉公,不讲假话、空话、大话,不弄虚作假,投机取巧。

(3)勤政廉洁,禁绝奢华。公务员只有勤勤恳恳为人民服务的义务,而没有任何利用职务之便占“便宜”的权力。

(4)严以律己,宽以待人。公务员以身作则的工作作风就是具体体现。

3.较强的业务能力

公务员应具备的从事本职工作的基本业务能力主要包括以下方面:

(1)调查研究能力。调查研究是公务员的基本功,包括不断观察行政运行过程中各种因素的变化;收集、整理、分析各种政务信息,主动寻找问题,针对问题进行调查研究,以作为制定政策、作出决策的重要依据。

(2)决策和计划能力。管理的过程就是决策过程。每一个公务员在参与决策时都必须考虑社会影响和社会承受能力,精心地设计方案供领导选择。同时,还要善于将政府的决策变为切实可行的实施计划,变成人民群众的具体行动。

(3)综合协调能力。机关是庞大社会工程的组织者,现代社会往往把一件大型工程分散给无数的人去做,只有每个人完成自己分管工作,才能使该项工作得以圆满完成。这就要求公务员具有较强的综合协调能力,学会协调不同部门、不同地区之间关系,不断解决矛盾。围绕决策要达到的目标,团结各方面力量共同工作。

(4)语言文字表达能力。语言文字是相互沟通的媒介,晦涩、冗长的语言使人不得要领,含

混不清的语言会使人误解，语言的误用会造成行政管理的失误，因此，公务员必须熟知和使用规范的语言，力求简洁、准确。

(5)精通公文撰拟与办理规则。撰拟办理公文是每个公务员的基本功。因此，要熟悉和了解公文的种类、范例、格式及办文程序，严格按照有关规则撰写和办理各类公文。

4. 健康的身心

健康的身心是从事公务活动的前提，也是国家招考公务员的基本素质要求。主要包括健康的体魄，良好的社会适应能力，合群的性格，多方面的兴趣爱好等。

（二）公务员的报考条件

(1)具有中华人民共和国国籍，享有公民的政治权利。

(2)拥护中国共产党的领导，热爱社会主义，思想进步，品行优良，具有为人民服务的精神。

(3)遵守国家法律和学校的各项规章制度。

(4)学习成绩优良，基础理论扎实，有较强的分析问题和解决问题的能力。

(5)有较强的组织协调能力，一般要求在校期间担任过校、院、班的学生干部或被评为校级“三好学生”。

(6)身心健康。

(7)具有招考职位要求的资格条件。

（三）公务员考试内容

国家公务员考试内容的设计不同于普通高校的招生考试，它不但要考察应试者知识水平和专业水平，而且更着重于考察其运用所学知识和技能去分析、研究和解决实际问题的能力。

由于现代科学技术的快速发展，政府工作也日益综合化，这就要求公务员既要有专业知识，又要懂经济、懂法律、懂管理。要把“通才”和“专才”两者的优势综合起来，大力培养和造就“管理型”人才。因此，我国公务员考试在内容设计上主张博专结合，以博促专。考试内容大致可分为三个方面。

1. 知识测验

主要包括基础知识和专业知识两部分，基础知识主要是指担任国家行政机关人员必备的基本的通用性知识，如政治、法律、行政管理、宏观经济、公文写作等；专业知识主要是指从事某一专业或职位所必备的业务知识。

2. 智力测试(或叫能力测验)

主要包括对记忆能力、分析观察能力、综合归纳能力、文字表达能力以及语言关系能力等一般能力的综合测试。

3. 技能测试

主要包括应试者处理实际问题的速度与质量，检验应试者对知识运用的程度和能力。

（四）公务员招考程序

1. 求职者基本资格审查

求职者基本资格审查，主要是根据招考单位的要求，通过对求职者个人简历和求职申请表的审查，对求职者进行初筛，排除明显不合格者。然后由报考者详细填写报名登记表，统一存档备查。最后领取准考证。

2.笔试

笔试是指让应聘者笔答事先拟定好的试题,然后根据其答题情况来评定成绩,进而对其有关素质作出评价的一种方法。这种方法的功能是能有效地"测量"应聘者的基础知识、专业知识、写作能力、阅读能力以及综合运用知识的能力,以此来区别众多应试者之间的差异。

3.面试

面试是人员甄选录用中不可缺少的重要方法。面试有时用来初步剔除不合格的应聘者,有时用来确定最后录用人选。

4.体检与试用

一般让应聘者到其指定的医院进行体检,来判断应试者的身体素质。试用也是人员甄选的一种方法。因为在试用期间,用人单位与求职者的用工关系还不稳定,用人单位也在不断地考察求职者,判断其是否真正具备拟任职位所要求的任职资格条件。

四、辅导四:大学生志愿服务西部计划的相关情况

大学生志愿服务西部计划从2003年开始,按照公开招募、自愿报名、组织选拔、集中派遣的方式,每年招募一定数量的普通高等学校应届毕业生,到西部贫困县的乡镇从事1～2年的教育、卫生、农技、扶贫以及青年中心建设和管理等方面的志愿服务工作。志愿者服务期满后,鼓励其扎根基层,或者自主择业和流动就业。

参加大学生志愿服务西部计划的志愿者除享受国家规定的高校毕业生优惠政策外,还给予以下政策支持:

(1)服务期间,享受一定的生活补贴(含交通补贴和人身意外伤害、住院医疗保险)。

(2)服务期间,计算工龄,党团关系转至服务单位。本人要求户口和档案保留在学校的,按规定保留2年,在此期间,档案管理机构对保管其档案免收服务费用;本人要求将户口转回入学前户籍所在地的,公安机关按照规定为其办理落户手续,人事、教育部门所属人才交流机构负责办理相关手续,人事部门所属人才交流服务机构免费提供人事代理服务。服务期满落实工作单位后,公安机关按有关规定办理户口迁移手续。

(3)服务期间,可兼职或专职担任所在乡镇团委副书记、学校及其他服务的单位的管理职务。

(4)参加"大学生志愿服务西部计划"并完成服务期、考核合格,符合报考条件的志愿者,在服务期满后3年内报考硕士研究生时,享受初试总分加10分的政策和在同等条件下招生单位优先录取的优惠政策。

(5)服务期满、考核合格的志愿者,可以应届高校毕业生身份报考国家机关公务员。报考中央国家机关和东、中部地区公务员的,同等条件下,优先录取;报考西部地区公务员的,笔试总分加5分。

(6)服务期满,对志愿者作出鉴定,存入本人档案;考核合格的,颁发证书,作为志愿者服务经历和就业、创业的证明。

(7)服务单位应向志愿者提供住宿等必要的生活条件;在录用党政机关公务员和新增国有企事业单位专业技术人员、管理人员时优先录用。

(8)服务期为1年、服务期满考核合格的,授予中国青年志愿服务铜奖奖章。服务期为2

年、服务期满考核合格的，授予中国青年志愿服务银奖奖章，表现优秀的授予中国青年志愿服务金奖奖章，表现特别优秀的推荐参加中国青年五四奖章、中国十大杰出青年、中国十大杰出青年志愿者、国际青少年消除贫困奖等评选。

同时，各高校和社会各方面也对高校毕业生的工作、生活、学习、就业和创业提供积极的帮助和支持。

大学生志愿服务西部计划从 2003 年启动至今，有 30％的大学生志愿者服务期满后，留在西部地区工作。在 2004 年服务期满的 1 770 名志愿者中，有 170 多名考取了西部地区公务员，有近 300 名大学毕业生扎根西部基层。

2005 年 6 月，为积极引导在校学生志愿者到西部、到基层、到祖国最需要的地方锻炼成才、建功立业，促进大学生志愿者就业、创业观念的转变，提高大学生志愿者就业、创业能力，共青团中央、教育部、财政部、人事部、劳动和社会保障部就做好大学生志愿服务西部计划志愿者就业服务工作提出实施意见。2005 年 7 月 12 日，中共中央总书记、国家主席胡锦涛就实施大学生志愿服务西部计划作出重要指示。胡锦涛总书记的重要指示，立刻在广大青年学生中引起强烈反响，西部计划再次掀起热潮。据统计，在 2005 年西部计划招募报名过程中，全国共有 5 万多名高校应届毕业生报名。

参考文献

[1] 邹昭晞. 企业战略分析[M]. 北京:经济管理出版社,2005.

[2] 许玫,张生妹. 大学生如何进行生涯规划[M]. 上海:复旦大学出版社,2006.

[3] 王研,李梅. 职业生涯规划[M]. 北京:中国农业大学出版社,2006.

[4] 肖建中. 职业生涯规划与就业指导[M]. 北京:北京大学出版社,2006.

[5] 姚裕群. 职业生涯规划与发展[M]. 北京:首都经济贸易大学出版社,2003.

[6] 唐晓林. 大学生职业生涯规划与就业指导[M]. 北京:中国言实出版社,2006.

[7] 周湘浙. 大学生就业指导[M]. 杭州:浙江大学出版社,2006.

[8] 陆湘云. 职业指导教程[M]. 北京:中国科学技术出版社,2006.

[9] 高桥. 大学生就业指导[M]. 北京:清华大学出版社,2006.

[10] 钱建国. 大学生职业规划与就业指导[M]. 北京:人民出版社,2006.

[11] 崔东红. 创业 创新 创富[M]. 北京:中国经济出版社,2005.

[12] 张强. 大学生择业与就业指导教程[M]. 北京:世界知识出版社,2006.

[13] 山东大学学生就业指导中心. 大学生职业发展与求职方略[M]. 济南:山东人民出版社,2005.

[14] 教育部全国高等学校就业指导中心. 大学生就业指导[M]. 2版. 北京:高等教育出版社,1998.

[15] 李伟,赵瑛,张建民. 新世纪大学生就业指导[M]. 西安:西安交通大学出版社,2002.

[16] 胡剑锋. 大学生职业指导——精彩人生 从此开始[M]. 北京:北京大学出版社,2006.

[17] 吴汉德. 大学生就业指导[M]. 南京:东南大学出版社,2006.

[18] 刘建林. 大学生就业指导教程[M]. 西安:西北工业大学出版社,2006.

[19] 姜纳新. 大学生就业指导[M]. 北京:中国传媒大学出版社,2006.

[20] 信春鹰. 中华人民共和国就业促进法解读[M]. 北京:中国法制出版社,2007.

[21] 杨景宇,信春鹰. 中华人民共和国劳动合同法解读[M]. 北京:中国法制出版社,2007.